A vocação do exílio

Transmissão da Psicanálise
diretor: Marco Antonio Coutinho Jorge

Betty B. Fuks

A vocação do exílio

Freud, psicanálise e judeidade

Copyright © 2025 by Betty B. Fuks

Grafia atualizada segundo o Acordo Ortográfico da Língua Portuguesa de 1990,
que entrou em vigor no Brasil em 2009.

Capa
Violaine Cadinot

Imagem de capa
Composição, 1936, de Maria Helena Vieira da Silva. Óleo sobre tela, 105,3 × 161,5 cm.
© Vieira da Silva, Maria Helena/ AUTVIS, Brasil, 2024.
Foto: The Solomon R. Guggenheim Foundation/ Art Resource,
NY/ Scala, Florença.

Preparação
Mauro Gaspar

Checagem
Érico Melo

Revisão
Bonie Santos
Natália Mori

Dados Internacionais de Catalogação na Publicação (CIP)
(Câmara Brasileira do Livro, SP, Brasil)

Fuks, Betty B.
    A vocação do exílio : Freud, psicanálise e judeidade / Betty B. Fuks.
— 1ª ed. — Rio de Janeiro : Zahar, 2025.

    ISBN 978-65-5979-097-5

    1. Freud, Sigmund, 1856-1939 2. Judaísmo e psicanálise. I. Título.

24-217053   CDD-150.1952

Índice para catálogo sistemático:
1. Psicanálise freudiana   150.1952

Cibele Maria Dias — Bibliotecária — CRB-8/9427

Todos os direitos desta edição reservados à
EDITORA SCHWARCZ S.A.
Praça Floriano, 19, sala 3001 — Cinelândia
20031-050 — Rio de Janeiro — RJ
Telefone: (21) 3993-7510
www.companhiadasletras.com.br
www.blogdacompanhia.com.br
facebook.com/editorazahar
instagram.com/editorazahar
x.com/editorazahar

A Sara, minha mãe, pelo dom do amor

Sumário

Nota preliminar 9

Prefácio à segunda edição 11

Introdução 15

1. Estratégias de resistência 23

2. Lendo Freud, a psicanálise e o judaísmo 67

3. O exílio e o estranho 101

4. YHVH, o estrangeiro dos estrangeiros 151

5. Interpretação: Errância e nomadismo da letra 179

Por concluir 221

Agradecimentos 231

Notas 233

Referências bibliográficas 259

Glossário 273

Nota preliminar

As citações de Sigmund Freud, à exceção das correspondências, foram traduzidas por mim a partir da edição argentina das *Obras completas* publicada por Amorrortu Editores. Os títulos dos artigos e livros freudianos mencionados no corpo do texto seguem as opções da *Edição standard brasileira das obras psicológicas completas de Sigmund Freud*, da Imago Editora, com exceção do livro *O homem Moisés e a religião monoteísta*, para cujo título segui a tradução da L&PM Editores. Citações de obras de outros autores em edição estrangeira também foram traduzidas por mim.

As palavras em hebraico foram transliteradas. Em face das dificuldades para vocalizar e transliterar algumas formas consonantais tanto da língua hebraica quanto do ídiche, optei por seguir os critérios adotados no *Dicionário judaico de lendas e tradições*, de Alan Unterman, traduzido por Paulo Geiger para a Zahar, e no livro *Aventuras de uma língua errante*, de Jacó Guinsburg, da editora Perspectiva. Os principais critérios são:

sh como o som chiado do *ch* em "chuva"
kh como o som aspirado do *j* no espanhol *"jugar"*
ch como som "arranhado" do *rr* em "córrego"

Ao fim do volume, no intuito de facilitar a leitura, há um pequeno glossário seletivo de palavras hebraicas e termos relevantes ligados ao judaísmo mencionados ao longo do texto.

Prefácio à segunda edição

Há sempre algo a dizer quando um autor revisita um livro seu, uma vez que o saber é incompleto, sujeito a mudanças e transformações. Essa é a razão pela qual uma reedição, independentemente do número que lhe corresponda, também deixará um resto que pode vir a ser, ou não, o centro de uma nova edição. No campo da psicanálise, é conhecida a recomendação, feita por Sigmund Freud ao psicanalista, de admitir as imperfeições de seu conhecimento, de não se furtar a aprender novas coisas e de estar pronto a avançar na arte de escutar o inconsciente.

A presente edição, cujo título é o subtítulo da primeira, procura fazer jus a esse conselho. O próprio Freud, em sua escuta do inconsciente, foi levado a subverter a oposição entre individual e coletivo e legar ao psicanalista o lugar de crítico da cultura que testemunha. Apropriando-me desse legado, busquei, desde o início da escrita do manuscrito original, estabelecer estudos interdisciplinares com outras áreas do saber. Nestas, encontrei subsídios para sustentar minha hipótese de que a judeidade, tal como a convoco — diversidade indefinível e interminável —, alentou o devir-judeu de Freud, de tal forma que resultou na invenção de um método clínico em que a presença da alteridade opera uma separação radical do sujeito em relação ao seu próprio eu, promovendo uma experiência de exílio do si mesmo que é reorganizadora da subjetividade.

Durante os anos transcorridos desde a primeira publicação, pude ler muitos trabalhos e livros cujas teses, embora não tenham chegado a exigir mudanças na análise e nos argumentos da minha tese original, tiveram papel importante nas reformulações e nos acréscimos inseridos nesta segunda edição. O texto "O judeu como pária: Uma tradição oculta", de Hannah Arendt, foi fundamental para a reescrita do primeiro capítulo, no qual situo o tempo histórico em que Freud viveu como judeu da diáspora vienense, criou o método clínico que deu origem à teoria do inconsciente e fundou o movimento psicanalítico.

Naquela época, o mundo assistia ao início das mudanças mais drásticas na história dos judeus desde a destruição do Segundo Templo, no ano 70, com a qual eles foram relançados à experiência do exílio, do êxodo entre os povos vivido em períodos anteriores. Essa série de acontecimentos não passou ao largo da obra de Freud. Ao final da vida, com a escrita de *O homem Moisés e a religião monoteísta* (1939), ele expôs, por meio da figura paradigmática do judeu, sua teoria psicanalítica sobre a presença inextinguível e implacável do ódio ao outro. Esse livro testamentário, pedra lapidar de sua obra revolucionária, possui ferramentas precisas para as discussões sociopolíticas contemporâneas que não se esquivam de enfrentar o racismo, o antissemitismo, a misoginia, a homofobia e outras xenofobias. Consoante Freud, o tema do outro aparece como estrangeiridade (*étrangeté*), a inquietante estranheza que sentimos diante da diferença. E, em última instância, o tema da política se encontra em *O homem Moisés*, assim como em outros ensaios nos quais ele se dedica a refletir sobre os fatos políticos de seu tempo, como a relação eu/outro ou nós/outros.

Prefácio à segunda edição 13

Na retomada dessa última grande obra freudiana, encontrei uma literatura ainda não disponível à época da primeira edição de meu livro, e, graças a ela, pude cruzar fronteiras *entre os* e *dentro dos* campos da psicanálise, da filosofia, da política, da história e da literatura crítica. Em razão desse percurso, o leitor encontrará acréscimos, referências e asserções na última seção do terceiro capítulo. Já no quinto capítulo e na conclusão, precisei fazer pequenas reformulações, de modo a deixar explícito o quanto a leitura que Freud faz do Êxodo, que resultou na construção da história do monoteísmo perseguida por ele, guarda correspondências surpreendentes com o método ancestral de interpretação na tradição judaica. Com isso, foi necessário acrescentar uma discussão com o campo da historiografia sobre a noção freudiana de verdade histórica.

Quando terminei de preparar esta edição, o mundo foi surpreendido pelo ataque terrorista do Hamas ao Estado de Israel em 7 de outubro de 2023 e a consequente resposta violenta do Exército israelense sobre o povo palestino. Não caberia escrever esta apresentação sem ao menos mencionar esse evento traumático, que continua a atingir o povo de Israel e o povo palestino enquanto escrevo. Não dispondo de espaço e tempo para abrir um debate em relação às disputas territorial e de poder, que chegam a um nível insuportável de destruição compulsiva, por meio de uma maquinaria obscena de destruição mútua, barbarismo e brutalidade, decidi antecipar aqui parte da discussão que o leitor encontrará mais desenvolvida na porção final do livro.

Quando Freud, em 1933, por sugestão de Albert Einstein, foi convidado pela Liga das Nações e seu Instituto Internacional de Cooperação Intelectual a debater com o físico o tema "Por que a guerra?", expressou-se sobre a questão bélica nos seguintes termos: o recurso à guerra é uma possibilidade inscrita nos povos espalhados pelos quatros cantos do planeta, e o pacifismo é um estágio d'alma que poucos têm a capacidade de alcançar. Tais afirmativas são fundamentais para a tentativa de encontrar uma posição ética capaz de abandonar a lógica binária de "lado certo" e "lado errado", ou "do bem" e "do mal". O binarismo impede o advento da palavra, arma de resistência à destruição, cujo efeito mais imediato — a paz — não é perene e, muitas vezes, nem duradouro.

Em seu debate com Einstein, Freud chega a ser categórico em relação à dança pulsional da inextricável articulação entre a pulsão de vida e a pulsão de morte: manter acesa a chama do desejo de construir a vida é o antídoto contra o traço compulsivo e indelével de assimilar, humilhar, destruir e infligir dores ao outro que a humanidade carrega. Para melhor compreender essa posição, recorri a Emmanuel Levinas, o filósofo da outridade, cuja obra me socorreu em vários momentos. Leitor incansável do Antigo Testamento, ele afirma, em seu livro *Transcendência e inteligibilidade*, a necessidade de ler o mandamento bíblico "Não matarás" pelo avesso: "Farás tudo para que o outro viva".

É essa postura de compromisso para com a vida que, a meu ver, liga o freudismo ao pacifismo. Convocar a responsabilidade ética do sujeito para com o reconhecimento do outro seria, então, o ponto de partida do psicanalista em seu trabalho, tanto clínico quanto teórico. E também seu ponto de partida quando se vê levado a retornar a seu trabalho e refletir sobre ele.

Introdução

> O exílio foi, talvez, a primeira questão, pois o exílio foi a
> primeira palavra — o antes-do-exílio é o antes-da-palavra.
>
> EDMOND JABÈS

SEMPRE TIVE A INTUIÇÃO de que uma arqueologia[1] da cultura do judaísmo na psicanálise só pode aparecer quando e na medida em que essa cultura tenha sido transformada pelo próprio Freud, ao melhor estilo goethiano, segundo a máxima do poeta citada ao final de *Totem e tabu*: "Aquilo que herdaste de teus ancestrais/ conquista-o, para fazê-lo teu".[2] Em razão disso, pus-me a tecer sem tréguas algumas respostas contingenciais ao que, no só-depois (*Nachträglich*), descobri ter sido o cerne de minha hipótese: o devir-judeu de Freud — aquilo que se diferencia radicalmente de sua condição de judeu, pois trata-se menos do acaso passado de seu nascimento que do futuro daquilo que ele se esforçou para moldar — encontrou na psicanálise sua expressão maior enquanto prática do não idêntico, da desidentificação e do desejo de diferença. Caso se aceitem como verdadeiras as conclusões deste trabalho, pode-se afirmar que pensar de que modo Freud exerceu sua *judeidade* protege a psicanálise da mistificação de se lhe atribuir uma origem judaica e demonstra a contingência que levou um judeu sem Deus, como o próprio Freud se designava, a criar a psicanálise e a sustentar o seu porvir.

Em seu livro *O homem dominado*, Albert Memmi estabelece uma importante distinção entre os termos "judaísmo" (conjunto das tradições culturais e religiosas), "judaicidade" (conjunto de pessoas judias dispersas pelo mundo) e "judeidade" (maneira pela qual um judeu subjetiva e objetiva o fato de ser judeu).[3] Tal distinção produziu efeitos positivos na tessitura dos meus argumentos para entender a judeidade como algo a ser construído, sempre em processo e jamais terminado, mesmo que o judaísmo enquanto religião não conte mais para o sujeito. Em paralelo, recorri ao conceito de devir, desenvolvido por Gilles Deleuze e Félix Guattari em *O que é a filosofia?*, para investigar a relação do devir-judeu e a invenção da judeidade em Freud. Um outro autor cujo pensamento iluminou o meu percurso foi Jacques Derrida. Em *Mal de arquivo* ele denomina a *judéité*, judeidade, a abertura da relação do sujeito com o futuro —[4] definição que o levou, mais tarde, a insistir no uso da palavra no plural: *judéités*, judeidades. Isso porque o tornar-se outro foge à lógica da identidade; trata-se de uma adição no campo da linguagem que vem suprir a falta de significado do significante judeu. O futuro está aberto. Acompanhada desses autores, pude enfrentar o desafio de demonstrar que a judeidade é uma das traduções possíveis da não identidade do judeu consigo mesmo, tão bem expressa na escrita de Freud e de alguns escritores e poetas que evoco neste livro.

Todos os capítulos, sem exceção, partem rigorosamente dos pronunciamentos de Freud sobre o judaísmo e sobre sua experiência cultural e afetiva como judeu, registrados tanto nos livros e artigos que publicou como em sua correspondên-

Introdução

cia pessoal. E creio poder dizer que fui instigada a ingressar no estudo e na reflexão que resultaram neste livro por duas observações de Freud que envolvem significativamente a circunstância de ter sido ele judeu: a afirmação sobre a influência da absorção precoce da história bíblica em sua formação intelectual e o reconhecimento de que pertencer à minoria judaica e ter aprendido com isso a resistir no isolamento revelaram-se extremamente positivos e fortalecedores em sua luta contra as resistências, internas e externas, à psicanálise. De certo modo, acabei percebendo o vínculo entre essas duas observações que serviram de farol para a minha escrita, e assim pude reler e reinterpretar uma com a ajuda da outra, repetidas vezes, nos capítulos a seguir.

É comumente admitido que a psicanálise trouxe uma contribuição decisiva, ainda que tão contestada, para o desenvolvimento de uma crítica contra toda forma de preconceito. Reconhece-se também que a marginalidade sentida social, cultural e pessoalmente por Freud, enquanto judeu vienense da diáspora — que viveu e produziu nas circunstâncias especiais de tempo e espaço próprios da virada do século em Viena —, mostrou-se fundamental para a constituição da prática e da teoria analíticas. Mas a experiência cultural inscrita no percurso da vida e da produção do criador do método psicanalítico não foi apenas uma marca histórica que ele recebeu passivamente. Contam muito a repercussão íntima e a resposta transformadora que lhe facultaram resolver progressivamente a constituição da própria judeidade e traçar as estratégias de combate e tolerância às resistências à psicanálise.

No discurso cultural do final do século XIX, quando Freud escreveu a obra que considerou inaugural da psicanálise,

A interpretação dos sonhos (1900), a categoria de judeu era um dos fantasmas da maioria em relação ao outro, o que fazia com que cada judeu acabasse por se sentir vítima e herói do processo de modernização política que tivera início no Iluminismo, e do qual a emancipação dos judeus foi um aspecto. O caminho que encontrei para colher o que depois se transformou no capítulo que dá início a este livro foi pesquisar de que forma Freud recebeu a transmissão do judaísmo, que fatores de um movimento cultural e social poderiam ter incidido em sua formação e como ele foi particularizando, subjetivando a herança da qual em tempo algum quis abrir mão. Essa vivência de judeidade corria paralela à sua experiência de consolidar um método para atender e tratar o que se encontra exilado no recôndito da alma. A invenção de um modo próprio de exercer o judaísmo, que traduz uma novidade até mesmo para os próprios judeus, e de resistir às resistências do Ocidente ao judeu, exigiu de Freud as mesmas forças que ele precisava mobilizar contra a resistência dos pacientes ao tratamento por ele proposto, bem como a resistência da cultura iluminista e da ciência positivista, que recusavam suas descobertas.

Uma revisão bibliográfica foi necessária para buscar uma metodologia de trabalho que me ajudasse a permanecer fiel à letra de Freud e à minha escuta analítica. Os vícios de psicobiografar Freud, de judaizar a psicanálise e de psicanalisar o judaísmo — tão correntes na literatura psicanalítica, nos volumes dedicados à história da psicanálise e nas biografias de Freud — foram talvez a maior tentação por que passei até poder escolher ler Freud com Freud, isto é, procurar apenas ler-escutar suas letras e acatar seus silêncios. Alguns autores serviram de guia

Introdução 19

e referência para um percurso que me obrigava a repensar, a um só tempo, na mesma aventura, minha própria judeidade e meu lugar de analista, que precisa prestar-se a ser reinventado a cada escuta, a cada interrupção abrupta do tratamento, a cada final de análise, uma vez que a psicanálise como ciência do particular exige o compromisso do analista com a criação e com a singularidade.

Entre os textos que me acompanharam nesse percurso, destacam-se os trabalhos de Emmanuel Levinas, que reúnem um extraordinário equilíbrio entre o universo do discurso da filosofia ocidental e a especificidade da ética judaica de abertura ao Outro. O pensamento desse filósofo orientou-me na leitura dos textos judaicos, assim como norteou, de um modo geral, algumas das aproximações e separações que construí entre psicanálise e judaísmo. Também os trabalhos do historiador Yosef Hayim Yerushalmi influenciaram de maneira decisiva o curso seguido aqui. Além de ter me inspirado em suas contribuições sobre a singularidade da historiografia judaica em manter a relação do passado e do presente como cenas conjugadas uma na outra, revelaram-se de grande valia para este livro a tradução e a análise feitas por ele da dedicatória escrita em hebraico por Jacob Freud para seu filho na Bíblia da família.

Isso, por sua vez, fez com que eu acabasse por forçosamente desembocar na relação do judeu com a escrita, o que moveu minha pesquisa em direção ao pensamento do filósofo Jacques Derrida, para o qual os desconfortos hebraicos seculares da repetição do exílio e do nomadismo são o próprio movimento da escrita. Toda a prática de desconstrução de textos pela leitura crítica desse filósofo foi de grande importância para a elaboração das questões aqui levantadas, especialmente quando se tratou de pensar o modo como o povo judeu produz sua memória e a função da memória no processo psicanalítico.

No retorno a Freud proposto por Jacques Lacan — que implicou percorrer criticamente não apenas os desvios que se haviam imprimido à teoria freudiana mas também, e sobretudo, a revisão radical do lugar do analista —, pude encontrar indicações inestimáveis para a construção do objeto deste trabalho. Os diversos apontamentos de Lacan, em alguns de seus seminários, sobre a presença de traços da tradição da leitura e da escritura hebraicas na psicanálise foram alguns dos atalhos que percorri para escutar os ecos da modalidade particular de interpretação dos textos bíblicos pelos judeus que ressoam na lógica da interpretação psicanalítica.

Quando Freud reconhece que a leitura precoce da Bíblia o marcara profundamente, decerto abre a possibilidade de se pensar a interveniência de uma outra lógica, que não a greco-latina, em seu pensamento. Foi nesse contexto, e atenta ao fato de que no Antigo Testamento está o ponto de partida da ética, da estética, da religião e da política do povo judeu, que procedi à leitura de *O homem Moisés e a religião monoteísta*. No capítulo 3, atravesso algumas das narrativas do Livro dos Livros nas quais a escolha do povo hebreu pela estranheza se destaca pela busca da diferença e pela fé inabalável no Incognoscível. A valorização do estrangeiro e a precedência do nomadismo sobre a sedentarização serviram de guia à minha leitura de *O homem Moisés*. Abraão, patriarca do povo judeu, a moabita Ruth, matriarca da realeza judaica, e Jacó, o que combate face a face o Desconhecido, o anjo de um Deus Estrangeiro, traduzem a exigência de estrangeiridade e de encontro com a exterioridade dos velhos escribas hebreus. Essa exigência é também a

Introdução 21

de Freud, e de outros, quando se refere à impossibilidade de definir sua identidade judaica.

A figura de Moisés, um egípcio, título do primeiro capítulo da obra, além de estar perfeitamente de acordo com o éthos bíblico, representa o esforço de Freud em demonstrar a ideia, que perseguiu desde o início do livro, de que a origem do sujeito, individual e coletivo, advém do Outro, do heterogêneo em relação a si mesmo, do estrangeiro como condição da identidade. Nesse sentido, atribuir uma origem estrangeira ao profeta maior do povo judeu não deixa de ser, sem excluir outras interpretações, uma crítica à política do Terceiro Reich, então em plena ascensão, de forjar e impor ao povo alemão uma identidade pura e harmoniosa, às custas da eliminação do(s) outro(s).

O texto bíblico não apenas consigna ao homem a condição de estrangeiro como encerra a singularidade da estranha e assombrosa ideia de um Deus feito do nada, pura ausência: sem nome nem rosto, sem imagem nem essência. A transcendência absoluta de YHVH, designada pela palavra *kadosh* — que significa ao mesmo tempo santo e separado —, é incondicionalmente conforme à estranheza do povo judeu, tal como o tempo do homem hebreu, que é sempre o do devir, está também de acordo com um Deus que se apresenta no tempo futuro — "Eu serei o que serei" (Êxodo 3,13-14). Essa concepção de uma divindade não subsumida ao conhecido e familiar obrigou o povo judeu ao esforço de manter-se voltado para o Incognoscível, mergulhando, assim, a doutrina mosaica numa exigência iconoclasta irreversível. Freud, como iconoclasta, remete o saber psicanalítico ao mais além, ciente de que qualquer saber incorpora o insabível. Na experiência clínica a iconoclastia freudiana remodelou à distância o saber psiquiátrico, ao acolher o processo transferencial entre analista e analisando para proporcionar a um sujeito acesso à Outra cena.

Por último, busquei explanar o fato de que a leitura judaica de um texto, a psicanálise e a própria escrita participam da mesma abertura para a palavra que cada um é chamado a dizer. O texto hebraico, em sua forma original, não está totalmente dado, e a palavra só pode ser lida por aquele que a reconhece no contexto em que ele, leitor, se encontra situado. A proibição da idolatria do Texto exige de seu intérprete — o talmudista — a posição de ateu, isto é, de alguém que não impeça o advento da palavra transformando a Escritura em ídolo, em totem. A escuta do inconsciente exige ateísmo para que as letras do infinito dicionário dos homens possam emergir do silêncio, tornando-se palavra plena de sentido. Essas duas práticas de leitura promovem a emergência da singularidade e da diferença. Ambas estabelecem uma relação não dogmática com o saber.

1. Estratégias de resistência

> Dois temas percorrem esta obra: o do meu próprio destino
> e o da história da psicanálise. Eles estão profundamente
> ligados.
>
> SIGMUND FREUD

PARA PENSAR COMO FREUD INVENTOU, praticou e demonstrou um modo singular de afirmar-se judeu, e de que maneira essa escolha revelou-se fecunda para a psicanálise, é preciso primeiro delimitar o contexto histórico e cultural em que ele viveu, destacando os elementos religiosos, étnicos e éticos que, direta ou indiretamente, o marcaram. Isso implicará, necessariamente, a reflexão acerca dos acontecimentos históricos que, transcendendo os limites das comunidades judaicas europeias, ao mesmo tempo que sobre elas exerceram influência, contribuíram decisivamente para a formação da judeidade de Freud e para a elaboração de sua obra.

Creio que a bússola mais precisa para uma primeira orientação é o próprio "Um estudo autobiográfico" (1925) do mestre de Viena. "Nasci em 6 de maio de 1856 em Freiberg, na Morávia, um pequeno povoado do que hoje é a Tchecoslováquia. Meus pais eram judeus, e eu segui sendo-o. Quanto à minha família paterna, acredito que viveu perto do Reno." Algumas linhas adiante, Freud faz um pequeno inventário de algumas das desterritorializações sofridas por essa parte de sua família, que "no século xiv ou xv fugiu para o leste em virtude de uma perseguição aos judeus, [...] e ao longo do século xix começou a migrar de volta, a partir da Lituânia, passando pela Galícia, até instalar-se na Áustria alemã".[1]

O que chama atenção nesse texto é que nele Freud ressalta a precedência das experiências de êxodo e de exílio sobre a da sedentarização de sua família. Tais experiências, que davam prosseguimento à perspectiva de errância e nomadismo inscrita na história do povo judeu desde tempos imemoriais, atravessam também, como se verá, a história da psicanálise, desde sua fundação em Viena até o exílio de seu fundador em Londres.

Promessas e conquistas: uma profecia no parque

O primeiro êxodo na vida de Freud decorreu de circunstâncias econômicas dramáticas que se abateram sobre os negócios de seu pai. Em meados do século xix, o comerciante Jacob Freud deixou, com sua mulher Amalia e filhos, a pequena cidade de Freiberg e transferiu-se para Viena, berço da modernidade segundo alguns historiadores que estudaram as transformações históricas e culturais dessa capital na virada do século.[2] Chegando a Viena, depois de passar um curto período em Leipzig, os Freud foram morar no tradicional bairro judeu de Leopoldstadt, que naquela ocasião acolhia a quase totalidade dos migrantes judeus do Império Austro-Húngaro, a ponto de estar prestes a se tornar um novo gueto.[3] Originários dos

Estratégias de resistência

guetos da Galícia oriental, quando se instalaram em Viena os pais de Freud passaram a integrar a população dos *Ostjuden*, judeus orientais que, em sua maioria, seguiam a ortodoxia judaica e comunicavam-se entre si geralmente em ídiche, a língua errante,[4] que se escreve em caracteres hebraicos, embora a maioria de seus vocábulos seja de origem alemã.

O ídiche teve origem por volta do século x na Lotaríngia — região que hoje corresponde aos territórios dos Países Baixos, Bélgica, Luxemburgo e parte de Alemanha e França — e sua evolução foi profundamente marcada por sua qualidade de língua de fusão: foram-lhe incorporados elementos de diversas línguas, como o hebraico, o laaz (língua românica hebraizada da Lotaríngia) e o alto-alemão médio, bem como várias línguas eslavas. O caráter extremamente híbrido do ídiche fica evidenciado no seguinte exemplo proposto por Max Weinreich: *"Nokhn bentshn hot der zeyde gekoyft a seyfer"*, frase em ídiche que significa: "Após a bênção que se seguiu à refeição, o avô comprou um livro religioso". Nesta simples frase, *seyfer* vem do hebraico, *bentshn* vem do românico, *nokhn, hot, der* e *gekoyft* são de origem germânica e *zeyde* é uma palavra eslava.[5] Os primeiros falantes do ídiche, vindos principalmente da Itália e de países românicos, estabeleceram-se nas áreas fronteiriças franco-germânicas. Com as perseguições sofridas pelos judeus nessas áreas durante a Idade Média, migraram em massa para o leste da Europa, levando consigo a língua errante.

Os *Ostjuden*, de hábitos extremamente conservadores, além de serem pobres, exerciam ofícios menos apreciados socialmente; por tudo isso eram marginalizados pelos judeus de fala alemã.[6] É provável que Jacob e Amalia tenham sofrido alguma discriminação ao se instalarem na parte proletária e miserável do bairro judeu, onde havia uma concentração maior de judeus orientais. Freud cresceu nesse contexto, entre seus pais e irmãos, até 1875, quando todos se mudaram para um local mais confortável.

Não se sabe em que ocasião, nem como, os pais de Freud abandonaram a ortodoxia da religião judaica. Como se verá mais detalhadamente a seguir, na seção "Roma-Canaã", fica evidente que Jacob Freud, pelo menos quando jovem, era um judeu devoto: vestia-se aos sábados, segundo sua própria descrição, de acordo com os mandamentos religiosos.[7] Quando chegou a Viena, trazia consigo o Tanakh da família, com o qual introduziu os filhos na leitura da história do povo judeu.[8] Sabe-se que Jacob Freud continuou a ler o Livro dos Livros até o final da vida e também que conservou o hábito de escrever no idioma sagrado. Vindo de um meio hassídico, proporcionou, na medida de suas possibilidades e de seu tempo, uma educação judaica ao mais dotado de seus filhos. Durante o Gymnasium,[9] Freud estudou paralelamente o Tanakh e adquiriu noções de hebraico com o professor Samuel Hammerschlag, de quem mais tarde tornou-se amigo pessoal. A gratidão que o aluno guardava por seu mestre mereceu um pequeno e singelo escrito, no qual reconheceu que Hammerschlag tinha o dom de transmitir a história dos judeus sem a submeter às limitações nacionalistas e dogmáticas.[10] E assim Freud, numa carta a Judah Dwossis, tradutor de suas obras para o hebraico, escreveu que seu pai o deixara crescer "em plena ignorância de tudo o que se referia ao judaísmo".[11] É forçoso supor que ele queria dizer com isso, sobretudo, que não tivera familiaridade com as dimensões religiosa, ritualística e mística do judaísmo em sua formação.

Por sua vez, Amalia Freud encarregou-se da transmissão do judaísmo a seus filhos pela tradição oral: fala e comida. Organizava todas as festas religiosas, nas quais a comemoração das passagens da história do povo hebreu está intimamente ligada ao preparo de refeições especiais, como de resto em qualquer outra religião. Amalia comunicava-se com os filhos apenas em ídiche, também chamado pelos judeus de *mame loschen*, língua materna. O pequeno Sigismund[12] aprendeu a exprimir muito de suas alegrias pessoais nessa língua. Mais tarde, passou a colecionar um imenso repertório de chistes judaicos — "Devo admitir que iniciei, recentemente, uma coleção de histórias judaicas profundas" —,[13] que geralmente eram contados em ídiche, conforme o testemunho de uma de suas cartas a Fliess, na qual Freud compara a si mesmo e ao amigo a dois *schnorrers* ("mendigos" em ídiche). Em *Os chistes e a sua relação com o inconsciente* (1905), percebe-se que Freud está extremamente familiarizado com uma ética judaica em relação à vida, bem como com o manejo corrente do ídiche como meio de comunicação verbal intragrupal. O conhecimento do humor judaico não requer nenhuma adesão ao judaísmo em qualquer sentido organizado, e esse humor pode ser considerado um veículo de expressão para os sentimentos de solidariedade daqueles que mantiveram um sentido de pertencimento, sem filiação religiosa ou nacional.[14]

No chiste, em alemão *Witz*, Freud encontrou uma vocação particular do povo judeu, que é a de produzir gracejos sobre si mesmo, a qual lhe forneceu alguns instrumentos para evidenciar a impossibilidade da univocidade de vozes: ele se serve do humor judaico para assinalar a função poética da linguagem e a polifonia de vozes de um texto sem anterioridade e sem verdades únicas. O interesse científico do fundador do método analítico pelo chiste decorre de que ele entende essa modalidade de expressão como uma formação do inconsciente. O substantivo *Witz* remete a *wissen*, verbo alemão que significa saber, e Freud descobre que no chiste, assim como no sonho e no sintoma, há um tipo de pensamento, excluído da consciência, que não corresponde aos critérios imaginários e qualitativos do pensamento (coerência, terceiro excluído, negação etc.) que sempre pautaram a tradição científica.

Alguns autores fazem notar a importância do texto de Freud sobre os chistes para a questão das identificações. Jean Florence demonstra que o efeito do chiste "é realizar, como um relâmpago, uma identificação inconsciente dos sujeitos em ressonância".[15] Philippe Lacoue-Labarthe e Jean-Luc Nancy sugerem que o chiste se apresentou a Freud como um modelo de identificação coletiva e que o povo judeu lhe forneceu um primeiro paradigma de tal processo.[16] Considerado pelo próprio Freud como a mais social de nossas atividades psíquicas — ao contrário do sonho ou do sintoma neurótico, cujas realizações se dão no plano da fantasia —, o chiste efetua uma troca simbólica, que transforma uma dada situação dolorosa em ganho de prazer.

Voltando à questão da transmissão do judaísmo a Freud, ainda que Jacob e Amalia tenham deixado para trás a prática religiosa ortodoxa e aderido de algum modo aos ideais iluministas que grassavam pela Europa, não se furtaram a observar o ritual milenar judaico da circuncisão quando Sigmund chegou ao mundo. No dia 13 de maio de 1856, uma semana após seu nascimento, ele foi circuncidado e seu pai registrou o fato na Bíblia da família, assinalando o ingresso do recém-nascido

Estratégias de resistência 29

na comunidade judaica. Revela-se, dessa forma, o desejo dos Freud de perpetuar entre os seus, apesar da chegada da modernidade e da emancipação dos judeus, a transmissão da lei e da história do povo judeu.

O rito da circuncisão remonta ao livro do Gênesis, mas não é exclusivo dos judeus, pois os mulçumanos também o praticam, como também o faziam os egípcios do tempo dos faraós, e é preciso dizer algo sobre sua função simbólica na comunidade judaica. Sinal de identidade e de diferença,[17] a circuncisão simboliza um elemento da genealogia do judaísmo como religião e grupo étnico particular. Segundo Daniel Boyarin, o ritual físico de marcar o órgão sexual masculino da reprodução "representa a afirmação genealógica de uma memória histórica concreta como elemento constituinte de Israel".[18] O *Brit-Mila*, o pacto da circuncisão, exerce, como todos os outros pactos bíblicos, a função de separação, pois trata-se de um corte que marca a ausência ou a privação como produtora de sentido. Prática privadora, escultura sobre o corpo, a circuncisão é uma escrita cuja função equivale a um documento indutor de transmissão,[19] lugar de conhecimento dos efeitos do poder simbólico. Ela recorda que o homem não é apenas filho da carne, mas também do simbólico: é como se fosse um segundo nascimento, que retira a criança do mundo natural.

Quando se lê a correspondência de Freud com Eduard Silberstein, seu grande amigo da adolescência, com quem criou a Academia Castellana e uma mitologia secreta tomada de empréstimo a Cervantes, vê-se como Freud absorveu, de forma absolutamente singular e própria, alguns dos significantes da cultura judaica que lhe foram transmitidos. Em uma carta bastante chistosa, na qual faz considerações humorísticas sobre os

30 *A vocação do exílio*

rituais gastronômicos das festas religiosas judaicas, deixa transparecer que, em sua casa, o Rosh Hashaná (Ano-Novo judaico), o Yom Kippur (Dia do Perdão), o Pessach (Páscoa judaica) e o Purim (Festa de Libertação)[20] eram datas que não deixavam de ser comemoradas. É delicioso, como um prato bem preparado, ler que, para o descobridor da sexualidade oral, a

> Páscoa causa prisão de ventre através do pão ázimo e dos ovos duros. O Yom Kippur é um dos dias mais funestos, não tanto pela ira de Deus, como devido à pasta de ameixa [...]. Há muito tempo as nossas festas vêm sobrevivendo ao nosso dogmatismo, como a refeição fúnebre que se oferece depois de enterrar o morto. Assim, pois, comemos nos dias de sol e nos feriados, mas com uma diferença: enquanto os piedosos acham que praticaram uma boa obra, nós, experimentados filhos deste mundo, estamos conscientes de que comemos um bom prato.[21]

Esse conhecimento vivo e penetrante das comemorações judaicas, adquirido provavelmente através do ritual e da narrativa das histórias do povo judeu durante as festas, não se choca com as declarações de Freud quando ele afirma sua ignorância da língua sagrada (o hebraico) e se queixa da falta de uma cultura aprofundada em matéria de religião judaica. Em carta enviada ao psicólogo e estudioso do ídiche Abraham Aaron Roback, Freud chega a lamentar não ter recebido uma educação judaica capaz de fazê-lo ler, na língua de seus antepassados, nem mesmo a dedicatória que lhe escreveu o pai na Bíblia da família.[22] Sabe-se que as modalidades básicas da continuidade de uma tradição cultural e religiosa envolvem a transmissão de um vivido, independentemente de comunicação direta

Estratégias de resistência

e educação. Por exemplo, calara fundo no pequeno Sigismund uma lição materna. Amalia Freud, percebendo a dificuldade do filho em aceitar o que ela tentava transmitir, retirou das próprias mãos algumas escamas de pele, como amostra de terra, para melhor demonstrar ao futuro criador da psicanálise o ensinamento bíblico: "Com o suor de tuas narinas comerás o pão, até teu retorno ao terreno do qual foste tirado. Sim, és pó, ao pó retornarás" (Gênesis 3,19). Estupefato diante daquela encenação, o menino acabou por se resignar ao destino da condição humana e, mais tarde, revelaria em *A interpretação dos sonhos* que muito cedo aprendera com a mãe algo sobre o caráter inelutável da morte.[23]

Embora a educação de Freud tenha sido laica, ele foi um homem profundamente familiarizado com a ética e a *Weltanschauung*[24] judaicas. Nota-se, numa carta de amor que escreveu a Martha Bernays, sua futura mulher, que ele não precisou do saber aprendido nos bancos de uma escola judaica ou de uma sinagoga para chegar a formular sua convicção de que "ainda que o modo de viver em que os antigos judeus se sentiam felizes já não proporcione proteção, algo do núcleo, da essência desse judaísmo cheio de sentido e de vontade de viver não estará ausente do nosso lar".[25] Tal promessa parece indicadora de que Freud não apenas reconhecia seu pertencimento ao povo judeu como também prezava algo no judaísmo totalmente independente da religião de seus ancestrais e de qualquer identidade nacional. Nessas linhas escritas a Martha, observa-se que, apesar de a obediência às regras e leis da religião judaica não fazer mais sentido em sua vida, Freud alimentava o desejo de criar e sustentar uma modalidade própria e subjetiva de transmissão do judaísmo, para além de qualquer religiosidade.

Ter nascido na diáspora de língua alemã na metade do século xix, época em que quase todos os aspectos da vida social e das ideias sofriam transformações, de uma maneira ou de outra serviu de esteio à "profecia" que um poeta ambulante vienense certa vez havia feito, num parque de Viena, sobre o primogênito de Amalia e Jacob Freud: algum dia, provavelmente, o pequeno Sigismund se tornaria ministro.[26] Tal previsão era viável porque, na ocasião, já vigorava plenamente a emancipação dos judeus — após a abertura dos guetos e a aquisição do direito à cidadania nos diversos movimentos e correntes políticas, intelectuais e artísticas da Europa. A emancipação foi consequência da aceitação generalizada de ideias iluministas, cuja expressão política maior, o liberalismo, trouxe a possibilidade de a comunidade judaica abandonar os guetos e os *shtetlech*.

Na Áustria, o movimento chegou com atraso em relação à maioria dos outros países europeus: apenas em 1848 os judeus foram agraciados com a completa emancipação, que, por sinal, lhes seria retirada por um novo período logo depois. Só com o triunfo do liberalismo político, em 1867, beneficiaram-se os judeus da plena igualdade de direitos civis. Mas alcançar o registro de cidadão e aderir com entusiasmo às mudanças propostas pelo movimento de emancipação não foi um processo que se deu linearmente e sem sacrifícios. Os judeus tiveram que enfrentar uma forte resistência da cultura liberal germânica, que continuava a estigmatizá-los a partir de uma série de preconceitos.

Quando se examina a produção da maior parte dos autores de língua alemã da passagem do século xix para o século xx, conforme observa Steven Beller em *Viena e os judeus, 1867-1938*,

Estratégias de resistência

percebe-se como contribuíram para que a imagem do judeu permanecesse tal como havia sido plasmada pelo Santo Ofício da Inquisição — degradado, sujo e portador da peste. O ideal vigente era que os novos cidadãos abandonassem qualquer traço de identidade judaica com vistas a se tornarem "bons judeus", isto é, judeus germanizados. Inspirados em pesquisas ditas científicas sobre a "degenerescência" do judeu, defendia-se o preconceito de que o povo judeu precisava ser humanizado ou curado. Na verdade, a ideologia dos judeus como raça degenerada atravessava quase a Europa inteira. Jean-Martin Charcot, com quem Freud estudou em Paris no início da década de 1890, pode ser considerado um de seus representantes. Ele afirmava que "todas as espécies de doenças nervosas são incomparavelmente mais frequentes entre os judeus".[27]

Em *Freud, raça e sexos*, Sander Gilman examina com minúcia a ciência biológica nesse período e nela encontra um cientificismo marcado por forte componente racial, que atribuía ao judeu o rótulo de inferioridade e de doença. Uma parte central da reflexão desse historiador da cultura é consagrada à pesquisa do imaginário europeu que apresentava os judeus como raça de seres intrinsecamente patológicos, sexualmente degenerados e ligados por vínculos especiais à sífilis, à insanidade e a certos tipos de câncer. A alegada degenerescência dos judeus, fato incontestado na maior parte dos manuais de psiquiatria, era sistematicamente relacionada ao tema do corpo do judeu e a seu significado (na abordagem da circuncisão), o que determinou, segundo o autor, o modo como "a forma tomada pelo sexual na argumentação e na retórica freudianas eram conformadas por vários fatores, inclusive o discurso sobre a anatomia sexual e a identidade sexual judaicas".[28] Essa tese será

34   *A vocação do exílio*

retomada no capítulo 3, quando for abordada a relação estreita que se estabeleceu na modernidade vienense entre a figura do judeu e a da mulher. Por ora basta dizer que as pesquisas de Gilman lançam luz sobre a maneira como, na Áustria de Freud, o judeu se tornou uma categoria de exclusão: definia o que o ariano *não* era.

É preciso ressaltar, contudo, que o filósofo Kwame Anthony Appiah já alertava, em seu livro *Na casa de meu pai: A África na filosofia da cultura*, que não existem raças humanas senão no plano da noção, do conceito e das suposições simplistas que em geral acompanham sua aplicação, cujo campo é limitado, mesmo na biologia. A ideia de "raça", subjacente aos racismos que se expandiram nas primeiras décadas do século xx, tem contudo, segundo o autor, grande pregnância:

> Difícil era ver a possibilidade de abandonar por completo a raça como noção. Poderia algo ser mais real do que o fato de ser judeu [*Jewishness*], num mundo em que ser judeu significava a ameaça dos campos de extermínio? Num mundo em que ser judeu passara a ter um significado — racial — terrível para todos, o racismo, ao que parecia, só poderia ser enfrentado mediante a aceitação das categorias raciais.[29]

Apesar de todas as dificuldades e desencantos para com o movimento de emancipação, por volta do fim do século xix a cultura judaico-alemã foi considerada por muitos uma nova idade de ouro do mundo ocidental. Em contraposição à falta de expressão participativa dos judeus em cargos políticos e posições de destaque na administração pública, na esfera da cultura os judeus formaram, durante gerações, uma espécie

Estratégias de resistência   35

de "subgrupo" na sociedade alemã ou austríaca. Como enfatiza Michael Löwy, a trajetória do intelectual judeu de língua alemã antes da Segunda Guerra Mundial na *Mitteleuropa*[30] desembocou na construção de uma "nova categoria social: a intelectualidade judaica". Historicamente, durante gerações a intelligentsia judaica foi responsável por uma "floração cultural extraordinária, [...] que deu ao mundo [as obras de] Heine e Marx, Freud e Kafka, Ernst Bloch e Walter Benjamin".[31] Todos esses e muitos outros, valendo-se da emancipação concedida aos judeus, souberam beber da fonte de duas culturas, a alemã e a judaica, para plantar em solo fértil, mas frágil, um imenso jardim cultural, que pouco tempo depois viria a ser destruído impiedosamente pelo nazismo.

Que fatores favoreceram o aparecimento da figura do intelectual judeu? Quais terão sido os traços da tradição cultural judaica que facultaram a emergência das várias gerações de intelectuais e artistas judeus a que a ideologia nazista terminou por creditar a criação do modernismo? O que poderiam ter em comum o judaísmo milenar e o movimento de vanguarda moderno, tantas vezes referido a "ideias estrangeiras" por carecer de elementos nacionalistas e acusado por Hitler de ser impulsionado pelo "elemento judeu"?[32]

Naturalmente, o aparecimento de gerações de artistas e intelectuais judeus não se deu no vazio ou na placidez mítica do espírito. Muito ao contrário, foi favorecido por condições históricas, econômicas e sociais, que cada qual soube colher (ou não) subjetivamente. Do ponto de vista socioeconômico, a estrutura familiar dos judeus — inserida numa sociedade milenarmente centrada em valores dependentes do conhecimento dos Livros Sagrados — é considerada pela maior parte dos historiadores e sociólogos o fator mais importante na formação de gerações de intelectuais após o advento do Iluminismo.[33] Ao contrário da maioria católica, que vivia no campo e empenhava seus filhos no trabalho rural, as famílias judias de língua alemã em geral mobilizavam a cooperação de seus filhos em ofícios mais cosmopolitas, nos quais o sucesso profissional ficava na dependência de uma formação bastante especializada. Historicamente, "é ao afluxo dos filhos de comerciantes judeus que o universo cultural vienense [do final do século XIX] deve seu verdadeiro dinamismo".[34] A lógica da assimilação cultural e o desejo de ascensão levaram a burguesia judaica a enviar seus filhos à universidade, o caminho régio, no século retrasado, para conquistar respeitabilidade, honra e mobilidade social. Evidentemente nem toda a população judaica engajou-se nas mudanças abertas pelo processo de emancipação. Grande parte recusou o acesso a um outro saber que não o dos dogmas da religião, principalmente a população pouco afeita ao estudo dos Livros, semianalfabeta e alheia às mudanças ocidentais. Da correspondência de Freud com Martha Bernays transparece que, nessa mesma Viena do brilho intelectual e mundano de tantos judeus, muitas famílias judias viviam rigidamente dentro da ortodoxia tradicional e "sem interesse pela educação [laica]".[35] De todo modo, o pertencimento de Freud à parcela da população judaica que efetivou o abandono do gueto e buscou o ingresso na sociedade europeia, passando a praticar uma nova modalidade de exercício da judeidade, é inquestionável, mesmo para aqueles que insistem em argumentar que ele se recusava a ou nutria grande conflito por afirmar-se como judeu.[36]

Quanto aos elementos da situação econômica e social que favoreceram o afluxo dos judeus às universidades em Viena,

Estratégias de resistência 37

há boas razões para supor que foi na tradição cultural-religiosa do judaísmo que esse processo encontrou apoio para sua realização. Dezenove séculos antes, no ano 70, ao ver o Templo destruído e os judeus expulsos de Jerusalém, o rabi Jochanaan ben Zakkai recomendou a todos que continuassem a observar a Lei Mosaica onde quer que fosse, reverenciando Deus, notadamente a título individual, através da leitura e da interpretação da Palavra das Escrituras. No lugar do Templo, o culto passou a acontecer na sinagoga (*Schul*), na qual instituiu-se também uma escola, em que o rabino ocupava sobretudo o lugar de mestre das Escrituras. As ressonâncias dessa passagem histórica na construção do patrimônio cultural e ético do povo judeu chamaram a atenção de muitos. Por exemplo, Leopoldo Zunz, o fundador dos estudos judaicos acadêmicos — investigação crítica da literatura, hinologia e ritual judaicos — no século xix, dizia que o Antigo Testamento era a "pátria portátil dos judeus". Na mesma linha, o poeta alemão de origem judaica Heinrich Heine, para quem a expressão "o povo do Livro" teria sido criada por Maomé, considerava que os judeus elaboraram suas perdas ao longo dos séculos, "Jerusalém, o Templo, a Arca da Aliança [...] e os tesouros preciosos de Salomão" porque "um livro é a sua pátria, seu tesouro, seu governante".[37] Também Freud, em *O homem Moisés e a religião monoteísta*, liga os aspectos estruturais da religião judaica à situação histórica da destruição do Templo e à subsequente reorganização da vida comunitária em torno do estudo da Torá, que acabou por manter o povo coeso.

Foi no exílio que surgiram as leis de obrigatoriedade do estudo dos Textos Sagrados, como forma de suprir a ausência do Templo e como garantia da transmissão do judaísmo. Tais leis deveriam ser obedecidas irrestritamente, sem medir gastos ou sacrifícios. Em sua maioria inscritas no *Livro da ética dos pais* (*Pirkei Avot*), elas deram lugar a uma tradição e a um mito: proporcionar o estudo dos Livros Sagrados a um filho, e com isso garantir sua transmissão, tornou-se também uma bênção. Toda a tradição judaica religiosa girou em torno desse horizonte, cumprindo a função de conservar sólido e perpétuo o laço entre as gerações do povo judeu espalhado pelo mundo. A partir da Idade Média, impôs-se a figura do *talmid chacham*, ou talmudista, intérprete do Tanakh e do Talmude, que se destacava por seu conhecimento profundo da leitura da Torá. Dedicando-se por toda a vida unicamente ao estudo apaixonado do Livro dos Livros e de outros livros sagrados, ele passou a ocupar o lugar de guardião da vida espiritual e cultural da comunidade. Os talmudistas desenvolveram uma prática singular, de leitura-escritura infinita do Texto, como se verá amplamente no capítulo 5, prática em que o dizer e a escrita são tomados como algo a ser dito e escrito de vários modos possíveis, sem que nenhum desses modos implique a exclusão de outro. O trabalho de retranscrição contínua da letra — que, em sua carnadura material e concreta de linguagem recria o mundo, como o sopro divino — fez da leitura-escritura não apenas a linha de força da cultura judaica, mas um modelo de transmissão. E foi o testemunho de transmissão que fez com que o *talmid chacham* viesse a encarnar o ideal segundo o qual todo judeu deve se tornar um estudioso convicto e apaixonado pelas letras da Escritura.

"Ciência judaica": gênese de um preconceito

Na Idade Moderna, em meio ao processo de assimilação cada vez mais profunda e de emancipação dos judeus (embora ainda amplamente marginalizados), os talmudistas foram aos poucos desaparecendo, enquanto a figura do intelectual, surgida com o movimento iluminista, ganhava destaque. Em meados do século XIX, a elite intelectual judaica começou a adotar uma posição vanguardista frente às questões do homem e da civilização, passando a constituir um grupo voltado para a inovação. Um intelectual judeu se fazia reconhecer pela afirmação do secularismo, embora por vezes as marcas da tradição religiosa pudessem ser detectadas em várias obras de pensadores e escritores judeus.[38]

De modo geral, os efeitos da secularização incentivada pelos valores iluministas vieram a penetrar no seio da comunidade judaica através da Haskalá, com suas propostas de reformas dos costumes tradicionais e do dogmatismo religioso, e seu esforço para viabilizar a compatibilização entre religião e saber leigo. Com o advento da emancipação, a lógica da assimilação cultural fez-se mais forte — a grande maioria dos judeus que foi para a universidade abandonou a tradição da leitura da Torá, voltando-se para estudos cosmopolitas. As famílias assimilavam-se a tal ponto que muitos judeus perderam a referência à tradição, pelo menos conscientemente. Com essas rupturas, decerto sobrevieram muitas crises e muitas dificuldades de comunicação entre os judeus que prezavam a tradição e os que aspiravam à assimilação. De acordo com as conclusões de Jacques le Rider em seu estudo sobre as principais figuras do outro na modernidade vienense — período que o autor situa entre 1890 e 1910 —, o povo judeu acabou precisando criar estratégias de restauração de seu próprio universo, marcado no final do século xix, na Europa Central, pelas conquistas da emancipação, pelos progressos da assimilação e pelas feridas abertas após o surgimento do antissemitismo e dos nacionalismos contemporâneos.

Afastada da ortodoxia, a intelligentsia judaica mergulhou, com o mesmo ardor com que seus antepassados liam os Livros Sagrados, nas referências culturais da literatura e da filosofia alemãs: Goethe, Schiller, Kant e Hegel. Nesse sentido, Albert Einstein dizia que os judeus acabavam por chegar às universidades parecendo que tinham levado mais de mil anos se preparando para o ingresso no templo do saber.[39] Filhos pródigos do judaísmo, quase todos esses intelectuais romperam com a religião de seus pais e, parafraseando Löwy, se tornaram algo como profetas desarmados, pois o livro e a caneta eram suas únicas armas.[40] O filósofo trotskista Isaac Deutscher, que até certa época de sua juventude havia sido um talmudista, ressaltou em seu livro *O judeu não judeu e outros ensaios* que, durante algumas gerações, os intelectuais de origem judaica partilhavam um profundo desprezo por ideias nacionalistas ou religiosamente limitadas. Por isso batizou de "judeu não judeu" todos aqueles que, iconoclastas e agnósticos, viviam nas fronteiras, à margem do comum e voltados para o universal.

Sem dúvida, a tradição e a experiência culturais deram suporte à conquista que os judeus empreenderam no novo mundo que se abria. Mas, em contraste com o estudioso da Torá, que contava com o reconhecimento imediato de sua comunidade, o intelectual judeu na modernidade teve de buscar trabalho fora do gueto, num espaço onde os critérios de aceita-

Estratégias de resistência

ção e consideração eram bem diversos. Na sociedade europeia, a própria organização social exigia um esforço maior de todos para a ascensão social. Assim, os novos cidadãos viram-se obrigados a participar de uma estrutura competitiva diferente e a se confrontar com uma luta política inevitável.[41] Era sempre mais difícil para um judeu conseguir ser ouvido e respeitado numa sociedade que, apesar de lhe haver concedido o direito de cidadania, persistia em tratá-lo como estrangeiro, independentemente de haver ele nascido e crescido em solo nacional. Freud, por exemplo, precisou esperar dezessete anos para ser nomeado professor da Faculdade de Medicina de Viena. Na Áustria de então, a regra, dita do *numerus clausus*, limitava os professores judeus a 2% do total de professores universitários. E não é difícil perceber a realidade sombria que se abatia sobre o povo judeu. Falando sobre sua chegada à capital da Alemanha em 1929 para dar sequência às suas pesquisas e o choque com a propaganda nazista, Einstein declarou: "Descobri pela primeira vez que era judeu, e devo essa descoberta muito mais aos não judeus do que aos judeus".[42]

Enfim, para os judeus alemães e austríacos do início do século passado, a realidade do antissemitismo latente obscurecia as perspectivas de integração à sociedade europeia, fazendo-os perceber quão enganosa era a promessa de igualdade que o iluminismo fizera cintilar.

No entanto, na avaliação crítica de Hannah Arendt, a falência do projeto de emancipação e assimilação do povo judeu se mostrou presente desde o final do século XVIII até o início do século XX, quando entrou definitivamente em colapso.[43] No ensaio "O judeu como pária: Uma tradição oculta", a filósofa somou ao status de "povo oprimido" dos judeus na Europa o status de "povo pária", com base no conceito cunhado por Max Weber. O pária é, por circunstâncias históricas, a condição do judeu no mundo, porém a filósofa política diferencia dois tipos particulares: *os párias conscientes*, que jamais recusaram a pertença ao povo judeu e ao mesmo tempo reivindicavam seus direitos sociais, assumindo, assim, uma posição anticonformista e revolucionária;[44] e os *parvenus*, arrivistas que, às custas da perda da liberdade de escolha em pertencer à comunidade judaica, buscavam obter o reconhecimento da sociedade europeia moderna.

Os párias conscientes "fizeram muito pela dignidade espiritual do seu povo, [...] foram suficientemente grandiosos a ponto de transcenderem os limites da nacionalidade e teceram os fios de seu gênio judaico em meio à tessitura geral da vida europeia".[45] Ao longo de mais de cem anos, poetas, artistas e escritores foram capazes de desenvolver o conceito de pária que se tornou tradicional, muito embora a tradição, nas palavras de Arendt, "não seja senão tácita e latente, e sua continuação, automática e inconsciente".[46] Uma tradição oculta, "porque não há muitas ligações entre os grandes, porém isolados, indivíduos que admitiram seus status de pária".[47] Todos eles ofereceram ao mundo o testemunho de uma forma particular de resistência à opressão que, por sua vez, refletia o status político de seu povo.

Entre os sujeitos que, no texto de Arendt, representam um modo de ser pária, Heinrich Heine é paradigmático. Em meados do século xix, o poeta formulou a expressão "bilhete de entrada na cultura europeia"[48] para justificar o batismo não como conversão religiosa, mas antes como ato necessário à entrada de judeus na sociedade de gentios, sem perda da "alma" judaica. Na análise de alguns dos poemas de Heine, a filósofa sintetiza o modo como a consciência crítica do poeta sobre a situação histórica do povo judeu "descarrega sua ira não apenas sobre os tiranos, mas igualmente sobre aqueles que os toleram" —[49] os *parvenus*, que via de regra, por covardia, trocavam a condição judaica pelo preconceito social, comportando-se como se jamais tivessem sido judeus. Encarnando a figura do pária assumida pelo tipo *schlemiel* (malsucedido), Heine, de acordo com a análise de Arendt, transforma o excluído da sociedade formal num combatente que compartilha suas alegrias, tristezas, prazeres e aflições com o povo. Nesse sentido, a representação de Heine de si mesmo e do povo judeu é oposta à do *parvenu* arrivista, lograda pelos judeus das classes mais elevadas, animados pelo autoengano de se livrar definitivamente da condição de estrangeiro.

O *schlemiel* marginalizado e rebelde, o *parvenu* arrivista: a luta entre esses diferentes tipos do povo pária e suas implicações políticas frente à doutrina espúria de assimilação que incitava o judeu a abandonar marcas e traços da história de seu povo se apresentam nos sonhos freudianos, que veremos detalhadamente ainda neste capítulo.

Aqui se impõe uma observação final. Durante algumas gerações, artistas e escritores de origem judaico-alemã — homens e mulheres, religiosos ou ateus, sionistas ou internacionalistas — foram obrigados a repensar o "ser judeu".[50] Essa reflexão jamais esteve dissociada da elaboração de suas obras, que a bem da verdade terminaram impregnando toda a cultura europeia. Mesmo que a maior parte deles não pensasse sua produção no plano da vivência real e histórica dos judeus, os demais e vários não judeus se encarregavam de fazê-lo. Por exemplo

Derrida, que logo no início de seu *Mal de arquivo: Uma impressão freudiana* lembra que a psicanálise foi recebida pelo universo intelectual e político de Viena como uma "ciência judaica".

Evidentemente, na longa e dolorosa história social de assimilação e emancipação dos intelectuais judeus descrita até agora, diferentes posições foram tomadas em relação ao interminável movimento de tradução da marca histórica que cada um deles carregava. Se para alguns ser o outro diante da maioria era negativo, para Freud o fato de pertencer ao povo judeu fora vivido em sua mais tenra idade como um fator positivo, uma promessa de um futuro glorioso. Ele nos conta, em *A interpretação dos sonhos*, que, quando o governo liberal de Viena instituiu a Constituição Austríaca de 1867, estabelecendo direitos iguais para judeus e não judeus, "todo garoto judeu aplicado levava a pasta ministerial na sua bolsa escolar".[51] A expressão "pasta ministerial" representa, portanto, uma esperança, quase utópica, de poder nadar na contracorrente de um antissemitismo latente e lançar-se na construção de uma nova "terra prometida".

Mesmo quando tomado pela dor e pelo espanto diante das investidas antissemitas — "a universidade, na qual ingressei em 1873, trouxe-me inicialmente sensíveis decepções. Sobretudo doeu-me a insinuação de que deveria sentir-me inferior e estrangeiro pelo fato de ser judeu" —, Freud jamais se deixou intimidar. Decidiu enfrentar as ofensas e as desvantagens impostas pela sociedade europeia afirmando positivamente sua condição de judeu:

> Nunca concebi que deveria envergonhar-me da minha origem, ou, como se começava a dizer, da minha raça; e renunciei sem

Estratégias de resistência

muito lamentar à nacionalidade que me era recusada. Acreditava que, mesmo sem essa afiliação, haveria, nos marcos da humanidade, um lugarzinho para um zeloso trabalhador científico.[52]

Conforme dá a conhecer, foi nessa ocasião que, face às discriminações sofridas, Freud aprendeu a viver em "oposição à maioria compacta", e, com isso, pôde afirmar que "preparava-se em mim certa independência de juízo".[53] O isolamento acabou por reforçar nele, ainda estudante universitário, o exercício de pensar por si próprio, que — já o disse Arendt, em seu livro sobre a vida da escritora Rahel Varnhagen — é de fato aquilo que dá ao sujeito a possibilidade de despir-se de preconceitos e libertar-se dos objetos e de sua realidade.[54] Essa foi a prática de Freud naqueles anos difíceis quando se viu frente a frente com o antissemitismo. Mais tarde, ao encarar dificuldades para lecionar na Universidade de Viena por razões ideológicas e políticas, experimentaria de novo aquilo que denominou *splendid isolation*: as vantagens e os encantos da solidão.

Nessa "bela época, época de heroísmo", "como Robinson Crusoé em sua ilha deserta",[55] como escreveu, Freud levou uma vida dedicada a desvencilhar-se das influências de pensamentos já constituídos e a trabalhar em torno da pesquisa dos obstáculos e fatores que se punham no caminho do tratamento psicanalítico. Ao se debruçar sobre a psicanálise — que para ele não era, sob hipótese alguma, "nem judia, nem católica, nem pagã" —,[56] Freud entendia que toda ciência deve transcender qualquer identidade nacional:

Uma ciência particularmente ariana ou judaica não deveria existir. Os resultados deveriam ser idênticos, e somente a forma de apresentação poderia variar. É também nesse sentido que se deve entender a minha proposta sobre a interpretação dos sonhos. Se essas diferenças entrassem na concepção científica de relações objetivas, algo não estaria em ordem.[57]

A psicanálise não é, portanto, de ninguém, o que não quer dizer que não possa ter as marcas de outros saberes. Mas, a rigor, deverá estar em qualquer lugar e, ao mesmo tempo, buscar no exílio sua cidadania. Freud procurava conferir uma mobilidade à psicanálise, de modo que ela pudesse se transportar, com seus conceitos, para outros campos do saber. Preocupava-se em manter sua descoberta como uma causa errante, ao mesmo tempo que estabelecia a relação de proximidade dela com os outros campos, para não a condenar à clausura.

Uma série de questões se impõe: de que forma lutou Freud para singularizar-se e fazer com que a psicanálise pudesse ser reconhecida, e não hostilizada, por judeus e não judeus? Quais teriam sido suas estratégias diante dos inúmeros obstáculos e resistências que se interpuseram desde o nascimento de sua criação? Quais os meios pelos quais assumiu posição diante do choque que esta causou na tradição judaica e na ciência ocidental? Como se preparou para combater o inimigo em presença?

De uma maneira mais geral, pode-se afirmar que, no caminho inverso ao da massa, Freud sempre procurou subverter a ordem vigente de obediência estrita a uma única verdade para afirmar a potência plural do inconsciente. Terá sido de seu exílio interno — quando, por sinal, criou o conceito de pulsão, condição do inconsciente — que Freud pôde também re-

Estratégias de resistência

tirar forças para afirmar a singularidade judaica, questão que remonta pelo menos à queda de Jerusalém, milênios antes de ele nascer?

Fazer das dificuldades uma vantagem, um meio que pudesse permitir-lhe triunfar sobre o sofrimento que historicamente o outro impõe ao judeu, foi a recomendação que Freud deu a Max Graff, pai do Pequeno Hans, na ocasião em que esse lhe perguntou sobre a possibilidade de batizar o filho para protegê-lo do antissemitismo:

> Se o senhor não deixar seu filho crescer como judeu, o senhor o privará dessas fontes de energia que não podem ser substituídas por nada mais. Ele terá de lutar como judeu, e o senhor deve desenvolver nele toda a energia de que ele precisará para essa luta. Não o prive dessa vantagem.[58]

Pode-se observar uma homologia entre essa prescrição e a recomendação que Freud faz aos analistas, ao longo de sua obra, para lutarem contra toda e qualquer resistência ao processo analítico, a começar por eles mesmos. Em seu seminário sobre *Os escritos técnicos de Freud*, Jacques Lacan ressalta a amplitude do conceito de resistência e sua relação com o tratamento analítico, destacando justamente o sentido freudiano do termo e sua relação com a atividade do analista:

> Foi em *A interpretação dos sonhos* que Freud deu a primeira definição, em função da análise, da noção de resistência, capítulo sete, primeira seção. Temos uma frase decisiva que é esta: [...] *Tudo que destrói, suspende/altera a continuação do trabalho* — não se trata aí de sintomas, trata-se do trabalho analítico, do tratamento, da

Behandlung, como se diz que se trata um objeto que passa em certos processos — *Tudo que destrói a continuação do trabalho é uma resistência.*[59]

Mas, desde seus *Estudos sobre a histeria,* Freud já impusera um estilo. Para vencer a resistência, definida então como força contrária à recuperação das lembranças patogênicas, o analista deveria combatê-la com firmeza, uma vez que esse era um meio de assegurar ao paciente o desvelamento do seu sintoma e contribuir para novas descobertas teórico-clínicas. Com efeito, depois de abandonar a hipnose e passar por uma breve tentativa da "técnica de pressão sobre a fronte", como meio de fazer o paciente associar e dar prosseguimento às investigações analíticas, Freud admitiu a existência da resistência enquanto uma força presente e permanente na análise. Conceituá-la e trazê-la para o seio do processo analítico significou postular um saber construído sobre e contra a própria resistência. Foi nesse momento que ele também percebeu que todo analista teria de superar suas próprias resistências à escuta do discurso da Outra cena.

As primeiras intervenções sobre a resistência que contribuíram para que a psicanálise se tornasse um método simultâneo de tratamento e de pesquisa fizeram sobressair sua forma mais pregnante: a transferência. Designada como um fenômeno clínico tático, que surge no tratamento como esforço de envolvimento do analista por parte do analisando, a transferência representou para Freud, num primeiro momento, o grande obstáculo a seu método. Todavia, ele tratou de transformá-la no instrumento paradigmático da psicanálise, tornando-a sua grande aliada. Necessária, inevitável e extremamente perigosa

Estratégias de resistência

no desenrolar do tratamento, a transferência ocupa um lugar ímpar no método analítico e com isso, a bem da verdade, diferencia-o de todos os outros. Quando Freud transformou esse obstáculo à análise em uma técnica da análise, pôde também dar liberdade de expressão ao sofrimento determinado pelas intensidades pulsionais do sujeito e garantir ao analista uma função específica.

Ao elaborar o conceito de resistência, Freud enfrentava duas grandes oposições alheias ao plano teórico-clínico: a perpetrada pela cultura médica vigente diante de suas descobertas e a proveniente de uma sociedade que se deixava empolgar pelo antissemitismo militante e propagandístico (com os consequentes obstáculos ao livre trânsito dos judeus nas instituições universitárias e congêneres). Lutar pelo reconhecimento da psicanálise e por um modo de ser judeu que ele próprio inventa, suportando por vezes descer aos infernos — como fizera um de seus heróis favoritos, Eneias, o fundador ancestral de Roma —,[60] significava, nas palavras de que Freud fez uso para dar seu conselho ao pai do pequeno Hans, ter de suportar o rechaço da maioria, buscar "fontes de energia" internas para "combatê-lo", aprender a encará-lo como "vantagem", ou melhor, aprender a tirar vantagem dele ao invés de se deixar abater por ele. Na luta contra a exclusão, Freud afirmou sua judeidade sem fazer apelo a qualquer referência religiosa ou identitária, procurando defini-la de um outro lugar, o mesmo em que combatia também as resistências dos pacientes ao tratamento e aquelas que se opunham à afirmação da psicanálise como ciência, viessem dos próprios analistas ou de fora.

No alvorecer do século xx, enquanto o judeu era encarado como sendo de condição humana inferior, a psicanálise era tida na conta de subproduto da cultura de Viena, cidade em que os costumes eram demasiadamente flexíveis e liberais. Foi o próprio Freud que estabeleceu uma relação de identidade entre as duas críticas: "Acusarem-me de 'vienismo' [*Wienertum*] é apenas um substituto eufemístico de outra acusação, que ninguém ousa fazer abertamente",[61] ou seja, a de ser judeu. A verdade é que, ao considerarmos a história da psicanálise em seus primórdios, conforme contada pelo próprio Freud, como a história da resistência à ideia de que as pulsões sexuais não podem ser inteiramente domadas, evidencia-se nessa resistência uma modalidade de preconceito ancestral contra o sexo e contra o judeu. Santo Agostinho já fazia, no *Tractatus adversus Judaeos*, a seguinte acusação: "Considerai o Israel segundo a carne (1 Cor., 10,18). Esse nós sabemos que é o Israel carnal; mas os judeus não compreendem esse significado e, assim, tornam-se indiscutivelmente carnais".[62]

Roma-Canaã: sobre isolamento, tolerância e tenacidade

Neste ponto, pode-se dizer sucintamente: o universo social e histórico que definiu as condições de possibilidade para a emergência do discurso analítico inclui o judeu e as vicissitudes de seu destino no Ocidente. Um olhar atento sobre *A interpretação dos sonhos* — obra na qual Freud solicita ao leitor que faça seus os interesses dele, e que o acompanhe em um mergulho nos mais ínfimos detalhes de sua vida — penetra diretamente no caldeirão político em que viviam os judeus por ocasião do nascimento da psicanálise. Junto ao desejo de transmitir as linhas-mestras do método psicanalítico de interpretação dos

Estratégias de resistência   51

sonhos, Freud expõe, em alguns de seus sonhos, suas preocupações e conflitos para com o judaísmo e o destino do povo judeu, sempre acompanhado do firme propósito de vencer em terra estrangeira. Por exemplo, em "Fechar os olhos/um olho", relata seu conflito entre o respeito à tradição judaica e a experiência moderna de assimilação; em "Tio de barba amarela", o sonhador se interroga sobre o antissemitismo e os meios para ele e seus filhos serem poupados; o sonho "Meu filho, o míope", por sua vez, tem como "resto diurno" uma peça teatral de Theodor Herzl, o fundador do movimento sionista, na qual é levantada a questão de um pai preocupado com o futuro de suas crianças, às quais não pode dar uma pátria.

Nós nos debruçaremos aqui sobre os quatros sonhos ditos romanos e a lembrança infantil associada a eles, produções oníricas que considero as mais ricas para o desenvolvimento das ideias e ilações aqui apresentadas.

Devia eu andar pelos meus dez ou doze anos quando meu pai começou a levar-me com ele em seus passeios e a transmitir-me, durante nossas conversas, suas opiniões sobre as coisas deste mundo. Assim foi que, para mostrar-me como eu nascera numa época bem melhor que a dele, me contou certa ocasião o seguinte: "Certa feita, quando eu era jovem na cidade onde você nasceu, saí à rua num sábado, bem-vestido e com um gorro de pele novo. Surge um cristão e com um golpe joga o meu gorro na lama gritando: 'Judeu, desça da calçada!'."

"E o que você fez?" [perguntei].

"Apanhei o meu gorro", disse meu pai com resignação.

Isso não me pareceu heroico da parte daquele homem grande e forte que me levava, seu filho pequeno, pela mão.[63]

Dando seguimento ao comentário dessa lembrança infantil, Freud conta não ter perdoado a resignação do pai diante da ofensa sofrida. Tomado por um desejo de desforra, jurou, no momento em que ouviu a narrativa do episódio, vingar-se algum dia. Na multidão de "leituras" de psicanalistas e mesmo de historiadores da cultura que querem explicar a psicanálise como produto do esforço de Freud para superar a humilhação sofrida por seu pai, fez-se muitas vezes a "psicanálise" do próprio Freud a partir desse episódio.[64] É verdade que, para o descobridor do sentido dos sonhos, conforme está dito no prefácio à segunda edição de *A interpretação dos sonhos*, essa obra tinha um significado subjetivo bastante acentuado e especial, pois liga-se ao episódio mais marcante de sua vida, a morte de seu pai. Com essa perda — e também com seus sonhos e através da correspondência com Fliess —, Freud lançou-se definitivamente à descoberta do inconsciente.

Ele ter reconhecido o papel desse momento de sua vida no avanço de sua obra talvez tenha dado asas à imaginação de muitos autores, que não escapam à tentação de psicanalisar a vida e os sonhos do fundador da psicanálise. Admito que é grande a dificuldade de não incorrer nisso, mas nas páginas a seguir buscarei, na medida do possível, rastrear as interpretações de Freud para sua lembrança da "cena do gorro na lama" a partir da análise que ele fez de seus sonhos com Roma. Com isso, buscarei, por um lado, salientar suas estratégias mais evidentes para fazer-se reconhecer, e à psicanálise, num mundo hostil aos judeus; e, por outro, aprofundar a incursão já esboçada na história cultural dos judeus austríacos em torno de 1900 para pensar o efeito de tais circunstâncias sobre a subjetividade de Freud na construção dessas estratégias.

Roma, berço da civilização europeia, é apenas vista de longe no primeiro dos quatro sonhos de Freud que têm a cidade como centro: "Sonhei, pois, que da janela do trem estou vendo o Tibre e a ponte de Santo Ângelo; depois o trem se põe em movimento e logo me dou conta de que não pus os pés na cidade".[65] Freud nem sequer analisa esse sonho, deixando o leitor diante de sua impossibilidade de pisar na cidade que almejava ardentemente e da imagem da ponte.

Ao comentar tal sonho em *A autoanálise de Freud e a descoberta da psicanálise*, Didier Anzieu dá a entender que a vista do rio Tibre e da ponte de Santo Ângelo sugere uma aproximação com o Vaticano e o poder da Igreja católica, que na Idade Média perseguia os judeus. Assim localizada, a Roma do primeiro sonho evocaria a Freud o antijudaísmo do Ocidente, cujo início prende-se simbolicamente à instalação do Santo Ofício. Freud, que conhecia muito bem a história da Igreja católica e a patrística,[66] desenvolveu pela Cidade Eterna uma intensa ambivalência, sem jamais ter escondido tal afeto. E quando, por ocasião de sua quinta viagem à Itália, realizou seu desejo de conhecer Roma, não conseguiu usufruir plenamente tão almejada conquista. Algo da ordem de um fantasma assombrava-o diante do berço da civilização greco-romana: "Embora ficasse total e inteiramente absorto na Antiguidade [...], verifiquei que não conseguia desfrutar livremente da segunda Roma (a medieval, cristã)".[67]

Mas o sonho, a metáfora e a arte são possibilidades de o homem "realizar" o impossível: em contraposição à temida e estranha Roma cristã, Freud construiu uma outra, familiar e desejada, e pôde realizar, em seu segundo sonho, o desejo de "ver de longe a Terra Prometida":

Em outra ocasião, alguém me conduz a uma colina e me aponta Roma parcialmente velada pela neblina, mas tão distante que me espanto com a nitidez da visão. O conteúdo desse sonho é mais rico do que eu poderia detalhar aqui. O motivo "ver de longe a 'Terra Prometida'" pode ser facilmente reconhecido nesse sonho.[68]

Abstendo-se de dar continuidade ao relato do conteúdo manifesto desse sonho, Freud reconheceu prontamente ter reativado seu imaginário bíblico para fazer acontecer o impossível. Contrariamente aos autores que insistem em ver nesse sonho apenas uma identificação de Freud com a figura bíblica de Moisés — a quem YHVH fez subir o monte Nebo para mostrar-lhe de longe a Terra Prometida —,[69] é bom lembrar que os conteúdos de um sonho se situam para além das identificações imaginárias. Terá sido a fusão da cidade cristã com a Terra Prometida uma tentativa de Freud de colocar numa relação de proximidade o que está dito como disjuntivo: penetrar na Cidade Eterna sem temer esquecer Jerusalém?

Freud apresenta ao longo de sua obra um caleidoscópio infinito de expressões metafóricas, comparações e analogias como manifestação de um pensamento voltado à alteridade. Para além do espelho, o novo. Fundir cidades opostas e separadas no tempo e no espaço é realizar um desejo, conforme a teoria dos sonhos: desejo de pensar o inconcebível, o indizível e o invisível. O aparecimento do significante Roma-Canaã,[70] efeito da lógica do sonho, é por si mesmo tão revelador que dispensa interpretações. O que fascina é que tal significante revela, como só as metáforas o fazem, a existência do inconsciente: um novo espaço, uma nova topografia da alma, onde coabitam todas

Estratégias de resistência

as contradições e modos antitéticos de conhecimento. Roma--Canaã é o acontecimento que positiva o *e* no lugar do *é*.

A propósito, no inconsciente não se conjuga a "língua" do *não*. A língua do País do Outro[71] é análoga à que era falada pelos antigos semitas, que não estavam trabalhados, como nós, pela necessidade de abstração e de explicação, de síntese e de precisão, na análise conceitual do real, herança dos gregos. Em "A significação antitética das palavras primitivas" (1910), Freud chama a atenção para essa singularidade das línguas semíticas, como o hebraico e o árabe, tomando tal particularidade como expressão paradigmática do modo pelo qual os sonhos tratam a categoria de contrários.

Um poeta sufi do século XIII, Jalal al-Din Rumi, traduz a mesma lógica — não formal, não aristotélica, não cartesiana, não ocidental, que não procede por distinções e exclusões:

Se a imagem de nosso Amado está no templo pagão
Então é um erro clamoroso andar em volta da Caaba
Se na Caaba o seu perfume não está presente
Então ela nada mais é do que uma sinagoga
E se na sinagoga sentimos a fragrância da união com Ele
Então essa sinagoga é a nossa Caaba.[72]

Para Rumi, não há oposição irredutível entre a Caaba islâmica e a sinagoga — *Caaba-sinagoga, Roma-Canaã*. No poema e no sonho, o inconcebível torna-se habitável.

Se é fato que todos os caminhos levam a Roma, como diz o ditado, no terceiro sonho Freud escolheu aquele que lhe é mais familiar para tecê-lo: duas anedotas judaicas que encenam a realidade sociopolítica do judeu na modernidade são os restos diurnos subjacentes. "Percebo um sr. Zucker (a quem reconheço superficialmente) e decido perguntar a ele o caminho da cidade",[73] porque a Cidade Eterna encontra-se invisível.

Segundo a anedota, Zucker (que significa açúcar, em alemão) é um judeu malsucedido, um *schlemiel*, um pária que tenta viajar sem a passagem no expresso para Karlsbad, estação balneária para onde os médicos, no início do século, enviavam os portadores de diabetes. Mas a tentativa do clandestino é imediatamente frustrada: na primeira parada, o trocador o enxota do trem a pontapés. Esse calvário se repete várias vezes, quase que cotidianamente, pois ele não desiste do objetivo de chegar àquela cidade. Um dia, numa das estações em que é despejado, encontra um conhecido que, surpreso por vê-lo ali naquele estado, pergunta sobre seu destino. Cansado e ofegante, ele dá ao interlocutor uma resposta surpreendente: "Se minha constituição me permitir, [vou] a Karlsbad". Ou seja, mesmo diante das adversidades da modernidade, o judeu, que já não pode mais voltar para o gueto e ambiciona conquistar um novo espaço nas cidades do Ocidente, conta apenas com a capacidade de transformar os obstáculos à sua emancipação em instrumento de combate.

A complexidade da presença do judeu num espaço que se constituía, a um só tempo, "fora-dentro" da nação hospedeira é ressaltada nesse chiste: emancipado, mas exilado no cotidiano europeu, o judeu vivia entre a ruptura com a tradição e o desejo de conhecer o desconhecido da cidade, de penetrar a invisibilidade de Roma. O sentido que aqui se confere a esse chiste, que representa primorosamente as vicissitudes do destino do povo pária no século XIX, encerra uma certa analogia com a significação que Freud atribuiu a seus sonhos: o desejo

Estratégias de resistência 57

de ir a Roma encobria desejos diversos, para cuja realização era sempre preciso combater com muita tenacidade e resistência.[74]

O outro chiste que participa da formação do terceiro sonho também conta as aventuras de um *schlemiel*. Ao emigrar para Paris, um judeu que não dominava a língua francesa é aconselhado por um amigo malicioso a perguntar como se chega à famosa rua Richelieu. A graça do chiste está em que, não existindo no ídiche o som "ieu", ao pronunciar "Richeliê" o judeu malsucedido denunciaria imediatamente em terra estrangeira sua origem judaica. Sem perceber a malícia do amigo, o protagonista, já nas ruas da capital francesa, endereça a pergunta a um passante que, embora parecesse um francês comum, era na verdade um patrício arrivista, um *parvenu*. Numa excelente pronúncia, este indica o caminho da rua. Mas o *schlemiel* percebe um certo sotaque em seu interlocutor e, demonstrando sua indignação diante do que considerou uma impostura, replica em ídiche: "Tu e eu sabemos o que é preciso para a preparação ritual do Shabat, pois ambos somos judeus".[75]

Se a primeira anedota acusa as mentiras do processo de emancipação e as dificuldades de assimilação, evocando a tenacidade como a qualidade ideal à luta contra as resistências que se erguiam contra os judeus, a segunda, sem nenhuma condescendência, retrata diferentes posições sociais do povo judeu e as crises instaladas entre elas. Apesar da noção de povo eleito impor — conforme as agudas observações de Jacó Guinsburg em *Aventuras de uma língua errante* — aos descendentes de Abraão igualdade de todos perante a lei, isso não impedia que colapsos acontecessem no seio da comunidade. A riqueza de alguns era usada por seus detentores para obter vantagens em relação aos judeus malsucedidos. Mas, diante do inimigo comum, o antissemitismo, ricos e pobres, sábios e incultos eram gradativamente lançados ao mesmo destino. Tanto o primeiro quanto o segundo chiste condensam, sem dúvida, a ideia de que o povo judeu não escapa à sua própria marca. Aqui parece ressoar o versículo bíblico: "E o sol brilha sobre ele [Jacó] quando cruza Peniel: coxeava" (Gênesis 32,31).

Esconder e aventar a possibilidade de se privar dessa marca não foram, em momento algum, as escolhas de Freud. Sua fidelidade à herança cultural de seus antepassados foi parte integrante e estruturante de uma judeidade praticada "fora-dentro" da comunidade judaica. Sobretudo, ele optou pelo papel de *pária consciente*, para usarmos aqui a expressão cunhada por Arendt, reconhecendo a ambiguidade da emancipação, mas sem deixar de ser suficientemente generoso a ponto de transcender os limites da nacionalidade e compor sua obra em meio à tessitura geral da vida europeia — como o fizeram, ao longo de gerações, outros escritores e artistas.[76] Decerto, a tomada dessa posição foi efeito da percepção de que ser judeu não é essência, mas movimento, a priori errância. Caminhar incessantemente, em seu pensamento, em sua clínica, em sua vida, sem repouso e sem medir distâncias. Passar de Jerusalém à Acrópole e a Roma, sair de Viena para Paris ou para Berlim, foi o seu modo de exercer essa errância e ultrapassar as resistências do Ocidente contra o judeu e a psicanálise. Paris também ocupou o lugar de objeto do desejo nas fantasias do mestre de Viena. No final do século XIX, lá chegou como o judeu do trem e o da anedota do sotaque ídiche: pobre, com muitas dificuldades, mas cheio de desejo de conquistar a Cidade das Luzes. "Paris foi durante anos a meta de minha nostalgia, e a felicidade com que nela pisei pela primeira vez fez com que a

Estratégias de resistência 59

tomasse como fiadora de que eu haveria de alcançar também a realização de outros desejos", escreveu.[77]

Ao pisar o solo parisiense, Freud foi buscar na rua Richelieu a fonte da riqueza: "Hoje caminhei [...] afastando-me do Sena", escreveu a Martha. "Vi-me cercado pelo mais frenético tumulto parisiense até conseguir atravessá-lo e chegar aos conhecidos bulevares e à rua Richelieu."[78] Foi exatamente nessa rua que ele encontrou a Biblioteca Nacional e a Comédie Française. Em Paris, o jovem soube conquistar o apreço da intelectualidade, vencer os problemas da língua e tornar-se tradutor para o alemão de seu mestre Charcot.

É no quarto "sonho romano" que Freud recupera a lembrança do episódio sofrido por seu pai, quando este teve seu gorro jogado na lama. Ele descreve que se vê andando pelas ruas de Roma e sente-se surpreso de ter à sua frente um grande número de cartazes e letreiros escritos em alemão. Roma-Berlim é o significante que, segundo o próprio Freud, revela o desejo de estar com seu dileto amigo de Berlim, Wilhelm Fliess, na cidade de Roma. Freud havia confessado ao amigo que a ansiedade profunda que a cidade de Roma lhe despertava estava ligada à sua idolatria ginasiana por Aníbal, o herói semita,[79] uma idolatria que tinha raízes no horror que experimentara diante da resignação paterna aos insultos do outro. Afetado pelo que então considerou falta de heroísmo do pai, o menino contrapôs a essa uma outra cena, que responderia melhor a suas expectativas e sentimentos: "a cena em que o pai de Aníbal, Amílcar Barca, faz seu filho jurar diante de um altar doméstico vingar-se dos romanos".[80]

A história de Aníbal foi marcada por esse juramento, que o levou a se tornar um grande guerreiro. No entanto, após um início de carreira brilhante, o general cartaginês perdeu o poder militar, o que acarretou graves consequências para sua família: o irmão, Asdrúbal, foi morto pelos romanos, que haviam se reorganizado rapidamente depois das batalhas perdidas para o exército de Aníbal. Quando recuou para salvar a ameaçada Cartago, o general percebeu a iminente derrota e acabou por suicidar-se. Assim, o filho de Amílcar tornou-se um herói fracassado. Mas Freud o admirava: "Aníbal e Roma simbolizavam [...] a oposição entre a tenacidade do judaísmo e a organização da Igreja católica".[81] Ou seja: o que Freud aprecia e admira em Aníbal é sua oposição, enquanto sujeito desejante, à força repressora da organização.

É nesse ponto de sua análise que Freud se pergunta mais diretamente de que modo lutar para realizar o desejo de ir a Roma, contrapondo o guerreiro a uma outra figura. "Qual dos dois, o guerreiro Aníbal ou Winckelmann, caminhou mais impacientemente de um lado para o outro em sua casa depois que concebeu o projeto de ir a Roma?"[82] Winckelmann, o arqueólogo e historiador das artes, terminou por converter-se ao catolicismo para ocupar o posto de bibliotecário do Papa. "É o amor pela ciência, e apenas ele, que pode me levar a considerar a proposição que me é feita",[83] argumentou ao tomar a decisão de abandonar a fé protestante. Ao contrário do arqueólogo, Freud, mais do que dizer "não" à solução da conversão, se comprometeu tanto com a herança judaica de seus ancestrais quanto com sua experiência europeia na era moderna. Sua luta para vencer os efeitos da discriminação que pesavam sobre si, por seu pertencimento marginal à cultura dominante, vai se desenrolar em outra ordem de acontecimentos. Em 1901, conquistou realmente a Roma de seus sonhos, já como cria-

Estratégias de resistência 61

dor do método e da teoria psicanalíticos; sua Jerusalém deverá permanecer presente, mas invisível porque situada mais além do umbigo do sonho.

Entre-dois: Antichauvinismo e alianças espirituais

Sabe-se que os primeiros membros do movimento psicanalítico eram todos judeus — e o grupo permaneceu assim até a adesão do médico suíço Carl Gustav Jung, por volta de 1907. Nesse cenário, a "horda selvagem" — conforme Freud costumava se referir ao conjunto de analistas que reconheciam a transferência e a resistência como eixos fundamentais do tratamento —[84] sofre, em seu nascedouro, os impasses do destino judaico frente aos paradoxos de Viena e da cultura alemã, que obrigavam cada um dos pioneiros a se repensar como judeu, positiva ou negativamente.[85]

Freud, que costumava dizer ter para com sua descoberta atitudes de "um pai judeu [que] tem a imperiosa necessidade de saber que está assegurado o futuro de seu filho",[86] logo instalou uma política antichauvinista, para evitar o perigo de tornar o inconsciente um refinado tema da cultura fin-de-siècle vienense ou um assunto nacional judeu, o que o confinaria a uma ou outra espécie de gueto. Assim, todos os que aderiam à causa analítica ficavam, de imediato, comprometidos com o projeto de desalojá-la de Viena e do gueto judaico. Nesse sentido, a insistência de Freud em colocar Jung à frente do movimento psicanalítico é exemplar, como se pode notar na correspondência que manteve com alguns de seus colegas. Em 3 de maio de 1908, em resposta à desconfiança que Karl

Abraham manifestava com relação a desvios teóricos de Jung, Freud lhe escreveu:

> Seja tolerante e não se esqueça de que, para falar a verdade, é mais fácil para você do que para Jung seguir minhas ideias, porque, em primeiro lugar, você é inteiramente independente, e também porque está mais próximo de minha constituição intelectual devido ao parentesco racial; ao passo que ele, como cristão e filho de pastor, só pode chegar até mim lutando contra grandes resistências interiores. Por isso sua adesão é tanto mais valiosa. Eu quase diria que somente com o aparecimento dele a psicanálise escapou do perigo de tornar-se uma questão nacional judaica.[87]

É interessante observar, nessa carta, que a política de expandir a psicanálise para fora do universo judaico não impede que Freud procure reforçar a aliança com os colegas que, como ele, buscavam transpor a distinção entre não judeus e judeus e, ao mesmo tempo, reconheciam a importância de uma situação histórica, intelectual e afetiva em comum no empenho de instituir o movimento psicanalítico. Essa tentativa de se manter próximo à comunidade judaica, importante que se registre, persistiu como forma de responder ao intolerável. Pode-se encontrá-la nessas palavras enviadas a Ferenczi quando do rompimento com o próprio Jung: "Você com certeza ouviu dizer que Jung teria declarado nos Estados Unidos que a psicanálise não era uma ciência, mas uma religião. Isso de fato esclareceria toda a diferença. Mas, aí, o espírito judaico lamenta não poder participar nesse ponto".[88]

Como se terá oportunidade de melhor compreender nos capítulos subsequentes, para Freud o sentido das expressões

Estratégias de resistência

"constituição mental" e "raça comum", bem como da palavra "espírito", é apenas um recurso retórico para dizer sobre alguma coisa que lhe escapava à análise: o "ser" judeu. Todavia, em algumas ocasiões, a título de fazer face à opressão nazista de negar aos judeus qualquer subjetividade própria, Freud falou de um "caráter judaico", sem tentar definir uma caracterologia específica do judeu, tomando-o como enigma, ao mesmo tempo que definia estratégias de combate contra qualquer designação imaginária do outro sobre o judeu.

Em 1926, tomado por uma terrível decepção, declarou numa entrevista ao escritor e jornalista George Sylvester Vierek: "Minha língua é o alemão, minha cultura, minhas realizações são alemãs. Eu me considerava intelectualmente alemão, até que notei o crescimento do preconceito antissemita na Alemanha e na Áustria alemã. Desde então prefiro denominar-me judeu".[89] Quanto à psicanálise, Freud chegou a escrever a Enrico Morselli, naquele mesmo ano, não ter certeza se ela era "um produto direto do espírito judaico; mas se assim for não me envergonho. Embora há muito tempo tenha me separado da religião de meus pais, nunca perdi o sentimento de solidariedade para com o meu povo".[90] Esses são apenas alguns exemplos de como o inventor do conceito de inconsciente expressou subjetivamente seu repúdio à violência e à crueldade humanas, evitando, dessa forma, suportá-las passivamente.

Pode-se considerar, a partir do recorte feito aqui — usando passagens distintas e momentos relativamente distantes —, que seja possível tecer um retrato aproximado da posição de Freud frente à intelligentsia alemã e às resistências que essa opunha concomitantemente ao judeu e à psicanálise. Se, como ele próprio revelou, quando menino foi presa do horror ao constatar a resignação paterna diante dos insultos de uma cultura que exclui aquilo que não encontra lugar em suas representações identitárias ideais, foi esse mesmo horror que o levou a procurar na tenacidade e na tolerância, que identificava como traços marcantes da história do povo judeu, um caminho de ação e de prática.[91] Assim Freud, já adulto e mesmo depois de reconhecer ter suplantado o pai,[92] compreendeu e aceitou, no sentido mais profundo, a estratégia da tolerância paterna. Em 1908, escreveu ainda a Karl Abraham:

> Abrigo a suspeita de que o antissemitismo contido dos suíços, que também recai sobre mim, lança-se reforçado sobre você. Apenas penso que, como judeus, se quisermos participar de algo, temos que desenvolver um pouco de masoquismo, estar dispostos a permitir que nos façam alguma injustiça. De outra forma, é impossível conviver. Tenha certeza de que, se eu me chamasse Oberhuber, minhas inovações haveriam de ter encontrado menores resistências.[93]

Não haverá nessa carta a Abraham a expressão de uma lógica estratégica ("se quisermos participar de algo") em que a tolerância não é mero reconhecimento de humilhação ou tática de sobrevivência em tempos de guerra, mas penhor da possibilidade de afirmação e transmissão? Em sua luta por fazer reconhecer e transmitir a psicanálise, Freud aprendera a ouvir de outra forma o que o pai buscara transmitir-lhe com a narrativa do episódio do gorro: a "resignação", que inspirara no menino de doze anos sentimentos de humilhação e desejo de vingança, pôde mais tarde ser igualmente percebida como capacidade de resistência ("desenvolver um pouco de

Estratégias de resistência

masoquismo", "permitir que nos façam alguma injustiça") à violência do isolamento social provinda do outro. Para impor sua descoberta a uma sociedade que o hostilizava, Freud manteve uma atitude solidária e inabalável em relação à questão judaica e, ao mesmo tempo, afirmava-se judeu de uma forma absolutamente subjetiva e singular. Nos capítulos seguintes, veremos como ele desconstruiu os significados convencionados no Ocidente — em particular o europeu — para "judeu" e "judaísmo", a fim de construir uma judeidade que tornava possível a invenção da psicanálise. E talvez essa seja uma das respostas à questão que o mestre de Viena endereçou ao pastor suíço Oskar Pfister: "Por que não foi a psicanálise criada por nenhum devoto? Por que teve ela de esperar que surgisse um judeu inteiramente ateu?".[94]

2. Lendo Freud, a psicanálise e o judaísmo

> Quem é suficientemente louco para admitir que é judeu é
> judeu. Não está no sangue, na língua ou na cultura.
>
> Amós Oz

NAS ÚLTIMAS LINHAS DE "As resistências à psicanálise" (1925), Freud fez certas observações que induzem à reflexão sobre os laços entre sua judeidade e a constituição da psicanálise. Enquanto fundador de um novo saber, pensava que o fato de não ter jamais desejado

ocultar seu judaísmo tenha tido algo a ver com a antipatia de seus contemporâneos em relação à psicanálise. Raras foram as vezes em que esse tipo de argumento foi expresso em voz alta. Mas infelizmente nos tornamos tão receosos que não podemos deixar de conjecturar que essas circunstâncias tenham sido de todo sem efeito. E, por outro lado, talvez não seja inteiramente obra do acaso que o primeiro defensor da psicanálise tenha sido um judeu. [Acreditar nessa nova teoria] exigia determinado grau de aptidão em aceitar uma situação de oposição solitária — situação com a qual ninguém está mais familiarizado do que um judeu.[1]

Observa-se na construção desse trecho que Freud, ao revelar a importância de ter sustentado sua condição de estrangeiro e as consequências disso sobre a psicanálise, não se limita a falar da solidão e da tenacidade que impregnam o éthos judaico, nem tampouco a assinalar os efeitos de sua judeidade sobre a posição que ele ocupou como desbravador de um novo saber. Faz, também, uma recomendação clínica, prescrevendo ao analista suportar a solidão dos que estão à margem, aceitar o isolamento dos excluídos e aprender com eles, sustentar a alteridade e marcar a diferença inassimilável. Mesmo quando tudo isso vem provocar hostilidade contra o tratamento, essas posições devem de ser mantidas, pois resumem a condição do analista e organizam seu lugar movente.

Durante muitos anos, Freud enfrentou no isolamento e na solidão a oposição à sua descoberta. Evidentemente, pesavam também sobre essa escolha as dificuldades políticas que encontrou numa Áustria que vinha sendo tomada pelo antissemitismo. Mas, se por um lado o estar só lhe trouxe algumas desvantagens, por outro lhe valeu experimentar também a separação do mundo, o isolamento necessário às grandes descobertas. Caminhar mais além do instituído movido pela intuição de estar prestes a se juntar àqueles que "perturbam o sono do mundo"[2] levou Freud a procurar outros pares, na esperança de encontrar em outros campos do saber reconhecimento e receptividade às suas "descobertas desagradáveis". Ainda em 1895, ingressou no grupo de Viena da Sociedade B'nai B'rith (Filhos da Aliança), associação judaica de cunho cultural e filantrópico, ao estilo da maçonaria. Fundada em Nova York em 1843, assumia uma missão educativa e humanitária, definida nos termos da laicidade, do cosmopolitismo

Lendo Freud, a psicanálise e o judaísmo 69

e de fidelidade à tradição liberal. Em diversas ocasiões, e ao longo de muitos anos, Freud pronunciou conferências para os associados dessa instituição, tendo frequentado regularmente suas reuniões quinzenais das terças-feiras, o que demonstra que jamais abriu mão do convívio com judeus leigos, liberais e com preocupações éticas. Pelo reconhecimento que sempre encontrou nessa sociedade, Freud enviou uma mensagem de gratidão a todos os seus membros, lida na reunião dedicada a comemorar seu aniversário de setenta anos, em 1926 (chama a atenção a proximidade no tempo entre esse texto e o artigo "As resistências à psicanálise"):

> [...] a comunicação de minhas descobertas desagradáveis me fez perder quase todas as minhas relações humanas daquela época [1895]; senti-me desvalorizado e evitado por todos. Nessa solidão, despertou em mim o anseio de encontrar um círculo de homens de cultura multifacetada e de visões elevadas, que me acolhessem amistosamente apesar de minha temeridade. A Sociedade de vocês apresentou-se como o lugar onde eu encontraria tais homens. O fato de serem judeus só poderia parecer-me desejável, pois eu mesmo o era, e sempre me parecera não apenas indigno, mas de fato simplesmente uma estupidez negá-lo. O que me ligava ao judaísmo não era nem a crença, nem mesmo o orgulho nacional; com efeito, sempre fui descrente, educado sem religião, mas não sem respeito pelas chamadas exigências "éticas" da cultura humana. A exaltação nacional é um sentimento que eu me esforcei, quando me inclinava a isso, para reprimir, como funesto e injusto [...]. Mas restavam outras coisas que tornavam irresistível a atração do judaísmo e dos judeus, muitas obscuras potências de sentimento, tanto mais violentas

quanto menos se deixavam apreender em palavras [...]. E a isso se somou o entendimento de que eu devia precisamente à minha natureza judaica as duas qualidades que haviam se tornado para mim indispensáveis no difícil caminho que a vida abrira para mim. Por ser judeu, estava livre de muitos preconceitos que limitam outros no uso de sua inteligência; e, como judeu, estava preparado para passar à oposição e renunciar ao acordo da "maioria compacta".[3]

Distanciando-se de todo e qualquer sentimento nacionalista, apesar de nessa mensagem referir-se a uma "natureza judaica", o que Freud fará na prática é demonstrar, em sua própria história, que "ser" judeu não depende, em hipótese alguma, do sangue ou da língua, conforme está enunciado na epígrafe do presente capítulo. A expressão "natureza judaica", assim como outras expressões que vimos Freud utilizar em suas cartas aos colegas judeus — "espírito judaico", "raça comum" etc. —, torna-se particularmente rica no contexto em que ele se encontrava e em relação com sua dupla pertença: ao povo judeu e ao universo da intelligentsia alemã. Freud sabe bem o que diz: renunciar à "maioria compacta" significou, ao longo de sua obra e de sua vida, a não coincidência com qualquer todo. Como um homem que sempre precisou experimentar diferenças, afastou-se de todas as práticas do culto judaico e excluiu-se da cultura científica vienense sem perder sua condição de judeu, tampouco a de cientista.

Fundamentalmente, o discurso na B'nai B'rith e a passagem de "As resistências à psicanálise" supracitados mostram que Freud considerou a experiência histórico-cultural de exclusão, descentralização e diversidade do povo judeu uma condição

Lendo Freud, a psicanálise e o judaísmo　71

propícia à aventura analítica, entendida como prática que se funda e se sustenta na impossibilidade de clausura, de se fechar sobre si mesma.

Diáspora, ou Sobre aproximações e diferenças

O caso dos judeus como minoria à parte de uma sociedade de iguais remonta ao exílio multimilenar — babilônio (no século VI a.c.), romano e, finalmente, pós-romano — que lançou o judeu na experiência da diáspora, palavra de origem grega que significa "estar disperso entre os povos", "estar fora de", ou melhor, "não pertencer a".[4] Uma palavra que contém a ideia da experiência de ruptura, que toca os fundamentos da existência do povo judeu. Maurice Blanchot insiste:

> "O que significa ser judeu? Por que isso existe?" [...] Isso existe para que existam a ideia de êxodo e a ideia de exílio como movimento justo; isso existe através do exílio e por essa iniciativa que é o êxodo, para que a experiência de estrangeiridade se afirme entre nós numa relação irredutível; isso existe para que, pela autoridade dessa experiência, aprendamos a falar.[5]

O sujeito da diáspora, à diferença de um exilado político expulso de sua própria pátria, nasceu em um país no qual ele se situa simultaneamente dentro e fora, num entre-dois, cujas "fronteiras" lhe permitem partilhar a identidade do povo da nação na qual ele existe e manter um "pedaço de si" sempre alhures, no espaço marginal do não lugar. A experiência diaspórica do povo judeu continua viva mesmo após a criação do

Estado de Israel, pois a sensação de não pertencimento entre os judeus espalhados pelos quatro cantos do mundo não se apagou.

Freud fez bom uso dessa posição paradoxal "dentro/fora" em favor de sua descoberta: buscou o sujeito da psicanálise fora do visível para incluí-lo, rompeu as ligações visíveis, fazendo com que aparecessem ligações reais; enfim, mostrou ser possível dissipar as significações articuladas e completas para que o sentido venha a emergir, sempre lacunar. E, quando os pacientes o procuraram, por força de um sofrimento, ele pôde ver que todos, independentemente de cultura, etnia e sexo, eram de certa forma "sujeitos da diáspora". Ou seja, se algumas fronteiras fixavam suas identidades à ordem do mesmo, os pacientes da psicanálise, porque eram cindidos, frequentavam também o País do Outro, aquele que está para além de toda fronteira: o inconsciente.

Assim, logo em seus primórdios, a posição da psicanálise freudiana na cultura encontra-se muito próxima à do povo judeu: estar sempre em movimento, fora do espaço da maioria, em muitos outros espaços. Sucede também que a invenção freudiana vive no entre-dois: frequenta o "país" da ciência, o da arte, o da estética, o da filosofia, o da literatura, o da religião e o do mito, ao mesmo tempo que exige o repensar de todos esses topoi. É o que justifica sua função de corte e obriga o analista a buscar seu alimento sempre mais além, alhures.

A pulsão ilustra de forma contundente essa posição atópica da psicanálise. Definida por Freud como conceito-limite entre o psíquico e o somático, ela não pertence a um registro ou a outro, está entre-dois — entre o que recebeu sentido e o que não se inscreveu. Com isso, Freud carimba a psicanálise como

Lendo Freud, a psicanálise e o judaísmo

um saber "extraterritorial" e sem "identidade nacional": a pátria psicanalítica não pode ser, por exemplo, nem a biologia, nem a psicologia, países nos quais ela será sempre estranha e estrangeira. Tampouco pode habitar o país da medicina ou da filosofia. A propósito, Freud dizia que os médicos receberam a psicanálise como um sistema especulativo e os filósofos a censuravam por valer-se de premissas artificiais, sem clareza e precisão.[6]

É inevitável pensar que, no caso de sair desse lugar insituável do estrangeiro, a psicanálise estará condenada a morrer: qualquer tentativa que negue sua atopia impossibilita sua prática. Poder-se-ia até supor, por paralelismo, que o povo judeu encontraria o fim de sua singularidade, caso lhe fosse roubado o direito de mover-se na diáspora. O que é certo é que a existência do Estado de Israel jamais será garantia dessa singularidade, podendo mesmo ser uma grave ameaça a ela. A homologia entre os estados de atopia da psicanálise e do povo judeu inclui que ambos comunguem, a um só tempo, de uma identidade e de uma diferença. Por um lado, há uma comunidade entre ambos, uma identificação que se estabelece através dos traços de estrangeiridade e exílio. Mas, paradoxalmente, são esses os mesmos traços que estabelecem de imediato — e com isso desestimulam qualquer paralelismo — uma desidentificação, na medida em que são traços que provocam efeitos de corte e de ruptura. Pode-se dizer que nesse paradoxo residem a garantia da especificidade e a visceral estranheza constitutiva do judaísmo e da psicanálise.

"Psicanalisando" Freud; "judaizando" a psicanálise

Jacques le Rider reconheceu que o trabalho de pesquisa que resultou em seu livro *A modernidade vienense e as crises de identidade* é tributário de algumas ideias essenciais da psicanálise, embora não tenha sido concebido como exclusivamente psicanalítico. O autor adverte, logo na introdução do livro, que o homem Freud e a teoria freudiana ali aparecerão frequentemente. E, demonstrando uma certa inquietude, lança uma pergunta: "De fato, como poderia resistir à tentação de aplicar ao próprio Freud uma diligência de inspiração psicanalítica, quando se trata de interpretar as abundantes matérias trazidas por seus biógrafos?".[7]

Essa tentação levou muitos autores a — ao contrário de Freud, que tão bem soube sustentar uma aproximação e uma diferença radical entre sua invenção e sua cultura de origem — incorrer em equívocos desastrosos ao pensar a questão. Equívocos que vão do exercício de "judaizar" e mistificar a obra freudiana, reduzindo-a a um mero produto da cultura judaica, à não menos despropositada estratégia de "psicanalisar" o judaísmo.

Psicanalisar o judaísmo ou qualquer outra cultura é bastante problemático. Freud construiu uma teoria da cultura bastante sólida, mas advertiu que aplicar o método analítico a uma sociedade ou a um povo é algo de antemão prejudicado pela impossibilidade de o analista impor sua terapêutica à coletividade.[8] Sábia prescrição, infelizmente ignorada por "aprendizes de feiticeiro", que praticam a violência de "psicanalisar" o que quer que seja. Vejamos, então, alguns exemplos de obras que ferem a letra freudiana pela falta de uma reflexão profunda e

Lendo Freud, a psicanálise e o judaísmo 75

produtiva, partindo daquilo que o próprio inventor da psicanálise afirmou em sua obra e sua correspondência, sobre a relação que Freud manteve ao longo de sua vida com o judaísmo e sobre em quais pontos essa relação teria sido importante para a psicanálise.

O livro *Sigmund Freud and the Jewish Mystical Tradition* [Freud e a tradição mística judaica], de David Bakan, por exemplo, foi escrito com o propósito de demonstrar, em detalhes, semelhanças entre a psicanálise e a cabala, a linhagem mística da religião mosaica que abrange uma grande variedade de doutrinas, das antigas especulações gnósticas e todos os tipos de práticas mágicas até as especulações filosóficas do Zohar, um dos livros da tradição. Mesmo depois de admitir não ser possível afirmar que Freud tenha conhecido de perto a doutrina e o método da cabala, o autor preferiu ignorar seus próprios cuidados para falar de um "espírito cabalístico" que teria atingido e provocado, no fundador da psicanálise, fortes sentimentos místicos.[9] A fragilidade dessa tese transparece quando tomamos conhecimento de que Freud era tributário de toda uma corrente de pensadores racionalistas do século XIX que reconhecia a extensão e a tradição do misticismo judaico e sua forte influência sobre a população, embora ele considerasse a cabala uma forma não autêntica da doutrina mosaica.[10] A *démarche* de Bakan incorre no equívoco de "judaizar" a psicanálise, fazendo do freudismo uma versão leiga da mística judaica.

Em *O filho ilegítimo: As fontes talmúdicas da psicanálise*, Gerard Haddad, após traçar uma analogia entre a interpretação talmúdica e a interpretação psicanalítica, conclui, um tanto apressadamente, que a psicanálise é um "retorno do recalcado", isto é, um sintoma de Freud. Caracterizá-la desse modo significa desautorizar o valor da operação de invenção do método clínico e igualmente a autonomia da teoria freudiana, a metapsicologia, advinda justo da experiência de escuta do outro. Logo na introdução do livro a confusão se instaura com a análise do "Sonho da injeção de Irma", conhecido como o sonho inaugural da psicanálise. Em lugar de buscar na escrita freudiana os elementos para demonstrar sua hipótese sobre a influência do judaísmo na psicanálise, Haddad termina se perdendo nas associações que ele próprio produz a partir do sonho de Freud. Ora, esse método de trabalho, no qual o leitor abandona as associações do sonhador em favor das suas, foge inteiramente ao espírito da interpretação psicanalítica, o que invalida, de saída, qualquer projeto que se queira fiel à letra de Freud.

Num estudo muito criticado, mas bastante citado, Marianne Krüll faz uma verdadeira incursão psicanalítica na vida do homem Freud. O título de seu livro, *Sigmund, fils de Jacob* [Sigmund, filho de Jacob], diz bem a que ele veio: trata-se de uma psicobiografia do inventor do método analítico. A autora procura analisar a relação entre Freud e o pai, a partir do que ela supõe ser um jogo de culpas e identificações narcísicas entre ambos, concluindo que a psicanálise é fruto de motivos psicológicos perpassados por conflitos edípicos. Como é possível considerar que Krüll tenha feito um estudo psicanalítico? Se ela recorre aos conceitos freudianos como categorias estáticas e aplicativas, seu trabalho não é nada mais do que uma leitura especulativa com pretensões psicanalíticas.

É verdade que Freud deliberadamente analisou seus sonhos e seus atos falhos, mas o fez apenas com o intuito de explicar suas teorias, de fazer operarem seus conceitos; embora atento

Lendo Freud, a psicanálise e o judaísmo 77

aos começos, jamais teve a intenção de "revelar" as origens da psicanálise. Intuindo que poderia se tornar o objeto de uma forte especulação biográfica com colorido psicanalítico, invocou as palavras que Calibã dirige a Próspero em *A tempestade*, de Shakespeare: "Você me ensinou a língua; e meu proveito é saber amaldiçoar".[11]

O esforço de Estelle Roith para pensar a teoria freudiana da sexualidade feminina não passa de uma exegese supérflua e quase frívola do que ela chama de "indisposição de Freud em enfrentar as questões em torno de seu relacionamento com a mãe".[12] A partir de escassas bases, a autora defende, em *O enigma de Freud*, que as ideias freudianas sobre o feminismo foram plantadas sobre o peso do lugar reservado à mulher na cultura judaica. Tal tese revela-se absolutamente problemática sob diversos ângulos. Em primeiro lugar, nada se pode dizer sobre a teoria psicanalítica a partir de interpretações da relação de Freud com sua mãe, seu pai ou quaisquer outras pessoas que não seus pacientes, aqueles que lhe mostraram que o inconsciente existia e lhe deram indícios de como ele funcionava. Análises psicológicas sobre as mulheres judias em bem pouco ou nada podem ser úteis a uma tese que se proponha a falar da teoria da sexualidade feminina em Freud. Roith enfatiza os aspectos repressivos do monoteísmo judaico para fazer valer a ideia de que o judaísmo é uma doutrina patriarcal que discrimina as mulheres. Esse tipo de interpretação totalizante ignora a importância do sexo e da mulher no Talmude, onde o feminino é um dos seis temas importantes da Mishná, uma das principais obras do judaísmo rabínico, e a primeira grande escrita da tradição oral judaica. Na mesma medida, é preciso dizer que o entendimento que a autora tem sobre a questão do feminino na psicanálise comete pelo menos um equívoco imperdoável — ignorar as transformações da teoria da sexualidade feminina em Freud —, além de apreciar mal seu derradeiro texto sobre o tema, "A feminilidade", em que ele remete o enigma da alma feminina aos poetas. Isso porque Freud percebia que o poeta, por não ter a pretensão de esgotar a alteridade feminina, sempre acrescenta um dizer contingencial, flutuante, que venha tentar suprir a falta de significado para esse outro inconquistável.

Por fim, há um aspecto importante que mereceria ser considerado por aqueles que insistem na tese de que o judaísmo é uma doutrina absolutamente repressiva. Se levassem em conta alguns paradoxos que a permeiam, decerto evitariam todo tipo de simplificação e generalização, tais como aquelas por vezes encontradas nos estudos comparados das religiões. Por exemplo, em *Israel carnal*, o historiador das religiões Daniel Boyarin, partindo de um endosso à visão que a Igreja patrística tinha do judaísmo — considerada uma religião "carnal", em oposição à Igreja católica —, argumenta que os judeus rabínicos definiam "o ser humano como um corpo animado, e não como uma alma aprisionada ou vestida pela carne".[13] Apoiado na teoria literária moderna, Boyarin analisa a importância do corpo e da sexualidade — a "carnalidade" — e mostra que, ao contrário das soluções encontradas pelos cristãos do século I, o judaísmo rabínico não permitia aos fiéis ignorar suas ansiedades sexuais. Segundo o historiador, a noção de que o ser humano é essencialmente corporal fundamentou o princípio religioso da procriação, "palavra que no hebraico [*piriya uriviya*] muitas vezes é empregada como sinônimo de sexualidade".[14] Evidentemente, não se trata aqui da noção moderna de liberdade se-

Lendo Freud, a psicanálise e o judaísmo

xual, mas de uma configuração social que valorizou, desde a Antiguidade, a sexualidade como fonte de vida e prazer. Do mesmo modo, apesar das evidências das estruturas patriarcais que permeiam os textos talmúdicos, o corpo feminino, entre os judeus da Palestina e da Babilônia, não era alvo de ataques misóginos ou aversões teóricas.[15] Assim, apesar de toda a misoginia e o patriarcalismo veiculados pelos judaísmos rabínico e ortodoxo da atualidade, a pesquisa de Boyarin merece especial atenção daqueles que estabelecem um diálogo entre cultura judaica e psicanálise.

Théo Pfrimmer, em seu *Freud, leitor da Bíblia*, após uma pesquisa minuciosa na própria Bíblia da família do fundador da psicanálise — uma edição traduzida para o alemão e comentada pelo rabino dr. L. Philippson —, propõe que a psicanálise é filha legítima do universo bíblico. Para provar e justificar sua hipótese, utiliza, como medida de trabalho, seu extenso levantamento de cerca de quatrocentas citações bíblicas nas *Obras completas*, na correspondência e na fala registrada de Freud. Contudo, as conclusões de Pfrimmer têm o teor de uma "psicanálise" de Freud, na medida em que reduzem a descoberta freudiana a um conjunto de identificações imaginárias do pai da psicanálise com personagens bíblicas.

O livro de Marthe Robert *De Édipo a Moisés: Freud e a consciência judaica* também é uma tentativa de analisar o relacionamento entre Jacob Freud e seu renomado filho, mas distancia-se metodologicamente da abordagem das obras até agora examinadas. O argumento principal do livro gira em torno dos sentimentos ambivalentes de Freud em relação ao pai — que, diversamente de um lendário rei grego, era apenas um bondoso e malsucedido comerciante judeu —, os quais concorreram para a elaboração de sua descoberta. Ao final da vida, segundo a autora, esse mesmo drama encontrou escoamento na escrita de O homem Moisés, a obra em que o autor expressou o desejo de tornar-se apenas o filho de seus trabalhos e de sua obra. Em que pesem os limites dessa interpretação estereotipada, na medida em que reduz a descoberta psicanalítica ao conflito edípico e à problemática das identificações imaginárias de seu criador, Robert traz contribuições excelentes, cuidando de demonstrar que a concepção do inconsciente possui raízes de pelo menos duas das culturas que mais marcaram Freud: a cultura de origem judaica e a cultura de referência, a iluminista.[16]

Em Um judeu sem Deus, Peter Gay — ao justapor os conceitos de judeu e ateu e atribuir ao primeiro uma definição apenas religiosa — fundamentalmente limita-se a demonstrar o ateísmo de Freud, insistindo em demasia nas provas do caráter não religioso de sua educação. Convencido de que não houve transmissão do judaísmo ao fundador da psicanálise, o historiador deixa totalmente ausentes de sua crítica o aspecto da ligação simbólica que ele manteve com o judaísmo. Mas essa não é a única crítica que se pode fazer a Gay: sua tese sobre a identificação de Freud com o fundador do monoteísmo judaico, Moisés, não difere das invenções "psicologizantes" a que tantos autores, sejam eles psicanalistas ou historiadores, não conseguem resistir quando escrevem sobre Freud. Segundo Gay, "Freud teria transformado Moisés em egípcio" — tema explorado em O homem Moisés e a religião monoteísta — "para que pudesse ser o primeiro verdadeiro Moisés para seu povo"![17] Reduzir O homem Moisés a uma interpretação de intenções supostamente inconscientes do autor, ou mesmo à sua vaidade, é empobre-

Lendo Freud, a psicanálise e o judaísmo   81

cedor ao extremo — mas, apesar de totalmente dissociado do corpus freudiano, só traduz o fascínio deste.

Deve-se ter muita cautela para não apequenar, com uma interpretação "psicanalítica", sumária e selvagem, tanto a riqueza de uma cultura quanto a vida e a obra de Freud. Nesse sentido, os autores cujos livros revi brevemente aqui não cuidaram de pensar que, ao demonstrarem suas teses "aplicando" conceitos psicanalíticos ao homem Freud e à cultura dos judeus, naufragariam numa região pantanosa: a utilização da psicanálise como um instrumento de leitura de sua própria origem padece do vício de reducionismo. São teses equivocadas, que afastam possibilidades mais precisas de circunscrever por onde a psicanálise seria tributária do judaísmo — como o é igualmente, por sinal, de outros campos do conhecimento e da cultura. Psicanalisar Freud ou fazer sua psicobiografia significa deixar de tocar no âmago da questão, pois se perde a oportunidade de indagar sobre a construção da judeidade de Freud, enquanto expressão de um fazer infinito e interminável, e sua relação com a psicanálise, enquanto uma prática e uma teoria do não idêntico.

A psicanálise entre a razão e o mito

As proposições de Renato Mezan em *Psicanálise, judaísmo* enveredam por um caminho diverso. Em primeiro lugar, ele se furta totalmente a psicanalisar Freud ou a utilizar os instrumentos psicanalíticos para demonstrar que o judaísmo é um ancestral da psicanálise. Por isso mesmo, suas críticas àqueles que tendem a confundir a descoberta freudiana com a cultura de origem de Freud são incisivas e pertinentes. Entretanto, o livro leva o leitor a encontrar apenas a falta de engajamento aos rituais religiosos judaicos, embora reconheça que é também possível pensar o judaísmo como uma ética, tal qual o faz, em algumas ocasiões, o próprio inventor do método psicanalítico.[18] Sente-se falta, na leitura dessa obra, de uma reflexão mais profunda sobre a relação de Freud com a cultura judaica, menos comprometida com o pensamento iluminista, isto é, menos assombrada pela questão da religião. Nesse sentido, suas colocações podem ser aproximadas às de Peter Gay.

Decerto Freud era ateu. Sua curiosa correspondência com o pastor protestante Oskar Pfister, na qual discute longamente a relação entre os discursos psicanalítico e religioso, testemunha o quanto esteve sempre preocupado em manter sua disciplina afastada de um campo discursivo orientado pela crença em uma única verdade. Essa mesma inquietação em sustentar a incompletude do saber aparece formulada em "Dois artigos para enciclopédia": a psicanálise não pode se constituir como os sistemas da filosofia que, fundados na lógica da consciência, procuram, através de conceitos básicos definidos com precisão, "compreender todo o universo, após o que não resta lugar para novos conhecimentos". Ela deve se prender à sua própria experiência, "sempre inacabada, pronta a deslocar as ênfases de suas teorias ou a modificá-las". Ao final dessas considerações, Freud conduz o leitor a se indagar sobre a proximidade da psicanálise com o campo da ciência, quando compara sua disciplina à física e à química — ciências que trazem em seu corpus teórico conceitos importantes, "apesar de pouco claros; postulados provisórios à espera de que se definam com mais precisão nos resultados de trabalho futuro".[19] Tal aproximação faz eco às

Lendo Freud, a psicanálise e o judaísmo 83

suas palavras, endereçadas a Pfister, que querem conceder ao analista "o estatuto de pastores de almas seculares",[20] e à sua esperança de que, ao batizar a psicanálise no culto do deus Logos, a preservaria do perigo de se transformar em mais um dos discursos religiosos da modernidade.[21]

Quando se pensa uma diferença entre o movimento atual da ciência e sua absorção pela cultura, é possível localizar, no pensamento freudiano, a definição de ciência como toda descoberta que vem de uma experiência de encontro com a alteridade. A psicanálise enquanto tal preenche esse requisito fundamental: a prática analítica, disse Freud certa vez, a arte de interpretar as associações livres do paciente, introduziu uma nova escala de valores no pensamento científico,[22] criou um modelo de cientificidade absolutamente original, voltado ao indizível, à inquietante estranheza que habita em nós, para além de nossa memória. A invenção freudiana descortinou, no alvorecer do século xx, uma Outra cena: a do pensamento que, acontecendo nos sonhos, nos lapsos e nos sintomas, move-se segundo outros critérios que não os da norma da consciência, o grande ídolo do racionalismo. Na contramão da racionalidade advinda do processo de secularização e laicização que levou à "sacralização" da Razão e que privilegia a coerência e a identidade como formas de verdade, a psicanálise se anuncia como um método de escuta do incoerente, do não idêntico e do deformado, obedecendo sempre à lógica do Outro. Esse paradoxo reflete o quanto Freud não se submeteu inteiramente ao movimento da Aufklärung (Esclarecimento) ao supor um pensamento que não está submetido à lógica da consciência. É esse o princípio do movimento iconoclasta que o pensamento freudiano representa.

No século xix, a psicologia e a psiquiatria, que se pretendiam científicas, conferiam à loucura — bem como aos fenômenos sensitivos, percepções, imagens, crenças etc. — o estatuto de mero erro de sentido, ou mesmo de realidade puramente ilusória. Na direção inversa, Freud inicia sua prática trazendo à clínica da escuta todos esses acontecimentos marginais, ao mesmo tempo que deles retira os elementos necessários para criar os alicerces de uma nova e original teoria científica. Não foi portanto por acaso que, ao procurar dar conta de discursos rejeitados pela lógica do conhecimento de seu tempo, o criador da psicanálise gerou a sua regra fundamental: acolher tudo aquilo que, estranho ao conhecimento, pede *reconhecimento*. Isso o obrigou a tomar a posição de não ceder a qualquer saber hegemônico e prévio que pudesse impedir a emergência de novas formas de dizer o que não pode ser inscrito.

Próximo da linguagem dos sonhos, bem como da modalidade de expressão que se encontra nas línguas primitivas dos antigos povos semitas, Freud prestava atenção às ideias que não necessariamente correspondiam à logica aristotélica, aquelas que incluíam a coincidência de opostos expressa pelos processos primários e pela causalidade psíquica. De fato, observa-se na obra freudiana a exposição simultânea de duas modalidades de apreensão do psiquismo que, em princípio, pareciam ser absolutamente excludentes: a via da decifração de sentido e a via da energia ou economia psíquica. Em função disso, as noções e os conceitos psicanalíticos se conectam em seus aportes próprios e estabelecem um jogo complexo de mútua interferência.[23]

Na realidade, sob a aparência de um digno reboco cinza-bege-rosa e de um telhado de ardósias novas, é assim que são edificadas to-

Lendo Freud, a psicanálise e o judaísmo 85

das as casas analíticas da diáspora freudiana [...]. Os alicerces são por um lado trágico-míticos e, por outro, bíblicos e evangélicos; as paredes, de tijolos cientificistas aqui, mais adiante de alvenaria de agnosticismo gnóstico, tudo cimentado com uma argamassa linguística fora dos padrões.[24]

Esse comentário de Serge Leclaire ressalta a estranha arquitetura de uma prática que, através de rupturas com o mesmo e conexões com o outro, levou Freud a identificá-la como paixão pela inesgotável melodia pulsional. É conhecido o fato de que ele foi buscar nos sonhos, nos mitos, nas histórias sagradas uma confirmação do que é da ordem da incoerência, do indizível e do invisível. Isso lhe valeu abster-se de qualquer pudor cientificista para terminar por confessar, em seu belo ensaio "A 'Gradiva' de W. Jensen", que, lado a lado com os escritores e poetas, tinha se atrevido a "tomar o partido da Antiguidade e da superstição popular, contra o ostracismo da ciência".[25] Tal escolha estava perfeitamente de acordo com a experiência que o levou a imprimir a seus relatos clínicos um gênero de escrita extraordinário: "Surpreende-me perceber que as histórias de pacientes que escrevi sejam lidas como novelas e que desses relatos esteja ausente, por assim dizer, o selo de seriedade do caráter de cientificidade".[26] A transmissão das experiências vividas no campo transferencial — sempre perpassada pelo presente, pelo passado e pelo devir — reitera, assim, o caráter ficcional da escrita de uma análise.

Cúmplice dos que habitavam o universo da desrazão, e fazendo-se acompanhar de outras formas de expressão e comunicação da memória humana, inclusive as anteriores ao advento da ciência, Freud foi se aproximando da verdade do sujeito e se distanciando das práticas de pensar o homem como hegemônico e igual. Mesmo porque de uma coisa o criador da psicanálise dizia ter certeza: "Há coisas que agora não podemos saber",[27] conforme escreveu certa vez a Romain Rolland.

É fato que Freud usou referências teóricas da ciência positivista de seu tempo: muitas vezes fez menção a medicina, neurologia, biologia, antropologia e à teoria da evolução. Mas, sobretudo, buscou escutar cuidadosamente os pacientes e os fenômenos socioculturais que eles lhe abriram. Verdadeiro tecelão, tramou o edifício teórico da psicanálise com os fios do pensamento grego e da ética judaica, além de ter extraído da filosofia, da literatura, do drama e da poesia ocidentais algumas metáforas para tornar mais claros os conceitos metapsicológicos.[28] Seu espírito crítico adiantou-se aos estudos mais modernos sobre os mitos ao conceber sua função na cultura como a narrativa de uma criação que, produzida majoritariamente num passado remoto e transmitida nos dias atuais, expressa uma *verdade sobre as origens*. Narrativas dramáticas que autorizam os costumes, os ritos e as crenças ou aprovam suas alterações, os mitos estão entre a dominação e o conhecimento da natureza, e isso lhes confere uma eficácia simbólica.[29] Conforme ilustra sua correspondência com Fliess, desde a pré-história da psicanálise Freud identificava analogias e relações entre mito, expressão cultural e fantasia, que permitem ao humano elaborar possíveis respostas ao desconhecido.

Enfim, ao reconhecer o valor histórico-social e a função individual do mito, a psicanálise dá às construções míticas sua devida importância, inscrevendo-as dentro do discurso da razão científica. A teoria das pulsões, à qual Freud chamou de "nossa mitologia", é, de fato, o mais enigmático de todos os

Lendo Freud, a psicanálise e o judaísmo

mitos da cultura. Ela é o mito da diáspora do sujeito freudiano, aquele que, como dito anteriormente, está entre-dois — o corpo e a linguagem. Defendendo essa posição, Freud endereça a Einstein uma questão: "Talvez ao senhor possa parecer serem nossas teorias uma espécie de mitologia e, no presente caso, mitologia nada agradável. Todas as ciências, porém, não chegam afinal a uma espécie de mitologia como essa? Não se pode dizer o mesmo, atualmente, a respeito de sua física?".[30]

Qual o interesse do judaísmo para a psicanálise?

Na verdade, o que fica da enorme produção de trabalhos sobre Freud, psicanálise e judaísmo concorre para delinear o seguinte desafio: como ler Freud de modo a melhor compreender *em que medida a experiência de sua judeidade incidiu sobre a formulação do método e da clínica psicanalíticos?* E como fazer isso furtando-se a psicobiografar Freud, a psicanalisar o judaísmo e a judaizar a psicanálise?

Em seu estudo sobre a escrita freudiana, Solal Rabinovitz recomenda ler Freud com Freud, isto é, "tal como ele é na escritura de sua própria procura teórica".[31] Ler Freud com Freud induz, por exemplo, a não circunscrever a descoberta da psicanálise apenas à condição de o homem Freud pertencer a uma minoria, diante de uma sociedade na qual ele se incluía ao mesmo tempo que dela se excluía. Ler Freud com Freud impede que se olhe para os acontecimentos em torno de sua vida e da construção da psicanálise unicamente pela diferença entre conteúdo latente e conteúdo manifesto, o que reduz a psicanálise às identificações imaginárias de seu idealizador.

Só uma leitura à letra dos escritos freudianos — vale dizer, acompanhando passo a passo a letra de Freud, agenciando os vazios de seu texto — permitirá sair do nível da opinião e da psicologização.

Uma leitura que tem esse mérito é a de Yosef H. Yerushalmi em *O Moisés de Freud*. Historiador do judaísmo, Yerushalmi procura pensar a "questão judaica" que atravessa a psicanálise, indagando-se sobre o modo como Freud apreendeu a herança cultural de seus ancestrais. Toda a sua pesquisa gira em torno da última grande obra de Freud, *O homem Moisés e a religião monoteísta*, na qual o mestre de Viena se debruça sobre o Livro do Êxodo e o lê com vistas a desenvolver uma série de questões teórico-clínicas que vinha perseguindo, entre elas a da transmissão de uma tradição. O historiador observa com agudez que Freud se serve de um novo conceito de verdade — o de *verdade histórica* —, o qual a historiografia e a ciência ocidentais têm dificuldade de pensar e o judaísmo carreia em seus fundamentos, decerto não como conceito, mas como uma modalidade de apreender o "passado como algo que não apenas subjuga; também nutre".[32]

A dedicatória de Jacob Freud na Bíblia da família que deu a seu filho Sigmund, no 35º aniversário deste, é o outro fio condutor das elaborações de Yerushalmi. Em sua rota de historiador, ele dá a perceber que o modo como a psicanálise lida e investe na história do sujeito em análise se aproxima, e muito, da modalidade com que os judeus obedecem ao mandamento de *Zakhor* (lembrar), obrigação de memória da história do povo de Abraão, Isaac e Jacó. Desde os tempos bíblicos, o mandamento de lembrar tem a função, como se verá mais detalhadamente no capítulo 5, de reinaugurar, a cada lembrança, o ato de

Lendo Freud, a psicanálise e o judaísmo 89

fundação da Aliança. O paralelo entre judaísmo e psicanálise feito por Yerushalmi, a partir do que encontra nos textos e documentos do inventor da psicanálise, incute vida própria à letra freudiana. E, contrariamente a Peter Gay e outros que afirmam que a judeidade de Freud teve pouca ou nenhuma influência sobre seu pensamento — sempre confundindo-a com a infidelidade de Freud ao judaísmo enquanto religião —, Yerushalmi mostra que, ao lado da descrença de ordem spinozista, o inventor do método analítico foi coerente na expressão de sua judeidade. O que quer dizer "ciência"? E o que quer dizer "judaico"? São as duas questões que Yerushalmi levanta em seu livro, sem, entretanto, respondê-las. Nesse sentido, o historiador deixa para o futuro não apenas a redefinição do conceito de ciência e da categoria de "judeu", como também a questão das relações entre psicanálise e judaísmo e sua repetição sempre diferencial.[33] Será possível dizer, a partir da leitura de Yerushalmi, que o enigma da vinculação entre a psicanálise e o judaísmo deve bordejar o mesmo limite do "umbigo do sonho", que é da ordem da "não interpretação", ou da urgência de produção de novos sentidos? Não será esse o seu intuito quando, no final de seu estudo sobre *O homem Moisés*, elabora um "Monólogo com Freud", utilizando-se do recurso de mandar uma carta a um morto, que não pode responder?

Uma grande discussão do trabalho de Yerushalmi foi feita por Jacques Derrida em *Mal de arquivo*, com vistas à reelaboração do conceito de arquivo, para interrogar a noção freudiana de transmissão. Todavia, antes de abordar essa obra, situemos a tentativa do filósofo de ler o judaísmo como uma escritura. Os desconfortos "hebraicos" da repetição, do exílio, da errância e do nomadismo são, para o filosófo, o próprio movimento do sentido da escrita, que só existe numa rede de elementos passados e futuros, numa economia de traços. No ensaio "Edmond Jabès e a questão do livro", analisando as marcas da poética de Jabès na relação que este institui entre o livro literário e o Livro, Derrida pensa a autonomia da escritura dos poemas jabesianos como o paradigma de "um certo judaísmo como nascimento e paixão da escritura. Paixão *da* escritura, amor e sofrimento *da* letra, acerca da qual não se poderia dizer se o *sujeito* é o judeu ou a própria Letra. Talvez raiz comum de um povo e da escritura".[34] O filósofo, então, avança e interpreta as "judeidades" do poeta:

> Nesta não coincidência de si consigo, [Jabès] é mais judeu e menos judeu do que o Judeu. Mas a identidade do Judeu consigo mesmo talvez não exista. Judeu seria o outro nome dessa impossibilidade de ser ele próprio. O Judeu está quebrado e o está em primeiro lugar entre estas duas dimensões da letra: a alegoria e a literalidade.[35]

Ou seja, entre uma dimensão e a outra, a judeidade como marca do sofrimento permanece; mas reconciliada com a vida na palavra porvir.

Em "Freud e a cena da escritura", Derrida serve-se da psicanálise para pensar de que forma surge o simbólico, de que forma o não simbólico desemboca no simbólico. No modelo das máquinas e dos aparelhos freudianos, o inconsciente é uma escritura que se tece de diferenças, de trilhamentos, e envia representantes e mandatários compreendidos apenas a posteriori. A escritura é a possibilidade de instituir. Por isso, segundo o filósofo da desconstrução, Freud teria concebido o conteúdo psíquico por um texto de essência irredutivelmente

Lendo Freud, a psicanálise e o judaísmo 91

gráfica: a estrutura do aparelho psíquico é representada por uma *máquina de escrita*,[36] o que se lê de uma *arquiescrita*, a *inscrição marca-da-diferença*. Em resumo, Derrida, a partir da noção do traço mnêmico freudiano, propõe que a repetição está presente desde o início, mas não é nunca repetição do mesmo. Na origem, existe apenas o traço, que é "origem da origem e que, se é traço, é sempre já repetição".[37]

Chegamos, assim, a *Mal de arquivo*, obra em que o filósofo se dedica a pensar a relação da repetição diferencial com o conceito de arquivo — aquilo que se distingue da noção de experiência da memória, da ideia de retorno à origem e do sentido de arcaico. O conceito de arquivo fala de algo que está para além de ressuscitar o acontecimento: abriga na memória o nome grego de *arkhé*, que designa "começo" e "comando". *Arkhé* coordena dois princípios em um:

> O princípio da natureza ou da história, *ali onde* as coisas começam — princípio físico, histórico ou ontológico —, mas também o princípio da lei [...] *ali onde* se exerce a autoridade, a ordem social, *nesse lugar* a partir do qual a ordem é dada — princípio nomológico.[38]

O arquivo é o lugar de consignação de uma técnica de repetição marcada pela exterioridade. Para Derrida, não existiria possibilidade de arquivo sem exterior, na medida em que se trata de um conceito que tem lugar na falta originária e estrutural da memória, no esquecimento, na impossibilidade de inscrever. Conjunto de traços, isto é, de inscrições possíveis a partir de um não inscritível, o arquivo exige o espaçamento instituído de um lugar de impressão.

Derrida faz girar grande parte de *Mal de arquivo* em torno das duas inscrições na Bíblia de Freud destacadas por Yerushalmi (a dedicatória do pai e a data da circuncisão de Freud), que considera arquivos importantes para uma reflexão sobre a fundação da psicanálise. Pode-se reconhecer que a temporalidade psicanalítica, a posteriori, norteou a atenção de Derrida, nesse livro, para o judaísmo. Em que se transforma o arquivo, indaga-se o autor, quando ele se inscreve diretamente no próprio corpo? Por exemplo, através de uma circuncisão em sua letra ou em suas figuras?[39] A cada ato de circuncisão, responde ele mesmo, não há nada que faça um retorno à origem, mas antes a inauguração de um novo judeu. Ela introduz o indivíduo na ordem coletiva, porém preserva sua relação com o real, com o que não é identificável e, como tal, se faz traço. A circuncisão, enquanto arquivo, é a espera do futuro, a experiência de uma identidade que só poderá ser declarada e anunciada a partir do que vem do futuro.

Como já dito, a data da circuncisão de Sigmund Freud foi registrada na Bíblia da família, junto à dedicatória de Jacob Freud. Três documentos do arquivo Freud (a circuncisão, seu registro e a dedicatória), dupla inscrição (uma no corpo e outra no simbólico). As marcas da experiência cultural judaica de Freud estão no livro que é o Livro.

Sobre a relação de Freud com o Livro dos Livros, nada mais contundente que seu próprio testemunho: "Minha absorção precoce na história bíblica (quase ao mesmo tempo em que aprendi a arte da leitura) teve, como reconheci bem mais tarde, um efeito duradouro sobre a direção de meu interesse".[40] Esse reconhecimento faz parte do esboço que Freud delineou, em seu "Estudo autobiográfico", sobre as grandes linhas de seu

Lendo Freud, a psicanálise e o judaísmo 93

desenvolvimento intelectual, o que evidencia a influência da Bíblia e testemunha a importância do éthos hebraico em sua formação. Levado por uma espécie de curiosidade — antes voltada para as relações humanas do que para objetos da natureza —, Freud conta que desde menino se deixou interessar, principalmente, pela leitura da Bíblia, pelos estudos do direito e pelas atividades sociais. Reconhece que as obras de três pensadores foram fundamentais para suas escolhas: as teorias de Darwin, os escritos de Goethe (que levaram Freud a estudar medicina) e as contribuições de Ernst Brücke. Sobre o último, admitiu ter recebido dele a maior influência, qual seja, o valor da observação científica. Assim, qualquer esforço para compreender a experiência cultural judaica em Freud, e os possíveis efeitos dela sobre a psicanálise, não dispensa recorrer ao texto bíblico.

Jacob Freud foi quem primeiro chamou a atenção para a impressão precoce e profunda da polissemia do Livro dos Livros no espírito de seu filho. A amorosa e delicada dedicatória escrita por ele para o filho na Bíblia da família é o depoimento mais verdadeiro e sincero de que se dispõe sobre as origens da relação de Freud com o saber. Após reencadernar as páginas amareladas e despedaçadas, nas quais iniciara seu filho no estudo do Livro, Jacob escreveu em *melitzá* — texto que os antigos talmudistas elaboravam a partir da associação de fragmentos e expressões bíblicas, ou de outros livros sagrados, para formar um novo texto — a dedicatória, toda ela escrita em hebraico. Na verdade, presente e dedicatória traduziam a alegria e o orgulho daquele velho pai pela passagem do aniversário do filho, a quem julgava ter mais inteligência no dedo do pé do que ele próprio em toda a sua cabeça. Eis a dedicatória:

Filho que me é querido, Shelomoh. No sétimo dos dias dos anos de tua vida, o Espírito do Senhor começou a te animar e falou em ti. "Vai, lê meu Livro que eu escrevi e nele irromperão para ti as fontes da compreensão, do conhecimento e da sabedoria. Vê, é o Livro dos Livros, do qual sábios escavaram e legisladores apreenderam conhecimento e julgamento. Uma visão do Todo-Poderoso tiveste; ouviste e te esforçaste para fazê-lo, e te elevaste nas asas do Espírito." Desde então, o livro tem sido guardado como os fragmentos das tábuas em uma arca comigo. Para o dia em que os seus anos chegaram a cinco mais trinta, pus nele uma capa de pele nova e chamei-o: "Brota, ó poço! Entoai-lhe Cânticos!". E o dei a ti como comemoração e lembrança de amor de teu pai, que te ama com perene amor.

Jacob Filho do Rabi Shelomoh Freud
Na capital Viena, 29 de Nissan 5651, 6 de maio de 189[1][41]

Esse belo texto comporta uma infinidade de leituras, pois sua função é poética e desejante. Mas não se pode deixar de reconhecer nele a sutil lição de Jacob. Criado dentro da ortodoxia rabínica, mas também atravessado pelos efeitos do Iluminismo, para esse velho judeu da Galícia as Escrituras não encerravam apenas uma série de narrativas das quais se extraía uma sabedoria dogmática: "Brota, ó poço! Entoai-lhe Cânticos" (Números, 21,17). Ele percebia o Livro como um aglomerado de letras que guardavam entre elas um saber inesgotável, uma possibilidade infinita de associações. É também importante ressaltar aqui a elegância e a delicadeza do pai para com o filho cientista. Jacob sugere, com essa especial construção da dedicatória na forma de *melitzá*, que a absorção que Freud fizera da leitura do Livro ainda menino fora decisiva na forma

Lendo Freud, a psicanálise e o judaísmo 95

como apreendia, afetiva e intelectualmente, as urgências de seu tempo.

Embora formado no contexto de modernização do século xix, quando a perda de determinadas tradições culturais se tornava inevitável, Freud debruçou-se sobre a cultura dos tempos iluministas com o mesmo olhar com que fora introduzido na leitura da Bíblia por seu pai. Se para o pai de Freud as Escrituras representavam um poço inesgotável de alimento para o desejo de saber, para o "aventureiro"[42] que navegava pelas águas turbulentas do inconsciente a psicanálise deveria buscar, nessa fonte inesgotável de real, a garantia de sua existência e eficácia.

Historicamente, nos tempos da formação intelectual de Freud, a familiaridade para com a Bíblia não distinguia os judeus dos alemães, pois, conforme observa Le Rider, a cultura bíblica, de Goethe a Thomas Mann, caracteriza a verdadeira *Kultur* alemã.[43] Essa vocação comum ao judaísmo e à cultura germânica provavelmente contribuiu para reforçar o efeito duradouro do Livro sobre o pensamento de Freud, embora convenha ressaltar aqui, à luz do pensamento de Emmanuel Levinas, que a leitura dos textos bíblicos na cultura judaica tem feição absolutamente particular e singular, e que foi nesse espírito que Freud conheceu os primeiros significantes do Livro.

No judaísmo, a Torá é considerada uma fonte inesgotável de aprendizado e de sabedoria, na qual o sujeito joga sobretudo com a textualidade,[44] fazendo multiplicarem-se os sentidos. O leitor das histórias sagradas na cultura judaica é instruído a navegar o rio da polissemia, a desconstruir o texto, a dispersar os centros de interesse e a introduzir questões sempre lacunares. Essa prática milenar de leitura das Escrituras na cultura judaica é o que vai dar sustento à tese de Levinas segundo a qual o judaísmo está permanentemente fadado à incompletude e a se alimentar de sua própria e insaciável fome. Na perspectiva levinasiana, a leitura talmúdica do Texto bíblico emerge do encontro com o Estranho, o que significa garantir a relação do leitor com o Infinito. Para o filósofo, a ideia de Infinito supõe a separação do Mesmo em relação ao Outro, não enquanto pura oposição entre os dois termos, mas como "transcendência absoluta [que] deve produzir-se como inintegrável".[45]

Levinas chegou a um incomum equilíbrio entre o universo do discurso da filosofia ocidental e a especificidade judaica, que ele situava no campo da ética, tal como é reconhecido por seus principais comentadores. O pensamento desse filósofo está marcado, por um lado, pela fidelidade ao discurso conceitual e racional da filosofia grega, e, por outro, pela tradição hebraica, na qual ele diz ter encontrado elementos para sustentar que a ética não é um campo do saber entre outros, e sim a filosofia primeira.[46] É a partir da secularização do sagrado que a ética, proposta como modalidade de transcendência, pode ser concebida.[47] Se a moral é da alçada da repressão do desejo, ou melhor, do jogo de interesses da cultura, a ética nasce do reencontro com o absoluta e totalmente outro e traduz, para o filósofo, a "condição de ateu", porque essa condição é o paradigma do *ser separado*.

A filosofia de Levinas resiste a simplificações e a críticas que buscam caracterizá-la como um pensamento de matizes religiosos. Muito ao contrário, ele considera que o ateísmo diz respeito ao pensamento voltado à alteridade, isto é, aquele que evita invocar tanto a racionalização quanto o próprio sagrado como lugares privilegiados de sentido. E foi a partir dessas inquietações que Levinas desenvolveu a ideia da possibilidade

Lendo Freud, a psicanálise e o judaísmo   97

de inverter a concepção da filosofia ocidental de um Deus que não se confunde com o Ser. Assim, ele pôde estabelecer laços vitais entre o universo talmúdico e o pensamento moderno, e reintroduzir, conforme observa Paul-Laurant Assoun, "no coração da economia do texto filosófico, o apelo à Alteridade".[48] A noção de *rosto* é definida por Levinas como aquilo que está para além de qualquer imagem e de qualquer saber; traduz-se como significação sem contexto. O acesso ao rosto é, no primeiro momento, ético: o *rosto do outro* resiste a qualquer dominação: apenas expõe a mortalidade e impõe ao sujeito *responsabilidade* — que, para Levinas, constitui a "estrutura essencial, primeira, fundamental, da subjetividade".[49] É que a *responsabilidade por outrem* emerge da obediência à interdição do assassinato, ou, o que dá no mesmo, da obrigação do sujeito em manter o outro vivo. *Outrem* é a categoria levinasiana que indica o regime do que não é semelhante. Em seu livro *Totalidade e infinito*, a ideia essencial é de que "Outrem é o absolutamente Outro: a coletividade em que eu digo 'tu' ou 'nós' não é plural do 'eu'"; isto é, Outrem é diferença: "o absolutamente Outro é Outrem; não faz número comigo".[50] Contra a esterilidade da ontologia identitária do Mesmo, Levinas procura transmitir aos filósofos contemporâneos *o apelo ao outro*, a única resistência possível contra qualquer ideal hegemônico e igualitário.

O pensamento de Levinas revela-se particularmente importante aqui não apenas pelo que traz de enriquecimento à leitura do judaísmo, mas também pela via de um encontro possível entre esse pensamento e a psicanálise. Tal conjunção, já manifesta por alguns autores, é bastante esclarecedora e orienta o propósito deste livro. No texto já citado de Assoun, a instância discursiva do Outro, introduzida por Lacan na psicanálise, está bem próxima do Outro levinasiano. O autor atribui a "Levinas a entrada do Outro na ética, e a Lacan a promulgação do Outro na psicanálise".[51] Pode-se concordar com Assoun quando ele diz que Freud não teve necessidade, na produção de sua teoria, de designar uma instância discursiva do Outro, mas é preciso contrapor que nem por isso deixou de atrelar a psicanálise à presença da inquietante estranheza: o próprio descentramento do "saber do inconsciente" e de sua condição de possibilidade, a pulsão, instalou o lugar inexpugnável da alteridade no campo psicanalítico.

A paixão pelo estranho, pelo inassimilável, é algo que se impõe tanto na obra de Freud como na de Levinas: os escritos de ambos são frequentados por uma exterioridade que se arraiga no imediatismo da abertura ao conhecido-desconhecido, o *Unheimlich*, no dizer de Freud; ou, como escreve Levinas, o "Estrangeiro que o perturba 'em sua casa'".[52] Se nas estratégias de Freud para a criação e afirmação da psicanálise fica clara sua demanda de separação e de distância da maioria compacta, que se traduz, ao longo de sua vida e de sua obra, por um *desejo de diferença*, no pensamento de Levinas sobressai o desapego ao idêntico, ou melhor, revela-se o desejo de uma *luta incansável pelo outro*.

É fato sabido que questões da psicanálise, especialmente a do dispositivo da interpretação, atraíram o interesse de Lacan pelo judaísmo. No curso de seu seminário sobre a ética da psicanálise, ele reconhece ter feito uma indicação espantosa sobre as origens da ciência que surgiu no espaço histórico do cristianismo: "A ciência moderna, a nascida de Galileu, não se pôde desenvolver senão a partir da ideologia bíblica, judaica,

Lendo Freud, a psicanálise e o judaísmo 99

e não da filosofia antiga, e da perspectiva aristotélica".[53] J.-C. Milner comenta, em *A obra clara*, que nessa passagem surge a diferença que separa a tese proposta por Alexandre Kojève das de Lacan. Enquanto o primeiro

atribui ao cristianismo e mais especificamente ao dogma da Encarnação [...] um papel decisivo na emergência da ciência — ora, esse dogma é justamente o que separa o cristianismo do judaísmo e justifica que o primeiro invoque o espírito contra a letra —, Lacan atribui um papel decisivo ao judaísmo e ao que resta, no cristianismo, do judaísmo — a saber, justamente a letra.[54]

Se for possível concordar com a leitura de Milner sobre o destaque que Lacan outorgou à função da letra — enquanto aquilo que não há como fixar, conter numa significação ou numa imagem — no desenvolvimento da ciência, compreende-se melhor a relação que Lacan, também, estabelece entre o dispositivo de leitura judaica e o dispositivo de interpretação psicanalítica. Em ambos, o apego à letra tem como efeito uma prática de leitura outra: possibilita ao leitor dizer algo vindo de um outro lugar além do pensamento racional. A leitura à letra, como veremos no capítulo 5, privilegia o perscrutar do absolutamente estranho, o inassimilável ao pensamento qualificado da tradição aristotélica.

Assim, quando avança na elaboração da teoria sobre a entrada em análise e o seu fim, situando entre ambos a prevalência do saber textual, Lacan enfatiza que os analistas precisam ser capazes de levar às últimas consequências a arte de ler as letras e apropriar-se do texto. O analista deve buscar a ordem ética que sustenta o que está além das intenções meramente exegéticas da leitura: "[...] o judeu, desde o retorno da Babilônia, é aquele que sabe ler, isto é, aquele que pela letra se distancia de sua fala, encontrando ali o intervalo preciso para aí se jogar com uma interpretação".[55]

Evocando essa associação entre o significante judeu e a expressão "aquele que sabe ler", Jean Pierre Winter, em "Transmissão e Talmude", comenta que, através dela, Lacan reconhece um certo ateísmo no seio do monoteísmo judaico. Na leitura, o talmudista se ocupa do advento da palavra, tratando de não deixar que o Texto seja transformado em um "bezerro de ouro". Winter considera que essa base ateísta da interpretação talmúdica permite que alguém como Freud sinta-se pertencendo ao povo judeu sem ser religioso.[56] A leitura de Lacan sobre os ecos da tradição judaica na psicanálise difere inteiramente das de Gay e de Mezan, autores que veem no ateísmo de Freud nada além dos efeitos do Século das Luzes. Na relação com o texto, com o pensamento, o ateísmo de Freud é sistematicamente marcado pela errância da letra no Livro do povo do e no exílio, que se confunde com a ausência de origem enquanto movimento de retorno a um não lugar.

3. O exílio e o estranho

> Se não tivermos sido estrangeiros alhures, temos de descobrir nosso Egito, nossa estranheza simbólica.
>
> PAUL RICOEUR

QUANDO SE PERGUNTAVA ou era indagado sobre sua identidade judaica, Freud sempre optou por responder valendo-se da retórica do incontido presente em toda tentativa de significação. Embora se reconhecesse como judeu no fato de estar constantemente disposto a travar uma luta perpétua com a "maioria maciça" e "homogeneizada" —[1] fosse ela externa ou interna ao próprio judaísmo —, paradoxalmente sustentava ser da ordem do impossível defini-la. Se o fizesse, desprezaria uma de suas mais importantes ferramentas teóricas, o conceito de identificação, no questionamento do indivíduo e da heterogeneidade do coletivo. Ao introduzir esse conceito para examinar as noções de permanência, continuidade e coesão, tradicionalmente ligadas à categoria filosófica de identidade, Freud desvelou o caráter ilusório de tal categoria. A rigor, antes mesmo de fundar a psicanálise ele descreveu a realidade da identificação como uma multiplicidade de pessoas psíquicas[2] que constituem o eu. Desde então, o múltiplo ocupa um lugar central em sua teoria, ao passo que a identidade, pela qual se confere a alguém uma essência ou se afirmam duas pessoas ou coisas como iguais, não deixa de ser problematizada. O caráter que Freud imprime à identificação é não apenas múltiplo como também processual e sempre incompleto. Por isso pode-se sustentar que ele inventou um modo absolutamente singular de praticar e demonstrar que tipo de judeu ele era, inclassificável no que, em seu tempo e ainda no nosso, chama-se de judaísmo. Esse traço fundamentalmente positivo na construção de sua judeidade, como já dito, teve participação direta na invenção da psicanálise, sob o aspecto quer de sua própria marginalidade social, de onde ele dizia poder sustentar melhor as resistências ao que inventara, quer de um devir-judeu.

Devir, de acordo com o que lemos na entrevista de Gilles Deleuze a Toni Negri, designa uma realidade processual — e não simplesmente um processo de transformação de alguma coisa em outra — que alcança uma realidade estática, um ser final, regido pelo princípio de identidade e sinônimo de objetividade e presença;[3] acarreta a quebra de modelos, arrastando o sujeito por caminhos desconhecidos, caso ele consinta em segui-los. Trata-se de um processo que tem existência real, pois não é uma imitação imaginária, tampouco uma analogia simbólica: está ligado a uma expressividade singular e única. Por exemplo, o devir-mulher implica a noção da impossibilidade de um ser final, pois não há a mulher na qual o sujeito se transforme, mesmo quando se é mulher. No devir-judeu também se coloca a impossibilidade do ser judeu, pois o que está em questão não é o judeu e sim o devir — ação que leva o sujeito a desafiar qualquer sentido do idêntico e a reinventar-se outro.

Voltando a Freud, no prefácio à edição hebraica de *Totem e tabu*, depois de desafiar os leitores a se colocarem na situação

O exílio e o estranho 103

emocional em que ele se encontrava — não compreender a língua sagrada, ser completamente alheio à religião paterna, como a qualquer outra, e não tomar parte de qualquer ideal nacionalista, sem que tudo isso implicasse negar seu pertencimento ao povo judeu —, ele faz uma pergunta (digamos, a si mesmo) cuja resposta traduz a ideia da impossibilidade de definir uma identidade fixa e imutável:

> Se lhe perguntassem: "Desde que renunciastes a todas essas relações de comunidade com os seus compatriotas, o que resta de judeu em ti?", responderia: "Muita coisa ainda, provavelmente o principal". Mas, no momento, ele não poderia formular essa característica essencial com palavras claras.[4]

Justamente, essa impossibilidade determinou, conforme confidenciou aos colegas do movimento "Filhos da Aliança", "o suficiente para tornar irresistível a atração do judaísmo e dos judeus, para fortalecer muitas forças sombrias emocionais, tanto mais imperiosas quanto menos admitiam a sua expressão em palavras".[5]

É interessante observar nesses dois pequenos trechos que, se por um lado Freud sabe designar com precisão o ponto de corte que faz com o judaísmo, por outro, faltam-lhe palavras para falar de uma marca que o interroga e o acossa. Uma das declarações mais contundentes sobre o processo de sua experiência-limite com o "conhecido-desconhecido" encontra-se numa carta que enviou a Barbara Low, por ocasião da morte de seu amigo e colega David Edler: "Posso facilmente imaginar como ele também deve ter sofrido com o amargor de nosso tempo. Éramos ambos judeus e sabíamos mutuamente que carregávamos em comum essa coisa milagrosa que — até agora inacessível a qualquer análise — faz o judeu".[6]

Curioso argumento, que obedece à lógica de uma presença invisível e indizível, para além de qualquer representação, e que se mostra ao sujeito de formas múltiplas e plurais. É como se fosse possível surpreender em Freud um para-além da identidade judaica, isto é, uma judeidade infigurável e inominável, que se traduz pela busca permanente de um outro em si mesmo. Dito de outro modo, a expressão da judeidade de Freud foi o seu êxodo permanente de qualquer identidade fixa e imutável, espelhada em qualquer mimética religiosa ou nacionalista.

Com efeito, em seu devir-judeu Freud se fazia acompanhar da luta contra a força coercitiva dos vínculos e dos modelos que geram a intolerância em qualquer comunidade: a religiosidade vivida como idolatria, isto é, a impossibilidade de se reinventar como judeu e assim deixar de poder sê-lo de novo, uma vez ainda — num processo infindável, num devir. Evitar esse movimento era considerado por Freud uma consequência de efeitos maléficos do dogmatismo religioso.[7] Assim, se a sua admirada reflexão sobre o enigma de sua condição judaica lhe permitiu se reconhecer como um judeu que jamais negou pertencer ao povo judeu, que se sente subjetivamente judeu e que tampouco abriga o desejo de mudar esse sentimento,[8] a religiosidade e os sentimentos nacionalistas — enfim, tudo o que impede o sujeito de lançar-se ao desconhecido — produziram nele um efeito negativo e, por isso mesmo, foram completamente rechaçados. Freud deixava bastante claro que o reconhecer-se no povo do qual sabia-se originário não o privava de constatar que pesavam sobre o judaísmo, por mais

O exílio e o estranho 105

forte que nele se houvesse desenvolvido o progresso espiritual, o logro e os perigos da religiosidade.

É precisamente a insistência de alguma coisa situada para além da crença que faz com que Freud possa se dizer ateu, agnóstico e judeu. É também essa mesma obstinação que permite, por exemplo, a Isaac Bashevis Singer, no final do romance *O solar*, dizer através de uma de suas personagens: "Posso negar a existência de Deus, mas não posso deixar de ser judeu, por mais contraditórias e estranhas que sejam essas palavras".[9] Esse é o ponto em que a judeidade está para além e aquém da religião: *na autonomia do sujeito frente à heteronomia da lei.* A psicanálise sustenta que a crença religiosa é expressão contrária a esse movimento: ela carreia no sujeito uma resistência à apropriação singular dos significantes de uma história que deve sempre ser refeita e reinventada para que surja o novo. Se a crítica de Freud ao judaísmo pode ser identificada como sinal de profunda infidelidade à religião de seus pais, ao mesmo tempo não se deve por isso perder de vista que Freud mostrou enraizada adesão à ética judaica como prática milenar de outridade. Pode-se dizer que ele se aproxima, assim como o escritor Bashevis Singer, daqueles que exercem e pensam o judaísmo como uma ética, um movimento diante da vida e do inesperado. E, nesse sentido, criou condições para entrar e sair constantemente da comunidade judaica, num processo que teve um ponto de partida mas não se deixou encerrar num ponto de chegada.

Essa estranheza e a familiaridade presentes na prática de outridade levaram Derrida, no texto "Abraham, l'autre" ("Abraão, o outro"),[10] a revisitar a obra *A questão judaica* (1946), de Jean-Paul Sartre. Para Derrida, Sartre constrói uma lógica simplista ao determinar o perfil de quem afirma "Eu sou judeu", e isso tanto para o judeu "autêntico", aquele que assume sua identidade judaica, quanto para o judeu "inautêntico", aquele que tem vergonha do seu povo,[11] uma vez que tal afirmativa soa como uma sentença em resposta ao outro, uma submissão à lei do outro. Para o filósofo da desconstrução, a enunciação de Sartre é equivocada por princípio, dado que, na falta de uma essência a partir da qual se nomeia o "ser judeu", o fazer se antecipa a qualquer saber e é heterogêneo a ele. Derrida não se limita a desconstruir a lógica simplista sartriana e, em nome da memória de um povo em exílio, autoriza a si mesmo a dizer: "Sou judeu, mas não pretendo saber o que isso é". O movimento afetivo que subjaz a esse testemunho é radical: "dizer-se judeu é aceitar uma vertigem, um indecidível, o risco de uma denominação para além de qualquer identidade".[12]

Os escritos e poemas de Edmond Jabès revelam-se igualmente complexos e contundentes. Em "Judaísmo e escritura", o poeta pergunta: "O que me autoriza a me considerar judeu?",[13] sem, entretanto, responder. Na verdade, essa questão sustenta a prática de um certo judaísmo que se faz na experiência de escritura, onde o escrever-se judeu "estraga-se" na própria representação. Da mesma forma, os textos de Levinas expressam o que ele próprio confessa. Diz o filósofo que aquilo que o marca como judeu é a impossibilidade de se dizer sempre o "mesmo".[14] Encontramos essa mesma inquietude na escrita do psicanalista Chaim Katz: "O judaísmo se marca pelo inacabamento".[15] Esse devir-judeu no seio do próprio judaísmo, que é antes afirmação de uma judeidade singular do que referência a uma qualquer identidade coletiva, pode ser associado, na perspectiva de Deleuze e Guattari, por exemplo, a um devir-

O *exílio e o estranho* 107

-mulher da própria mulher, como dito acima, e ao devir-negro do próprio negro: "Até os negros, diziam os Black Panthers, terão que devir-negro [...]. Mesmo os judeus terão que devir-judeu [...]. Mas, se é assim, o devir-judeu afeta necessariamente o não judeu tanto quanto o judeu".[16]

Em todos os depoimentos dos escritores acima citados, observa-se que a judeidade sobressai *como um dos nomes do não idêntico*, pois não se define por nenhuma propriedade exceto aquela que será dita no devir-outro(s). Acrescenta-se, ainda, que, de acordo com o texto de Derrida mencionado acima, a judeidade deve ser apreendida na diversidade de suas interpretações, o que significa que é múltipla e plural: judeidades. Ela se duplica indefinidamente. Isso, por si só, equivale a uma subversão da ideia do idêntico a si mesmo: "ser judeu" permanece um mistério impermeável a qualquer definição, embora, ao longo dos séculos, a linguagem do outro venha insistindo em defini-lo. Não é difícil encontrar testemunhos dessas tensões dados pelo próprio Freud — vários deles citados nas páginas deste livro —, que tantas vezes as manifestou em diferentes momentos de uma vida dedicada a pensar rigorosamente o não idêntico — o simultaneamente estrangeiro e familiar.

Na modernidade, sabe-se que a psicanálise cria, a rigor, condições para que o sujeito venha a experimentar o que lhe é estranho. Dito de outro modo: a invenção freudiana opera uma separação radical do sujeito em relação ao idêntico, a qual termina por conduzi-lo a uma experiência que J.-D. Nasio chamou de "exílio": "Não hesitaríamos em afirmar que a psicanálise deve criar uma separação radical, uma perda essencial reorganizadora da realidade psíquica do sujeito, uma perda que chamei de exílio".[17] Esse exílio consiste em fazer o sujeito buscar — nos desconfortos da repetição e na desconstrução paulatina da própria idolatria (narcisismo do eu e imperativos do supereu) — o encontro com o que há de mais estranho a ele próprio, o face a face com o desconhecido, que envolve o risco de encontro com o impessoal da força pulsional sempre errante, força de todos os tempos e de todos os homens. Experimentar o exílio analítico é, então, uma aprendizagem de alteridade: permite ao sujeito buscar pela palavra uma designação para aquilo que, vindo de fora, está nele mesmo, embora lhe seja estranho.

> O próprio instrumento clínico da associação livre se traduz como um aprendizado de alteridade, na medida em que institui a fala como um movimento de romper com o mesmo. Pois falar é, como descreve Blanchot, "procurar a fonte do sentido no prefixo que as palavras 'exílio', 'êxodo', 'existência', 'exterioridade' e 'estrangeiridade' têm por tarefa desdobrar em modos diversos de experiências, prefixo que nos designa a diferença e a separação como a origem de qualquer 'valor positivo'".[18]

Neste ponto, devemos fazer uma pausa e examinar mais de perto as marcas de estrangeiridade, exílio, errância e êxodo no Livro dos Livros. A intenção é tentar estabelecer um vínculo entre o reconhecimento que Freud fez da influência da Bíblia em sua formação e a aventura psicanalítica. A questão que se coloca aqui formula-se nos seguintes termos: em que essas marcas se atualizam na experiência analítica? De que outra maneira o discurso freudiano se inscreve na modernidade pelo viés do conceito do desejo, se não na errância do sujeito que nunca termina de atravessar os caminhos de sua libido?

Êxodo, ruptura, transgressão: Abraão e Ruth

A Bíblia hebraica consigna uma importância capital à condição de estrangeiro do homem: "Não subtraias o direito do estrangeiro, do órfão, e não tomes em caução a veste da viúva. Memoriza que foste escravo no Egito. YHVH te resgatou de lá. Por isso eu mesmo te ordeno fazer essa palavra." (Deuteronômio 24,17-8). Estruturalmente, algumas das narrativas da Bíblia hebraica dão a impressão de que o nomadismo — tão característico da sociologia bíblica, bem como da ética da Torá — não é outra coisa senão a expressão permanente de uma marca identificatória e de seu múltiplo e infinito devir. Essa característica é enfatizada pelo filósofo Bernard Dov Hercenberg em *O exílio e o poder de Israel e do mundo*, onde mostra que o que chama atenção no Antigo Testamento não é apenas a precedência de uma experiência nômade sobre a da sedentarização, mas sobretudo o prolongamento da errância pelo deserto e a retomada de um êxodo sempre refeito.

É nesse contexto que Hercenberg situa a história de Abraão, o patriarca dos hebreus, e de sua Aliança com YHVH (tetragrama que compõe o nome de Deus), o Estrangeiro dos estrangeiros. Abraão, que na língua hebraica significa o "pai da multidão", inicia, conforme antiga interpretação talmúdica, uma luta anti-idolátrica contra a civilização de Assur. Torna-se um estrangeiro quando sai da casa de seus pais e exila-se de Ur, sua terra natal. Homem do duplo afastamento, cultural e geográfico, afasta-se das imagens de sua cultura original quebrando os ídolos; com seu exílio voluntário, retira-se, na distância geográfica, pela errância no deserto. E são esses os movimentos indissociáveis vinculados ao projeto de devir.

Em relação ao exílio, a história de Abraão difere dos primeiros passos do homem bíblico: a expulsão de Adão e Eva do paraíso, a maldição exílica de Caim ou o exílio da geração de Babel são semelhantes ao exílio de Édipo, que, depois de haver reconhecido seus crimes — incesto e parricídio —, foi expulso da cidade de Tebas. Todos esses sofrem o exílio como punição por suas infrações a interditos. Há um elemento, tanto no mito grego quanto nessas histórias bíblicas, de inquietação persecutória sobre um ato de violência que gerou o exílio. Abraão inaugura uma noção do exílio que não está referida à punição, mas que parte do "ser em face de si mesmo", segundo a expressão de Hercenberg: partida de "alguém que, munido de sua experiência da liberdade e da oposição, integra-a a algo que a ultrapassa. A Abraão, Deus não diz somente 'Vai', mas 'Vai por ti'".[19]

O êxodo de Abraão, uma vez iniciado, tornou-se uma aprendizagem de outridade, isto é, uma experiência de diferenças. É nesse sentido que, aos olhos de Levinas, a partida dessa figura bíblica opõe-se à complacência do Mesmo, pois é um exílio dirigido ao Outro, o que implica a possibilidade de retorno.[20] Partir: eis a ética que se depreende do versículo bíblico que anuncia o futuro. A ordem de partida dada ao patriarca é contundente: "Vai por ti, de tua terra, de teu nascimento, da casa de teu pai, rumo à terra que te farei ver" (Gênesis 12,1). Essa promessa, selada sob a forma de uma Aliança, anunciava ao patriarca e à sua posteridade um nome: *hebreus*, que num tempo futuro habitariam a Terra Prometida, onde, conforme os versos bíblicos, jorravam o leite e o mel: "Faço de ti uma grande nação. Eu te abençoo, engrandeço teu nome: sê uma benção" (Gênesis 12,2). Abraão é também o primeiro homem

O exílio e o estranho

bíblico a escutar o desígnio divino de tornar seus descendentes estrangeiros, "sobre uma terra não sua" (Gênesis 15,13).

Os termos da língua hebraica que designam o homem e sua língua são *ivri* e *ivrit*. O hebreu, em sua significação etimológica, é um ser de passagem (*laavor*), de ruptura (*averá*), de transgressão (*avera*) e de transmissão (*ouvar*) — todas palavras provindas da raiz ʻivr (soletra-se ʻáin, beit, reish). A palavra *ivrit* se traduz igualmente como "o migrante", não sendo a migração por si mesma nem maldição, nem bênção, mas unicamente vocação específica desse povo, anterior à construção de qualquer pátria ou unidade nacional. Assim, a experiência de errância do povo hebreu, que precedeu à do exílio na diáspora, foi a condição para que se cumprisse o pacto da Aliança, e o exílio apenas perpetuou a errância, a vivência daquilo que não é idêntico a si mesmo. O hebreu é um ser de passagem, aquele que migra e que transgride. Para se ter uma ideia mais precisa da extensão da condição de exílio na história do povo da Aliança, nada melhor que as palavras de Blanchot:

> Há uma verdade do exílio, há uma vocação do exílio, e, se ser judeu é estar fadado à dispersão, é porque a dispersão, assim como conclama a uma estada sem lugar, assim como arruína toda relação fixa do poder com *um* indivíduo, *um* grupo ou *um* Estado, implica também, diante da exigência do Todo, uma outra exigência e, finalmente, proíbe a tentação da Unidade-Identidade.[21]

Na língua hebraica, a ausência de conjugação do verbo "ser" no presente rebate a ideia de transitoriedade embutida na própria raiz da palavra que diz o hebreu. Apenas o passado e o futuro são conjugados, e por isso o homem não "*é*", e sim se enuncia sempre como aquele que foi e aquele que será. Quando se lê a Bíblia, percebe-se que o homem bíblico mede e exprime o tempo em relação ao acabado e ao inacabado: entre o que ele viu (passado) e o que ele não vê (futuro) porque não está acabado. Em referência a essa modalidade de apreensão do tempo, lembra André Chouraqui que Paul Valéry disse: "O homem entra no futuro recuando".[22] Para o hebreu, existir é devir.

A Bíblia conta que, mesmo tendo chegado a Canaã, região que fora prometida a ele e a seus descendentes, Abraão permanecerá, fundamentalmente, estranho àquele lugar. Quando morre sua mulher, Sara, decide comprar a caverna de Macpelá para ser o local de sepultamento dela e, mais tarde, dele próprio. É como um estrangeiro que ele se apresenta aos donos da terra: "Eu sou um meteco, um habitante entre vós; dai-me propriedade de sepulcro entre vós e enterrarei minha morta diante de mim" (Gênesis 23,4). A frase de Abraão não deixa de conter uma ambiguidade reveladora da estranheza intrínseca a uma cultura fundada no ato de fé de um homem que se alheou de seu próprio povo (os caldeus de Ur) para tornar-se um meteco, um estrangeiro domiciliado, se dermos a esse termo o sentido que possuía na pólis grega. Essa condição de estrangeiro do povo hebreu, inaugurada por um de seus patriarcas, se repete ao longo dos séculos na história de êxodos permanentes do povo judeu: na errância, no movimento nômade de Abraão, como faz notar Blanchot, se inscreve a ideia de que a verdade do começo se encontra fundada na separação.[23]

Em "O povo eleito e a eleição da estranheza", Julia Kristeva sugere que há, na repetição infindável da errância e do nomadismo do povo judeu, um reforço da Aliança.[24] Isso se dá na medida em que nela prevalece a própria lógica da eleição da

O exílio e o estranho

estranheza — "tornar-se judeu" — intrínseca ao pacto entre Deus e seu povo. A autora destaca, com muita propriedade, que a Bíblia hebraica está repleta de passagens que reafirmam a presença insistente da figura do estrangeiro nos mitos e leis do povo judeu. Num rigoroso inventário, Kristeva apresenta inúmeros paradoxos e contradições dessa figura do estrangeiro que se desloca em vários textos do Livro. Assim, enquanto certas passagens bíblicas afirmam a exclusão do outro — "Eis meu pacto, que guardareis entre mim, entre vós, e entre tua semente depois de ti: circuncidar vossos machos, todos" (Gênesis 17,10) —, outras passagens, sob a forma de mandamento, exigem consideração para com o desconhecido, em nome da memória do exílio do povo eleito: "Não maltratarás o estrangeiro, não o oprimirás, sim, estrangeiros fostes nas terras do Egito" (Êxodo 22,20). Essas contradições, bastante acentuadas no texto bíblico, não são intransponíveis, já que a própria Aliança, que assegura uma identidade, comporta a ideia de estranhamento que dilui as certezas do Mesmo:

> Por mais exclusivista que seja, e mesmo justificando tal exclusivismo com os delitos morais dos amaldiçoados, a aliança do povo judeu com o seu Deus não resulta de um favoritismo, mas de uma escolha decorrente da prova, o que implica que, ininterruptamente ameaçada, ela continua sempre a ser conquistada e permanece objeto de um aperfeiçoamento constante dos eleitos.[25]

A submissão à Lei de um Deus irrepresentável exige a conquista permanente do sempre movente lugar de eleito: "A terra não será vendida definitivamente. Sim, a terra é minha! Sim, vós sois comigo meteco e habitantes" (Levítico 25,23). E a Aliança (*Brit*), que em hebraico significa "cortar", só existe porque justamente se faz entre partes separadas, "é a contradição que há na reunião do que está fundamentalmente dissociado",[26] e exige, de ambas as partes, a pontualidade inevitável de suas trocas: desconstruções de fronteiras para buscar, no exterior, no "fora de", no "exílio", a diferença, desde que o traço da inabalável fé no Incognoscível seja preservado.

Guerr, um dos termos hebreus para estrangeiro, encontra, no Livro de Ruth, o sentido de um personagem privilegiado, uma espécie de eleito a partir do mandamento bíblico de "amar o estrangeiro": "O meteco que reside convosco será para vós como o autótone entre vós. Ama-o como a ti mesmo: éreis metecos [no Egito]" (Levítico 19,34). A história de Ruth inicia-se com a saída da família de Emelec da Judeia, em tempos de penúria, para instalar-se em um reino estrangeiro, Moab. Despertado em sua ira por essa migração, Deus enviou o anjo da morte a Emilec e a seus descendentes homens, poupando do castigo apenas Noemi (sua mulher), Ruth e Orfa, as moabitas que haviam desposado seus filhos. Ruth escolheu deixar Moab e acompanhar a sogra em sua decisão de voltar a Belém; a imigração de Emilec encontrará assim, na alteridade feminina de Ruth, seu paradeiro final. Ao chegar à Terra Prometida, Ruth submete-se à lei do levirato: torna-se esposa de Boaz, parente próximo de seu falecido esposo, e dessa união concebe um filho. Com isso, ganhou o direito de entrar para a história judaica como ancestral do rei Davi, de cuja linhagem nascerá o Messias.

Habitante da "Outra cena", aquela que denuncia que não há completude nem harmonia mesmo quando se é o eleito de Deus, Ruth subjaz ao que existe de mais exterior e de mais

O exílio e o estranho 115

íntimo no povo de Israel. Um exame minucioso desse episódio bíblico mostra também a presença de um ato de transgressão nos fundamentos da realeza do povo eleito: a Bíblia conta que Ruth é descendente direta de um incesto. Quando Sodoma foi destruída, Loth e suas filhas mantiveram relações incestuosas porque julgavam-se os únicos sobreviventes do mundo. Dessa transgressão nasceu Moab, que significa "saído do pai" e de quem Ruth é descendente direta. Mas o relato bíblico da história dessa personagem está longe de encorajar o desvio. A palavra transgressão em hebraico constrói-se com as "mesmas três letras que descrevem a hebraicidade em expressões como 'Abraão, o hebreu' ou 'Moisés, o hebreu'"[27] e tem significações contrárias, como, por sinal, a maior parte das palavras de uma língua primitiva. Assim, se transgredir significa a atuação daquele que infringe a lei, também designa o ato de ir além. A história da moabita sugere que a Aliança subordina o sujeito à ética da reabsorção não apenas do estrangeiro, mas também da transgressão e do desvio, desde que se possa subordiná-los ao desígnio global de buscar, na diferença, a contribuição do outro. O Livro de Ruth é uma narrativa insólita, no sentido freudiano: para além de indicar uma dinâmica de reabsorção do outro pela condição de estrangeiro que funda a Aliança, ele incorpora a transgressão e o desvio, subordinando-os ao desígnio global de procurar, na diferença, a fertilidade do outro, conforme as agudas observações de Kristeva no já mencionado "O povo eleito e a eleição da estranheza".

Nas histórias de Abraão e de Ruth há uma recusa da exigência de totalidade. Os atos de errância, exílio, nomadismo, emigração, regresso e solidão, de acordo com Levinas em *Ética e infinito*, designam uma abertura radical e primeira ao Outro, ontologicamente anterior a qualquer identidade. Essa tradição hebraica de confronto com o estranho se prolonga no exílio milenar da diáspora, expressando-se no discurso de um certo judaísmo da atualidade que procura traduzir a heteronomia da lei da Aliança — devir-judeu — na autonomia de inventar-se na multiplicidade.

A luta de Jacó com o anjo

Uma arqueologia, assinalada por Julia Kristeva, sobre a reabilitação da noção de estranho na teoria freudiana anuncia que, se a filiação de Freud ao romantismo alemão foi importante em seu desenvolvimento intelectual — e um bom exemplo disso é justamente a presença do conto "O homem da areia", do escritor romântico E. T. A. Hoffmann, na escrita de "Das Unheimliche" —, a insistência do Antigo Testamento em fazer revelar um "Deus estrangeiro ou [...] um Estrangeiro capaz de revelar Deus"[28] foi igualmente fundamental na elaboração do Unheimliche como lugar da análise.

Reúne-se aos significantes bíblicos a história pessoal de Freud, que, como judeu errante desde a Galícia polonesa a Londres, passando pela diáspora vienense, vai "condiciona[r] essa preocupação de enfrentar a inquietação do outro enquanto mal-estar a partir de uma permanência da 'outra cena' em nós".[29] Se a condição de estrangeiro, de inassimilável, do judeu não causava espécie a Freud, optar pela "cidadania" dessa "terra de asilo interior que cada um contém em si mesmo" — o inconsciente —[30] decerto ajudou-o a reiterar sua convicção da inutilidade do apagamento das diferenças e da dimensão de

O exílio e o estranho 117

estrangeiro que se encontra na arqueologia de nossa memória. Um deus inquietante, do qual ficam proibidas quaisquer representações e nomeações, sugerirá igualmente, como se verá a seguir, os termos de uma exposição sobre o estranho.

"A inquietante estranheza" é a tradução mais adequada para o título do ensaio "Das Unheimliche", escrito em 1919 e no qual Freud desenvolve a ideia de que há uma estranheza intrínseca ao sujeito. O estudo semântico do termo alemão *"unheimlich"* conduz o leitor ao encontro de contrários. *Heimlich* designa o que é familiar, mas também avança em direção a seu antônimo: *unheimlich*, estranho. Freud procurou manter-se fiel à sua pesquisa semântica. Para ele, o estranho é a verdade assustadora do sujeito, que remonta ao que há muito lhe é conhecido e familiar: o desamparo. O estranho denomina aquilo que, sendo a um só tempo o mais exterior e o mais íntimo, não se conjuga com a transparência — ao contrário, só se diz na angústia e no horror opaco de seu retorno, face a face com o que não tem nome, o que está para além da fantasia. E, conforme Lacan demonstra em seu seminário *A angústia*, o afeto do sujeito do inconsciente, que aflora quando o eu é confrontado com o Estranho, é a angústia.

O estranho da ficção — da fantasia e da criação literária — é, segundo o próprio Freud, o meio mais real, e portanto o mais rico, pelo qual se manifesta a inquietante estranheza. E não é por outro motivo que Freud busca ampla inspiração num conto de Hoffmann sobre um homem de areia, a ambígua figura do visitante "conhecido-desconhecido" (*heimlich-unheimlich*) que, no escuro da noite, deposita grãozinhos de areia nos olhos da criança quando só, depois que a mãe a colocou para dormir e se afastou.[31]

Há muito se reconheceu, em algumas das histórias bíblicas, que o diálogo do homem com seu Deus é uma bela metáfora para falar do encontro do sujeito com o Incognoscível:

E Jacó fica sozinho. Um homem luta com ele até elevar-se a aurora. Ele percebe que nada pode contra o outro. E toca na palma de sua coxa, a palma da coxa de Jacó se desloca em sua luta com o outro. Quando viu que não sobrepujava Jacó, esse alguém atingiu-o no encaixe da coxa. Ele diz: "Despede-me: sim, elevou-se a aurora". Ele diz: "Só te despedirei quando me abençoares". Ele diz: "Qual é o teu nome?". Ele diz: "Jacó". Ele diz: "Teu nome não será mais dito Jacó, mas Israel — lutador de Él: sim, lutaste com Deus e com os homens, e prevaleceste". (Gênesis 32,24-32)

Um comentário talmúdico diz que na luta do desfiladeiro de Peniel há uma passagem pela qual Jacó, em sua solidão, torna-se outro. A bênção divina, a atribuição de um outro nome a Jacó (*equev* significa calcanhar, o que está em contato com a terra) e a seus futuros descendentes, expresso simbolicamente no nome Israel (*yachar-el* significa direto, reto para Deus), é justo o momento em que Jacó/Israel, desenraizado, sem "os pés na terra", passa a se endereçar diretamente àquilo que está para além da idolatria do lugar, da morada e do ser, lá onde se choca com a inquietude do desconhecido. Conforme Levinas em *Quatro leituras talmúdicas*, a "retidão" de Jacó ao receber o nome Israel caracteriza um certo movimento que vai para além de si e que é "mais forte que a morte". Tal movimento diz da "urgência de um destino que leva a Outrem e não a um eterno retorno sobre si".[32] De modo que a "passagem" de

Jacó a Israel delineia-se numa configuração ética que implica, necessariamente, a relação com Outrem.

Mas quem é Outrem? A pergunta é de Blanchot, em quem se procura a resposta. Ele faz notar que, pouco depois da luta com o Estrangeiro, Jacó reencontra seu irmão Esaú e lhe diz: "Eu vi teu rosto como se vê o rosto de Deus". O que há de notável nessa frase, diz Blanchot, é que Jacó não diz a Esaú "Eu acabo de ver Deus como te vejo", mas "Eu te vejo como se vê Deus". Isso confirma a maravilha da presença humana, essa Presença Outra que é Outrem, não menos inacessível, separado e distante que o próprio Invisível, o que confirma igualmente aquilo que há de terrível nesse encontro cujo resultado só pode ser ou o reconhecimento ou a morte. "Quem vê Deus corre perigo de morrer. Quem encontra Outrem só pode se dirigir a ele pela violência mortal ou pelo dom da palavra em seu acolhimento."[33]

Em sua incessante luta pela bênção, diz a tradição que aquilo que possibilitou a Jacó suportar a violência mortal do Estrangeiro foi o dom da palavra, garantia da transmissão da Torá, a "herança da comunidade de Jacó" (Deuteronômio 33,4).[34] Justamente, no face a face com Outrem, a palavra é o instrumento de combate do homem que, com todo o seu poder de criação e de subjetividade, luta contra a rede de fatalidades, o que lhe é superior.

É nesse sentido que Harold Bloom, no seu empenho em desvendar alguns mitos desde a Bíblia até nossos dias, diz: "Em minha opinião, Jacó, que recebeu o nome Israel, é a personagem mais judaica na Bíblia, por causa de sua incessante luta pela bênção, que em todos os sentidos significa sobretudo *mais vida*".[35] Para o crítico literário, esse espírito de luta pela vida encontrado no episódio bíblico de Jacó é, por excelência, o sentido de uma conhecida máxima de Spinoza citada por Bloom em *Abaixo as verdades sagradas*: "A sabedoria não é meditação sobre a morte, mas sobre a vida". A leitura dessa obra sugere que o judaísmo se diferencia de outras religiões justamente pela falta de meditação sobre a morte. Um argumento semelhante encontramos também em Freud. Em uma palestra intitulada "Nós e a morte", ao apresentar sua tese sobre a irrepresentabilidade da morte, ele chama a atenção para o fato de que, na Bíblia hebraica, todas as narrativas são voltadas para a vida: "É muito curioso que nossas Escrituras não tenham levado nem um pouco em conta essa necessidade do homem de ter uma garantia da continuação de sua existência. Dizem, ao contrário: *Só os vivos louvam a Deus*".[36] O que Freud caracteriza nessa palestra como singular no judaísmo é que, apesar das diferentes posições tomadas sobre a doutrina da imortalidade na religião judaica popular, ao privilegiar a vida como forma de enfrentar o desamparo o judaísmo deixa de produzir ilusões sobre a vida após a morte. Isso trouxe consequências dramáticas ao povo judeu, sobre as quais se refletirá um pouco mais adiante.

O éthos de Jacó é tomado por Freud como modelo para falar de sua própria luta com as vicissitudes do objeto da psicanálise. Em *Além do princípio de prazer*, ele evoca o destino desse personagem bíblico através do grande poeta Friedrich Rückert: "Ao que não podemos chegar voando, temos de chegar manquejando. A Escritura diz: claudicar não é pecado".[37] Nessa mesma passagem, Freud afirma a um interlocutor imaginário sentir-se autorizado, por sua curiosidade científica, a seguir sempre *mais além* e até mesmo a procurar na poesia e na crença a verdade e o sentido. O aparente paradoxo é que ele foi buscar, na metá-

O exílio e o estranho

fora da luta de Jacó com o Anjo, um paradigma para expressar o desejo de que sua ciência não fosse tomada como um catecismo.[38] Freud surpreende. Deixa sempre o leitor perplexo diante de sua ousadia em tomar o partido da "verdade" bíblica e da poesia contra o ostracismo da ciência positiva. A pulsão de morte, conceito desenvolvido tardiamente nesse texto de 1920, revela a dimensão da existência humana como algo inatingível a qualquer conhecimento totalizante. Trata-se do conceito que, sem dúvida, garantiu à psicanálise não se fechar sobre si mesma, obrigando-a ao relacionamento permanente com a diferença: há um *sem nome* no freudismo que *não cessa de não se escrever*, o que lhe garante o devir.

Contudo, bem antes da hipótese de a pulsão de morte surgir no horizonte da psicanálise, Freud, em 7 de maio de 1900, escreveu a Fliess:

> Quando me pareceu que me faltaria o fôlego no combate travado, pedi ao anjo que desistisse; e isso foi o que ele fez desde então. Mas não me saí como o mais forte, embora, desde essa época, venha mancando visivelmente. Sim, na verdade, estou agora com 44 anos, um judeu velho e meio surrado, como você verá por si mesmo no verão ou no outono.[39]

Freud sabe o que diz: "mancar" designa, na carta a Fliess, a alteridade de uma teoria "cozida em fogo lento", ao sabor de uma desmedida luta pulsional. Assim, a alusão do inventor da psicanálise à história bíblica traduz seu empenho, diante da interpelação do estranho, em fazer valer seu desejo de analista. Convém destacar, inclusive, que a expressão "cozida em fogo lento" que uso aqui não é mais que uma assumida paródia de Lacan, que, no livro 7 de seu Seminário, *A ética da psicaná-lise*, diz que a escrita de *O homem Moisés e a religião monoteísta* foi "cozida em fogo brando". Já a expressão "desejo de analista" designa a categoria que Lacan introduziu na psicanálise para denominar o movimento do analista em relação à escuta da inesgotável melodia pulsional do sujeito, isto é, a alteridade da pulsão no campo analítico. Portanto, trata-se de um desejo de diferença, que não deve ser confundido com o desejo de ser analista. O conhecido diálogo de Freud com um interlocutor imaginário, que encerra "A psicoterapia da histeria" (1895), é o exemplo mais radical de que se dispõe para ilustrar essa ideia:

> Repetidas vezes, tive que escutar de meus pacientes, ao prometer ajuda ou melhora por meio de um tratamento catártico, esta objeção: "O senhor mesmo me diz que é provável que meu sofrimento esteja relacionado com as condições e peripécias de minha vida; o senhor de qualquer maneira não pode alterá-las; então, de que modo pretende ajudar-me?". E tenho podido dar esta resposta: "Sem dúvida seria mais fácil para o destino do que para mim livrá-lo de seu padecimento. Mas você pode vir a convencer-se de que será grande o ganho se conseguirmos transformar o seu sofrimento histérico em infelicidade comum. Com uma vida psíquica restabelecida, você ficará mais bem armado contra essa infelicidade".[40]

Mas, sem sombra de dúvida, a referência mais pungente que Freud faz a Jacó está na carta que escreveu a seu filho Ernst, alguns dias antes de partir para Londres: "Às vezes me comparo ao velho Jacó, que, quando ficou muito velho, foi levado pelos filhos ao Egito [...]. Esperemos que também não se siga

O exílio e o estranho 123

um êxodo do Egito. Já é tempo de o Judeu Errante descansar em alguma parte".[41] Freud, impelido por mais uma errância, por um novo exílio, em sua "Londres-Egito" faz da escrita de *O homem Moisés* o saldo final de uma vida dedicada a defender as vicissitudes da errância e do nomadismo do desejo. Aqui completa-se o círculo, retomando-se a ideia de J.-D. Nasio de que o exílio é a meta de uma análise: "Exilar-se de si mesmo constitui, a meu ver, uma forma de cura, como se o encontro com o estranho provocasse, de quebra, um efeito curativo, um alívio dos sintomas".[42] Essa posição prende-se decerto à leitura que ele próprio faz da seguinte formulação freudiana relativa à ética da psicanálise:

Com efeito, seu propósito [da psicanálise] é fortalecer o eu, tor-
ná-lo mais independente do supereu, ampliar seu campo de percepção e aumentar sua organização, para que possa se apropriar
de novas porções do isso. *Onde isso estava, lá o eu advirá.* É um
trabalho da cultura que não deixa de ter semelhanças com a drenagem do Zuiderzee.[43]

A orientação lacaniana de Nasio levou-o a destrinchar esse famoso aforismo — *Wo Es war, soll Ich werden* (Onde isso estava, lá o eu advirá) — traduzindo "o termo 'eu' por 'sujeito' e o termo 'isso' por 'a coisa mais íntima e, no entanto, a mais estranha de nosso ser'". Uma tradução que, por sua vez, levou à seguinte máxima: o processo analítico viabiliza ao sujeito encontrar "o isso estranho e impessoal, não no interior de nós mesmos, graças à introspecção, mas no exterior, nem que seja ao preço de uma percepção alucinada".[44] Enfim, trata-se de uma experiência que faz nascer, para dizê-lo em termos fou-

124 *A vocação do exílio*

caultianos, um *pensamento do fora*.[45] Em *As palavras e as coisas*, Foucault insiste em que o saber da psicanálise, bem como o da etnologia, interroga uma região que torna possível um saber que, dirigido justamente ao fora do homem, "permite que se saiba, com um saber positivo, o que se dá ou escapa à sua consciência".[46]

Não seria descabido dizer que a experiência analítica oferece um espaço aberto ao sujeito, para que ele viva a aventura de exilar-se de si, de inventar-se outro, de voltar-se ao não idêntico. Aventura que se passa no estranho País do Outro, ou seja, alhures além do semelhante, do idêntico e do espelho, e que faz com que o analisando experimente desterritorializações sucessivas, de uma posição subjetiva a outra. Logo, não seria descabido, igualmente, fazer da história do patriarca Abraão — que, desterritorializado, inicia a aventura de tornar-se outro — uma metáfora conclusiva da aventura analítica. Do lado do analista, da validação do seu desejo, uma vez convocado pela transferência a enfrentar o face a face com o Outro, nada lhe resta senão travar a cotidiana e implacável batalha de seu ofício, de onde no mínimo se sai coxeando.

Estrangeiros do eu e do outro: O Moisés de Freud

É impossível ignorar a tentativa de assimilação e o cosmopolitismo da maioria dos intelectuais de origem judaica que viviam e produziam em Viena no início do século xx. Conforme dito no primeiro capítulo, a intelligentsia judaica procurou aproveitar de diversas formas o momento político favorável para encontrar um porto seguro para o exílio inexorável

O *exílio e o estranho* 125

e milenar do povo judeu. O amadurecimento da emancipação e os progressos da assimilação contribuíram para que alguns redefinissem a sua judeidade, positiva ou negativamente. E, justo na época do advento do antissemitismo politicamente organizado e dos nacionalismos estatais contemporâneos (que acreditavam saber muito bem o que era um judeu), a modernidade vienense logrou dar um amplo testemunho de que não existe *o* judeu, mas uma espantosa multiplicidade de construções de judeidades.

Entre as tentativas mais recentes de compreender como isso se deu, destacam-se as contribuições de Le Rider, inspirado nas teses de Paul Ricoeur sobre a identidade como um processo contínuo de construção. Tomando as análises de *Tempo e narrativa* sobre a constituição da identidade como uma operação narrativa, Le Rider busca demonstrar como a crise da modernidade, vivida pelos judeus por ocasião do trágico final da emancipação na Europa, levou-os a redefinir o que era o judeu através da escrita, sob a forma de uma grande narrativa, de uma ficção:

> O elemento comum nos destinos de Sigmund Freud, Theodor Herzl, Karl Kraus e Richard Beer-Hofmann é a espantosa liberdade com a qual esses intelectuais procuraram definir o que é o "judeu" na época da assimilação, do antissemitismo e do sionismo. [...] A identidade judaica se formula, para cada um deles, assumindo a forma de uma ficção, de uma grande narrativa, onde a história íntima e o inconsciente pessoal possuem tanta importância quanto a história do povo judeu e os textos da tradição religiosa.[47]

Mas o problema da identidade judaica não se reduz à crise da modernidade vienense. Na verdade, até mesmo a precede, e de muito, caso se tome a judeidade como expressão de uma errância milenar, de uma alteridade multiplicada, fragmentada em estilhaços pelos cortes significantes do que ela própria esconde. Em Viena, após um longo período de assimilação, o povo judeu, diante do iminente retorno a mais um exílio e da ameaça de extermínio, foi buscar, na prática milenar da experiência escriturária de seus antepassados, uma estratégia para a elaboração de um novo-antigo luto. Conforme a tradição milenar, com a destruição do Templo e a expulsão de Jerusalém no ano 70 da era cristã, os judeus engajaram-se na prática de suportar e ultrapassar a vivência da desterritorialização pela escrita da história. O Livro, suporte permanente de escritura, junta o povo na diáspora.

O homem Moisés e a religião monoteísta insere-se nessa linhagem de escritos de que fala Le Rider: a obra nasce da relação entre mais um êxodo do povo judeu e a judeidade de seu autor. Freud começou a escrevê-lo poucos meses depois da grande queima de livros que ocorreu na Universidade de Berlim em 1933. Sob as ordens de Joseph Goebbels, figura-chave do regime nazista, a Associação Estudantil Alemã para Imprensa e Propaganda dava início aos rituais de incineração de livros considerados "estrangeiros", com o objetivo de depurar a língua alemã. Em Viena, Freud registra o sinistro acontecimento no diário em que anotava eventos que considerava importantes. De modo conciso e lacônico, descreve a cena em que milhares de obras foram lançadas à fogueira enquanto um representante dos estudantes justificava, em voz alta, o destino de cada uma delas. "Em determinado momento", escreve ele, "ouviu-se

O exílio e o estranho

um jovem gritar: 'Contra o exagero da vida instintiva destruidora da alma, da nobreza da alma humana! Entrego às chamas os escritos de Sigmund Freud'."[48]

Dias depois, num ato condizente com o seu ensaio *Os chistes e a sua relação com o inconsciente*, o pai da psicanálise se referia ao ocorrido ironicamente: "Como a humanidade evolui!... Na Idade Média, eu teria sido queimado, e não meus livros!".[49] Nota-se que, apesar de ter estabelecido uma ligação entre os autos-de-fé da Inquisição e os da contemporaneidade, Freud não poderia intuir a catástrofe que converteu em cinzas milhares de seres humanos — opositores do regime nazista; pessoas com deficiências físicas, mentais ou intelectuais; ciganos, homossexuais, judeus, entre eles suas irmãs: Marie, Adolphine, Pauline e Rosa.* A partir de 1941, dois anos após a morte de Freud, a Solução Final (o decreto de genocídio contra a população judia) transformaria numa realidade devastadora a conhecida máxima do poeta Heinrich Heine: "Onde se queimam livros, no fim se queimam pessoas".

Não é preciso, portanto, muito esforço para sustentar que a escrita do *Moisés* traz a marca indelével de uma ligação entre a história de seu autor e a história da psicanálise — uma ligação que, no posfácio de sua autobiografia, o próprio Freud autoriza fazer, desde que referida às suas descobertas e à transmissão da psicanálise. Até mesmo porque os laços entre as histórias do judaísmo, da psicanálise e do próprio Freud aparecem logo

---

* As irmãs foram deportadas para Theresienstadt, campo de concentração onde Adolphine morreu; Marie e Pauline teriam sido enviadas ao campo de extermínio de Maly Trostinec e Rosa, ao de Treblinka. No julgamento de Nuremberg, um ex-oficial nazista admitiu que Rosa, ao chegar ao campo, foi imediatamente enviada à câmara de gás, depois de ter se apresentado ao capitão do Exército alemão como irmã de Freud.

128 *A vocação do exílio*

nas primeiras linhas dessa obra, escrita entre 1934 e 1938 e publicada em 1939, pouco antes de sua morte: "Privar um povo do homem a quem enaltece como o maior de seus filhos não é algo que uma pessoa empreenda com gosto ou de maneira leviana, sobretudo quando ela mesma pertence a esse povo".[50] Enunciado traumático. Freud confessa sua intenção de separar, desapossar e desidentificar. Isso trará consequências sobre toda a narrativa de seu "romance histórico", que adquire a forma de uma "ficção teórica" cujas referências se ordenam em torno do Pentateuco.[51] Ler o *Moisés* de Freud é sempre uma passagem por um desfiladeiro enigmático, uma interpelação do Estranho que obriga o leitor a acompanhar a errância das letras e dos brancos do texto.

Pode-se dizer que a errância no deserto, o nomadismo, o Livro e a Lei tomaram de assalto a pena de Freud antes e durante seu êxodo de Viena a Londres. E, se a errância, enquanto ato, marca o povo judeu em sua existência,[52] o escritor foi buscar nessa experiência uma metáfora para dizer, nas entrelinhas de seu "romance histórico", da errância do sujeito pelo deserto da libido e da urgência de se preservar a psicanálise como uma prática múltipla, capaz de fazer emergir o plural porque submissa ao afetamento das energias pulsionais. Rumo a Londres, decerto, mas desde sempre um habitante convicto do estranho País do Outro.

Obra aberta, o *Moisés* não se presta à captura: múltiplos sentidos — mas não arbitrários — borbulham em suas páginas. Como um enigma, o texto se abre para vários níveis de entendimento. Diferentemente do que pensam alguns comentaristas que o entendem como um escrito antropológico, psicológico ou sociológico, trata-se de uma obra notável que, como

O exílio e o estranho

tantas outras que a antecederam, traz a marca do interesse do fundador da psicanálise pelos fenômenos da cultura em íntima consonância com suas pesquisas sobre a constituição do psiquismo. Com um estilo inconfundível, o autor reelabora, através de uma narrativa, a metapsicologia — os princípios do funcionamento do aparelho psíquico; também conhecida como a "bruxa" — e o mito do assassinato do Pai. De que forma Freud logrou fazer essa caminhada? Voltando ao mito da origem da cultura, do ordenamento das sociedades e de suas grandes instituições, desenvolvido em *Totem e tabu*,[53] ele retoma as teses aí expostas — a do crime contra o Pai e a dos mecanismos psíquicos que deformam a história da horda primitiva (recalque e desmentido) —, unindo-as na construção da verdade histórica do assassinato de Moisés.

Um dos resultados dessa operação é a última versão do pensamento freudiano sobre religião e teoria da transmissão inconsciente, a partir da qual é possível inferir uma intenção secreta do autor: apresentar as bases da transmissão da psicanálise e os perigos que a ameaçam permanentemente. Nesse sentido, a obra é um testemunho fidedigno de questões que incidem sobre as fronteiras que margeiam a "terra psicanalítica", trazendo reflexões sobre o embate inevitável entre ciência e religião, ética e visão de mundo, prática clínica e curandeirismo. Estrangeira a todos, a psicanálise busca incessantemente sua legitimidade como um método singular que faz o sujeito falar sobre uma verdade — ainda que não toda, conforme as agudas observações de Lacan.[54]

Acrescenta-se a esses recortes um outro extremamente importante: o político. Nesse sentido, a obra é uma resposta de Freud à questão que endereçou a Arnold Zweig sobre a barbárie: "Diante de novas perseguições, pergunto-me como os judeus se tornaram o que são e por que atraíram para si esse ódio inextinguível".[55] De forma ousada, porque escrevendo sob a vigência de um regime de repressão ao pensamento e às ideias, Freud dá sequência à reflexão sobre a intolerância — exposta em escritos que testemunham a incursão da psicanálise naquele campo, como "Psicologia das massas e análise do Eu", *O mal-estar na civilização* e "Por que a guerra?" —, fazendo do *Moisés* uma tentativa de denunciar a estrutura religiosa do antissemitismo que, sob o signo do ódio, fomentava uma cultura de hostilidade mortal ao outro. O destino do povo judeu já era uma preocupação antiga do fundador da psicanálise, desde que passara a vislumbrar no horizonte o retorno das perseguições ao povo judeu.[56] E, se Freud não estava mais vivo quando os nazistas anunciaram a Solução Final, pelo menos chegou a divisar a sentença sinistra que pesava sobre os judeus. Conforme se pode observar numa carta que lhe endereçara, da Palestina britânica, o próprio Zweig — "Você, e ninguém mais que você, me impediu de regressar em maio de 1933 a Eichkamp, quer dizer, ir ao campo de concentração e à morte certa" —,[57] inequivocamente intuiu a fantasia antissemita de eliminar a população judaica mundial.

À medida que o nazismo avançava, Freud defrontava-se com a relação irredutível do judeu e a experiência de estrangeiridade. Em *O homem Moisés e a religião monoteísta*, o estrangeiro designa um estatuto para o judeu: estrangeiro para si mesmo e estrangeiro para o outro.

"Moisés, um egípcio", título do primeiro ensaio, é uma afirmativa, mas não uma novidade. Do ponto de vista da história da cultura, a estrangeiridade de Moisés já fora defendida

O *exílio e o estranho* 131

por alguns mestres do Iluminismo, que fizeram do fundador e legislador do judaísmo um *Aufklärer*.[58] Do ponto de vista do judaísmo, não seria lícito dizer que a posição de Freud vá contra o espírito do Livro; a origem egípcia de Moisés não é uma tese estranha ao próprio corpo doutrinário do judaísmo. No Zohar, um dos livros sagrados que nasceram da interpretação da Torá, Moisés aparece como um egípcio, um homem que fazia revelar o infinito pela escritura diferencial da palavra YHVH — "Assim se dá com o meu servo Moisés, a quem toda minha casa está confiada/ Falo-lhe face a face, claramente" (Números 12,8). Pode-se dizer que a assertiva "Moisés, um egípcio" traduz, levando-a à sua expressão mais radical, a experiência do próprio modo bíblico de conceber o que é ser judeu, que obriga o sujeito a defrontar-se com o descentramento radical, exemplarmente vivido na história do rei que se sabe estrangeiro: "Quanto tempo eles vão me falar, encolerizados, dizendo: 'Ele não é de uma linhagem indigna? Ele não é o descendente de Ruth, a moabita?'?", pergunta o rei Davi, angustiado, a YHVH.[59]

Na verdade, a condição de estrangeiro do profeta dentro da própria cultura judaica já era familiar a Freud. Bem antes de começar a redação de *O homem Moisés*, em uma de suas *Conferências introdutórias sobre a psicanálise* ele chama a atenção dos ouvintes para uma anedota judaica:

Há um conhecido chiste no qual perguntam a um menino judeu muito inteligente: "Quem foi a mãe de Moisés?". E ele responde sem vacilar: "A princesa". "Mas não", alguém lhe objeta, "ela somente o retirou das águas." "Isso disse *ela*", replica o menino, e assim demonstra haver achado a interpretação correta do mito.[60]

Sabendo-se que Freud trabalhou sobre o chiste como uma formação do inconsciente, ao recolher esse curioso exemplo do anedotário judaico ele decerto estava considerando que tal versão continha um fragmento de verdade que escapava ao saber oficial. Nota-se que justamente esse chiste questiona aquilo que está para além das aparências e que toca fundo na questão do logro de um saber fixo e imutável sobre a origem.

Do ponto de vista da teoria psicanalítica, o valor heurístico particular da noção freudiana sobre a origem estrangeira do fundador do monoteísmo é o de ratificar, de forma inusitada, o processo de constituição da subjetividade — já exposto em "Projeto para uma psicologia científica" (1895), no qual Freud delineia suas primeiras reflexões sobre a presença do Outro familiar/estrangeiro na gênese do eu. Assim, ao estender esse processo à constituição de um povo, Freud contrapõe alteridade à noção de identidade. Aquilo que vai garantir a validade da assertiva "Moisés, um egípcio" é o desdobramento em uma outra afirmação não menos escandalosa, tanto para os judeus quanto para a cultura ocidental: "Moisés, um estrangeiro", cria um povo que, por sua vez, irá se transformar na figura paradigmática do estrangeiro de si mesmo.

Provar a condição egípcia de Moisés não é uma coisa fácil, adverte Freud logo no início do segundo ensaio, cujo título está devidamente registrado no condicional: "Se Moisés era um egípcio". O terreno no qual o autor percebe estar entrando, o da probabilidade, "não é necessariamente o verdadeiro, e [...] a verdade nem sempre é provável",[61] principalmente quando se trata de desvelar restos que sinalizam o que se tentou apagar na escrita. Eis que a afirmativa "Moisés, um egípcio" não resiste às primeiras interferências e provoca uma série de enig-

O exílio e o estranho 133

mas. Freud procura elucidá-los de maneira semelhante à do chiste; buscar uma verdade outra, transpondo as distorções do texto, buscar o que se encontra escondido em algum lugar, aquilo que foi reprimido (*Unterdrückte*) e desmentido (*Verleugnete*), embora modificado e arrancado do contexto. Trata-se de um dispositivo de leitura que visa fazer valer um não dito para dar voz ao excluído, em suma, impedir que uma verdade possa exercer seu domínio sobre outra. Assim, à moda dos talmudistas que navegam entre os brancos e as margens do Texto seguindo a errância das letras, Freud começa a construir a egipcidade de Moisés, não sem recorrer, também, à literatura histórica moderna. Nesse campo, visitou textos de historiadores e estudiosos do Egito antigo e encontrou alguns fatos históricos que lhe abriram novas perspectivas para provar a assertiva "Moisés, um egípcio".

A despeito da incompreensão de muitos, da resistência de historiadores e antropólogos, Freud desvela a origem estrangeira do fundador e legislador do povo judeu para demonstrar que o judaísmo é produto de uma construção que se faz através da experiência de estrangeiridade e que se marca pela incompletude. Essa é uma tese arriscada e arrojada que, se por um lado fere o sentimento religioso do povo judeu, por outro, paradoxalmente, está por inteiro calcada no imperativo da Aliança: ser aquele que, vindo de fora e buscando o de fora, testemunha, na expressão do escritor Elie Wiesel, contra a ideia de uma significação fixa e imutável para a imagem do judeu. Inquietante escolha de estranheza, segundo Wiesel expõe em seu pequeno ensaio "Por que escrevo?".

Freud persistia na ideia de "que os judeus foram escolhidos, que foram escolhidos de fora, que não foram os judeus que criaram sua religião; foi a religião que criou os judeus".[62] Numa carta a Lou Andreas-Salomé, admitiu que a lógica bíblica da eleição foi favorecer que se instalasse, entre os hebreus, uma nova religião trazida por um estrangeiro.[63] Assim, nos encontramos frente à inevitável presença da alteridade na formação de um povo: Moisés, um egípcio, inventa o judeu; então, todo judeu é um egípcio, isto é, está para além da raça, da língua, do nominalismo e da identidade. E o que o povo eleito por Moisés, um egípcio, inventa, segundo as observações de Lacan ao desenvolver seu seminário sobre *A ética da psicanálise*, é a concepção de um Deus cuja presença se define por uma ausência radical e absoluta e por uma ética de superação das idolatrias.[64]

É sobre essa base que se deve empreender uma dura crítica aos autores que insistem em que a assertiva "Moisés, um egípcio" é simplesmente um efeito sintomático do "ódio de si" que invadiu os judeus de língua alemã, síndrome da qual o fundador da psicanálise não teria escapado. Paul Roazen é um autor que ocupa a primeira fileira desse tipo de interpretação infundada. Em *Freud: Pensamento político e social*, além de ignorar as declarações do fundador da psicanálise sobre o *jüdischer Selbsthass* (ódio do judeu a si mesmo),[65] não chega perto de apreender que Freud se serve das contingências e alteridades presentes no judaísmo como paradigma da entrada do sujeito no espaço simbólico. O trabalho desse historiador da psicanálise é uma exegese absolutamente imaginária e dissociada da própria construção da obra freudiana de 1939.

Desnaturalizar e desapropriar uma figura ancestral do próprio universo simbólico não significa, necessariamente, odiar-se; antes, pode ser um sinal de coragem para se despojar de

O exílio e o estranho

um mito de modo a reintegrar um outro saber sobre a origem, entrando em seu devir-judeu, e perpetrar o devir de uma teoria extraída tão-somente da prática clínica. Pode-se dizer que Freud — tal como o profeta bíblico que quebrou as tábuas da Lei sobre a imagem do bezerro de ouro para fazer valer a lei da irrepresentabilidade de Deus — torna-se, com a publicação de *O homem Moisés e a religião monoteísta*, igualmente um demolidor de ídolos: reativa o imaginário bíblico, demole seu ídolo maior e faz reintroduzir o tema do estrangeiro na história desse povo que se funda, e se sustenta, a partir de seu próprio estranhamento.

Nesse cenário, não seria o devir-judeu de Freud indício de uma judeidade que, atravessada por um nacionalismo autoritário — caracterizado por conceber a nação como uma comunidade de sangue —, passa a rejeitar qualquer ideal desse tipo? Face ao projeto nazista de implantar uma unidade ariana — fundada na fantasia de um corpo primeiro do qual o povo alemão teria ascendido —, a psicanálise parte da história paradigmática de um povo à procura de uma terra prometida para reafirmar que a "identidade" de um indivíduo ou a de uma comunidade, enquanto tal, é impossível, por se estruturar em torno de uma divisão radical. Freud, como já dito no início do capítulo, escapa da tradição filosófica do termo identidade — entendido como a entrega de sua essência a algo ou a alguém —, e nesse sentido, no *Moisés*, mantém-se fiel ao que já havia enunciado na primeira década do século xx: "O eu não é senhor nem mesmo em sua própria casa".[66]

De fato, somos surpreendidos em meio à leitura dessa obra por uma inusitada comparação entre a formação do povo judeu e a do povo alemão. Freud argumenta que, na história moderna, o exemplo mais impressionante de fusão entre povos, como a que aconteceu na história do povo judeu, "foi criado pela Reforma, que, após um intervalo de mais de um milênio, trouxe novamente à luz a linha fronteiriça entre a Germânia que no passado fora romana e aquela que permaneceu independente".[67] Nessa passagem concisa há uma oposição clara à convicção imaginária dos nazistas de serem portadores de uma identidade advinda de um corpo primeiro. Um povo, diz Freud, se constitui em função de dualidades que não se perdem; elas retornam, "vêm à luz", justamente porque estruturantes.

Essa súbita comparação entre o povo judeu e o povo alemão — carregada de sentido em função do momento político que atravessava a cultura europeia quando da escrita do *Moisés* — leva o leitor, como sublinha o filósofo Bruno Karsenti, "à gênese do princípio de nacionalidade na Europa moderna"[68] e a seus complexos mecanismos de produção identitária: xenofobia, moralismo e intolerância, moedas correntes do nacionalismo autoritário.

Em meio às suas indagações sobre o ódio que os homens desenvolvem em relação à diferença do outro, Freud não se furtou a confirmar que a violência contra o povo judeu não o autorizava a pensar a destruição apenas do ponto de vista da vítima. Muito ao contrário, ele reconhece que um elemento "demoníaco" habita recôndito em todos: vítimas e vencedores. Em uma carta ao escritor Romain Rolland, na qual identifica os efeitos da história da segregação do judeu no Ocidente sobre seus próprios escritos, Freud diz ao amigo que a destruição é uma possibilidade do indivíduo e da espécie humana:

O exílio e o estranho

Pertenço a uma raça que na Idade Média era considerada responsável por todas as epidemias e que hoje é culpada pela desintegração do Império Austríaco e pela derrota alemã. Tais experiências têm um efeito moderador e não propiciam a crença em ilusões. Grande parte do trabalho da minha vida [...] foi [uma tentativa de] destruir as minhas ilusões e as da humanidade. Mas, se essa esperança não puder pelo menos em parte ser realizada, se no curso da evolução não aprendermos a distrair os nossos instintos do ato de destruir a nossa própria espécie, se continuarmos a odiar um ao outro por pequenas disputas e matar um ao outro por um ganho mesquinho, se continuarmos a explorar, para a nossa destruição mútua, o grande progresso que se fez no controle de recursos naturais, que espécie de futuro nos aguarda?[69]

Compreender esse ódio ao outro por pequenas disputas através do paradigma do judeu, o ancestral *unheimlich* das massas, foi sem dúvida um dos motores da escrita de *O homem Moisés e a religião monoteísta*. E, embora a maioria das especulações freudianas sobre a questão tenha girado em torno das diferenças que a história judaica carrega, nota-se que o autor, ao contrário do que se costuma dizer, não tinha a menor intenção de "responsabilizar" o judaísmo pelo antissemitismo. Na contramão do contexto do discurso psiquiátrico e psicológico do século XIX — responsável, em grande parte, por atribuir ao judeu "sintomas de 'degenerescência'" —, Freud sempre se manteve longe de imputar qualquer culpa ao judeu pela própria sorte.[70] Seu desejo era o de escutar, principalmente, os efeitos da singularidade judaica e dessa escuta extrair consequências teóricas que pudessem ampliar a apreensão psicanalítica da capacidade humana de tomar o outro como objeto de satisfação de sua tendência à agressão, explorar sua força de trabalho sem compensação, usá-lo sexualmente sem o seu consentimento, se apropriar de seus bens, humilhá-lo, lhe causar dores, martirizá-lo e matá-lo.[71]

O leitor atento pode perceber que Freud visa realocar a discussão sobre o antissemitismo no registro do *narcisismo das pequenas diferenças*, o conceito psicanalítico que estabelece uma distinção imprescindível entre o "nós" e o "eles", a qual tem por função resguardar o narcisismo de uma unidade social. Entretanto, o narcisismo sempre pode vir a alcançar o paroxismo pelo efeito direto da lógica segregacionista, isto é, a permanente exclusão do outro. Por consequência, as manipulações políticas se servem fartamente do narcisismo das pequenas diferenças. No entender de Freud, os judeus, em geral, não poderiam ser considerados fundamentalmente diferentes dos povos que os acolhem, pois na maioria das vezes se compõem de

restos de povos mediterrâneos e são herdeiros da cultura mediterrânea. Mas eles são diferentes, muitas vezes de uma maneira indefinível, sobretudo em relação aos povos nórdicos, e a intolerância das massas, notavelmente, se manifesta de maneira mais forte contra pequenas diferenças do que contra diferenças fundamentais.[72]

Mesmo situando a origem da segregação e do racismo a partir da diferença judaica, Freud, em última instância, sustenta e demonstra que esses fenômenos se situam de maneira inequívoca frente à diferença do outro, incitando o ódio à

O exílio e o estranho

mais cega fúria de destruição. Evidentemente, não se trata aqui de uma diferença qualquer, mas daquela que provoca angústia no sujeito. Diferença *ex-tima:** o horror ao que é mais íntimo, mas que estando no exterior se constitui como objeto do ódio na segregação e no extermínio. No contexto dessa interpretação, o discurso do *Führer* é exemplar, pois permite perceber com clareza que o judeu era, a um só tempo, o que ele guardava de mais íntimo e o que lhe era mais estranho: um estranho estrangeiro. "O judeu habita em nós; porém, é mais fácil combatê-lo sob sua forma corporal do que sob a forma de um demônio invisível",[73] confidenciou certa vez Adolf Hitler a Hermann Rauschning.

Na modernidade, o antissemitismo fomentou a segregação do judeu, constituindo-o como um dos não idênticos da massa nacional-socialista: "Não foi mero acaso que o sonho de um império germânico mundial tenha convocado o antissemitismo como seu complemento".[74] Essa afirmativa de Freud, enunciada em *O mal-estar na civilização*, baseava-se nas teses desenvolvidas anteriormente em "Psicologia das massas e análise do eu", sobre a função da ideologia nas formações de massa. O poder do enunciado narrativo do líder sobre a massa não escapa à apreensão de Freud, que oferece, nesse ensaio, as linhas mestras ao entendimento do desempenho da ideologia nos processos políticos nacionalistas do século xx. Uma delas diz respeito ao "poder da linguagem e sua importância para assegurar o entendimento recíproco no rebanho; nela estariam

---

* "Extimidade (ex-tima)" é a tradução do neologismo *extimité*, criado por Lacan para designar a condição de limiar do inconsciente. O termo se transformou numa noção crucial para compreender a relação entre o sujeito e o seu mundo interior/exterior.

140 A vocação do exílio

em grande parte os fundamentos da identificação dos indivíduos uns com os outros"[75] e de todos com o líder. Publicado no pós-guerra, o estudo do filólogo Viktor Klemperer *LTI: A linguagem do Terceiro Reich*, confirma a tese freudiana. A obra ilumina em cores fortes o modo como a linguagem do ódio foi se tornando um instrumento de identificação, manipulação e aliciamento do povo alemão aos valores e visões de mundo ultranacionalistas e xenofóbicos — todos eles condizentes com a ideologia nazista, o racismo.

Antes de passar ao inventário freudiano das diferenças do povo judeu, depositárias do ódio alheio, me ocorre recorrer a uma passagem de *Pele negra, máscaras brancas*, na qual Frantz Fanon declara ter se unido a seus "irmãos na desgraça" quando, num trem, ouviu um cidadão francês expressar fortes sentimentos antissemitas e, em seguida, lançar um olhar de desprezo a ele. "Uma vergonha", escreve Fanon.

À primeira vista, pode parecer surpreendente que a atitude do antissemita se assemelhe à do negrófobo. Foi meu professor de filosofia, de origem antilhana, que me alertou um dia: "Quando ouvir falar mal dos judeus, fique atento, estão falando de você". E achei que ele tinha razão num sentido universal, compreendendo naquilo que eu era responsável, em meu corpo e em minha alma, pelo destino reservado ao meu irmão. De lá para cá, entendi que ele basicamente queria dizer: um antissemita é necessariamente um negrófobo.[76]

Um entendimento freudiano! O antissemitismo e a negrofobia são expressões de práticas pulsionais que perpetuam o

O exílio e o estranho   141

estado de barbárie na cultura. De uma maneira geral, Freud indica que as pulsões de crueldade e de destruição são componentes do psiquismo, mas, quando desprendidas das pulsões de vida, se dirigem cegamente para o exterior e, indiferentes ao sofrimento alheio, buscam obter o domínio sobre o outro. No plano político da soberania nacional, o Estado precisa estabelecer uma unidade fictícia com o objetivo de domínio sobre todos. A coesão comunitária passa, então, a ser orquestrada pela ordem do amor entre idênticos e o ódio ao outro da diferença.[77]

E se a diferença pode estar com o judeu, com o negro, com a mulher e com qualquer (quaisquer) outro(s), bastando que o Real do outro se manifeste, quanto mais o discurso se exercita no sentido da uniformização, tanto mais o disforme tende a se manifestar. Esse princípio de unidade que prescinde do exterior inevitavelmente rompe o pacto social e faz ressurgir a barbárie da horda selvagem. Nesse estágio, o narcisismo estrutural das pequenas diferenças, a diferenciação entre o "nós" e os "outros", se desfaz — tempo no qual o império do gozo narcísico se sobrepõe a qualquer nível de satisfação pulsional que se possa obter na árdua e necessária tarefa de convívio com a diferença.

Fica claro, portanto, que a teoria psicanalítica da intolerância ao(s) outro(s) constitui um quadro de referência teórico-conceitual importante para a apreensão crítica dos movimentos contemporâneos de exclusão, segregação, extermínios e genocídios.

Voltemos ao *Moisés*. Na série de "motivos" que facilitaram ao Terceiro Reich eleger o judeu como "inimigo objetivo" do Estado,[78] Freud identifica fundamentos mais recentes: "Os povos que se destacam no ódio aos judeus se tornaram cristãos apenas em épocas recentes, muitas vezes por meio de uma coação sangrenta".[79] "Mal batizados", os homens modernos cultivam um politeísmo bárbaro e, em função disso, permaneceram identificados aos seus ancestrais. Na modernidade, houve um deslocamento para o povo judeu do ódio aos cristãos; o fato de os "Evangelhos narrarem uma história que se passa entre judeus e que na verdade trata apenas de judeus lhes facilitou tal deslocamento. Seu ódio ao judeu é no fundo ódio aos cristãos".[80] Esse é o motivo pelo qual o movimento nacional-socialista alemão dispensou um tratamento hostil a duas das religiões monoteístas, dando a entender que, no contexto de recrudescimento de ideologias nacionalistas, o nazismo legitimou a compulsão à repetição da violência opressiva de impor critérios ideais à massa e fomentou a segregação e o assassinato do outro.

Com isso, resta examinar as diferenças irredutíveis do judaísmo, que Freud considerou catalisadoras do ódio antissemita. Desde o final do século xix, a imagem do pênis circunciso — considerado como alterado, danificado ou incompleto — esteve no centro da definição de judeu. A maioria das fantasias que mais tarde se tornaram esteio do antissemitismo girava em torno da ideia de que a circuncisão era um processo de feminização do varão judeu, que deixava seu órgão sexual degenerado e altamente vulnerável às doenças sexualmente transmissíveis. As pesquisas de Sander Gilman sobre o discurso médico e social na cultura austríaca fim-de--século, mencionadas no primeiro capítulo, demonstram que o corpo do judeu era visto, então, em termos absolutamente depreciativos e paranoicos.

O exílio e o estranho 143

Tendo por pano de fundo essa cadeia de associações, Christine Buci-Glucksmann, em seu estudo sobre as figuras de alteridade — feminilidade e judeidade — na cultura vienense, constata que o pânico da feminização da cultura na Europa desde o final do século XIX correspondia ao horror de sua judeização. A autora observa que, em *Minha luta*, Hitler enfatizava que a emancipação feminina é uma invenção dos judeus, com seus desejos encarnados abjetos: "Pelas forças da democracia sexual, o judeu nos rouba nossas mulheres".[81] O horror à feminização, isto é, a ameaça contra a masculinidade, tornou-se a retórica de seu programa político, com a obsessão dos nazistas pela pureza racial fazendo-se indissociável do medo da mulher capaz de poluir o sangue alemão: "A mulher introduziu o pecado no mundo, e a facilidade com a qual cede aos artifícios lúbricos do sub-homem próximo da animalidade é a principal causa da poluição do sangue nórdico".[82]

De acordo com os estudos sobre a cultura vienense da época de Freud, é na escrita de Otto Weininger que feminilidade e judeidade aparecem em estreita relação, fazendo precisamente da mulher e do judeu o espírito mesmo da modernidade: "Em todos os seus aspectos, o espírito da modernidade é judeu. Celebra-se a sexualidade como um valor supremo. Nosso tempo é não somente o mais judeu, mas também o mais feminino de todos".[83] Essa proposta de um elo indissolúvel entre feminilidade e judaísmo tornou-se bastante conhecida entre os intelectuais da *Mitteleuropa*. O próprio Freud, ao transpor para o papel o caso do Pequeno Hans, lembra as ideias de Weininger:

O complexo de castração é a raiz mais profunda do antissemitismo, pois, já no quarto das crianças, o menino ouve dizer que cortaram algo no pênis dos judeus — um pedaço do pênis, pensa ele —, e isso lhe dá o direito de desprezá-los. E, igualmente, não existe uma raiz inconsciente mais forte para o sentimento de superioridade sobre as mulheres do que essa. Weininger, esse jovem filósofo tão talentoso e sexualmente perturbado, que, logo após escrever seu excelente livro *Geschlecht und Charakter* (1903), suicidou-se, considerou com igual hostilidade, em um famoso capítulo, os judeus e a mulher, e os cumulou dos mesmos insultos. Weininger, como neurótico, estava completamente dominado por seus complexos infantis, e, do ponto de vista destes, o que há em comum entre o judeu e a mulher é sua relação com o complexo de castração.[84]

Observa-se nessa passagem, cujo pano de fundo eram as elaborações em torno de sua teoria da sexualidade, a insistência de Freud em demonstrar que a vivência sinistra diante da circuncisão é homóloga à impressão inquietante causada pelo sexo da mulher. Ambas provocam um horror determinado: o horror à castração. E quando, em psicanálise, fala-se de horror à castração, está-se falando sobre a angústia que a diferença causa. É essa angústia que Freud diz ser a raiz comum entre o antifeminismo e o antissemitismo. Em seu *Moisés,* ele volta ao tema da circuncisão e do antissemitismo, designando a primeira como um dos traços que funda a estranheza do judeu. Porque lembra a ausência ou a privação e desperta estranheza, a circuncisão faz com que, diante dela, o incircunciso se depare com a falência do ideal de uma virilidade sem perdas. Nesse

O *exílio e o estranho*

sentido, o antissemitismo, para Freud, poderia ser explicado — conforme resume Eric L. Santner em sua análise sobre *O homem Moisés e a religião monoteísta* — como uma "recusa a viver o luto das perdas e transtornos fundadores da subjetividade moderna",[85] os quais, em certo sentido, tinham sido extensamente descritos ao longo da história pesarosa do monoteísmo judaico.

Em *A Alemanha de Schreber*, Santner enfatiza que, para Freud, o monoteísmo judaico e a situação histórica da diáspora estão ligados por uma série de cortes e perdas que impuseram ao judeu renúncias e lutos que, ao longo dos séculos, o obrigaram a transformar num projeto interminável o esforço de traduzir, na linguagem da razão, o não metabolizável: os cortes traumáticos. A vivência contínua de deslocamentos geográficos e de renúncias tornou-se uma espécie de sinal negativo para os que insistiam em projetos totalitários. No capítulo dedicado à questão judaica em Daniel Paul Schreber, Santner procura demonstrar que a falência psíquica desse juiz — registrada em suas *Memórias de um doente dos nervos*, com sua lenta metamorfose em mulher e sua fusão com a figura do Judeu Errante — visava evitar a tentação totalitária que começava a se abater sobre a Alemanha, e à qual tantos alemães depois dele foram incapazes de resistir. Considerando o contexto histórico e a paisagem cultural que Schreber atravessou, Santner propõe que o colapso nervoso schreberiano foi uma crise de investidura. À luz dos aportes de Freud no *Moisés* para a compreensão do antissemitismo moderno, ele conclui que Schreber

descobriu que seu poder e autoridade simbólicos de juiz — e de varão alemão — fundamentavam-se, pelo menos em parte, na magia performativa dos ritos de instituição, que sua função simbólica era sustentada por um imperativo de produzir uma série regulamentada de desempenhos repetitivos. Foi essa compulsão idiotizada à repetição, no cerne de sua função simbólica, que Schreber viveu como profundamente sexualizante, como uma exigência de cultivar o gozo.[86]

Ou seja, o fato de Schreber "haver experimentado essa sexualização como feminizadora e 'juidaizante' sugere que, no advento da modernidade europeia, o 'saber' sobre o gozo era atribuído às mulheres e aos judeus".[87] Ambos ocupavam, diretamente, "o lugar daquilo que não podia ser diretamente reconhecido: que as identidades simbólicas, em última análise, são sustentadas por *impulso*, pela performatividade como compulsão à repetição".[88]

Um outro traço provocador do ódio milenar ao judeu é justamente a convicção de seu povo em se dizer primogênito e eleito de Deus. O alvo de Freud é demonstrar que a ideia de eleição, que vimos ter sido induzida estrategicamente por Moisés, um egípcio, possui tal potência que é compartilhada, embora pela via da inveja e do ciúme doentios, até pelos não judeus. "Ouso afirmar que o ciúme em relação ao povo que se declarou filho primogênito e favorito de Deus-Pai ainda hoje não foi superado pelos outros, como se tivessem dado crédito a tal pretensão."[89] O discurso de Hitler não desmente a percepção freudiana: "Não pode haver dois povos eleitos", pronuncia o *Führer*, "somos nós o povo de Deus".[90] Essas poucas palavras desnudam, do ponto de vista psicanalítico, a rivalidade imaginária que tomou corpo no nazismo, desde o seu início até a busca do extermínio com a Solução Final.

O *exílio e o estranho* 147

Por fim, entre as diferenças que fazem do judeu o estrangeiro do outro, Freud considera primordial um traço inscrito na própria estrutura da religião judaica que a desqualificou sumariamente como religião universal: o desmentido do assassinato do Pai.[91] Para ele, a falta de uma forma direta no ritual judaico capaz de representar a violência dos filhos contra o *Urvater* é o motivo que leva o povo judeu a ser acusado pelo outro de ter assassinado Deus. E justamente por essa falta, por não terem aceitado a vinda de Cristo, diz Freud, os judeus "tomaram sobre si uma culpa trágica; cuidou-se para que pagassem caro por isso".[92] O lugar vazio do Pai, sempre garantido enquanto tal pelo interdito da representação de Deus, é a marca que diferencia o judaísmo do cristianismo — a religião que representa a humanização extrema de um ser adorado e alivia a culpa, na medida em que o crime originário foi redimido pela morte de um homem, o filho de Deus. Retomando o que havia sido abandonado pelos judeus, a representação do Pai assassinado, o cristianismo tornou-se uma verdadeira religião universal.

Mas se Freud identificou esse efeito trágico da falta de reconhecimento do assassinato primitivo sobre o mundo não judaico — em particular em relação ao antissemitismo que, na história de sua época, fomentava o extermínio do judeu —, nas últimas páginas do *Moisés* ele ainda se perguntava por que teria sido impossível para os judeus admitirem que mataram Deus, como outros povos fizeram. Embora soubesse que a psicanálise lançou pouca luz sobre essa questão, Freud a deixou em aberto, apesar de paradoxalmente não ter se furtado a pensá-la desde o início do livro, refletindo que não se podem esperar respostas exaustivas para tais enigmas. Todavia, mesmo reconhecendo, como testemunha a correspondência com Zweig, a fragilidade de suas hipóteses — calcadas na pesquisa de um estudioso do Texto da escola exegética alemã, Ernst Sellin, que reconhecera o assassinato de Moisés —, levou adiante o projeto de construir a verdade histórica do judaísmo reinscrevendo os traços da escritura do mito da horda primitiva.

Dentre as discussões que surgem a partir da construção final do segundo ensaio e a ela retornam, repetidamente, no terceiro ("Moisés, seu povo e a religião monoteísta"), a que trata da diferença entre a formação grupal de Moisés, um egípcio, e a das massas modernas que encenam manifesta e diretamente o modelo da horda, do assassinato e do amor ao Pai — Igreja e Exército — coloca uma questão no cerne das políticas identitárias. Enquanto essas instituições sociais impõem a ferro e fogo a identificação dos indivíduos entre si e igualmente com o objeto amado e idealizado — promovendo assim, de acordo com Freud, a fixação de uma identidade imutável e consciente de si e, ao mesmo tempo, a segregação do outro —,[93] a presença do estrangeiro na origem de um povo impede a formação de qualquer identidade totalizante, pois dá suporte ao sentimento de estranheza que habita o(s) sujeito(s) diante de si e do outro.

Assim, a partir da tentativa de decifrar o sintoma antissemita, o ódio aos judeus, e refletir sobre o porquê de eles atraírem para si esse afeto inextinguível, Freud retornou ao conceito de identificação para repensá-lo além das construções elaboradas ao longo de sua obra. E tal é a condição do judeu: ele põe em xeque permanentemente a identidade do outro e a sua própria mediante o inabalável retorno ao deserto de Abraão, o hebreu, o ser de passagem; de Ruth, a moabita, a

O exílio e o estranho

estrangeira matriarca da realeza judaica; de Jacó/Israel, o que enfrenta o anjo do Deus Estrangeiro; e de Moisés, um egípcio, aquele que, sendo outro, se diz judeu.

Dito isso, vale lembrar a observação de Blanchot — a propósito da noção de *responsabilidade* em sua relação com a diferença na obra de Levinas — segundo a qual os judeus não são diferentes de outros, como o racismo quer persuadir a todos, apenas fazem lembrar a exigência da estrangeiridade.[94] É também essa exigência que o analista deve se impor para sustentar, como ateu, a doutrina freudiana sem a menor adesão religiosa a ela.

4. YHVH, o estrangeiro dos estrangeiros

> Todas as letras formam a ausência. Assim Deus é filho do
> Seu nome.
>
> EDMOND JABÈS

A EXTENSÃO DA CONDIÇÃO DE ESTRANGEIRO do povo judeu é correlata à força e à intensidade do segundo mandamento da lei mosaica: "Não farás para ti nem escultura nem qualquer imagem do que está nos céus, na terra embaixo, e nas águas debaixo da terra" (Êxodo 20,4). Muitos pensadores perscrutaram a estranheza dessa lei, destacando os efeitos que causou sobre a cultura ou servindo-se dela nas elaborações de suas próprias ideias. Para interrogá-la em relação à formação da alteridade no judaísmo, será necessário abordar o que alguns deles escreveram.

Começar pelas atuais e provocadoras reflexões de George Steiner, em suas notas para redefinição de cultura, é uma tentativa de situar, com precisão, o abalo que esse mandamento mosaico, lado a lado com a grafia do tetragrama impronunciável — YHVH —, o signo da presença do Deus dos judeus, provocou na psique humana. Diz ele que:

> O Deus da Torá não se limita a proibir a construção de imagens
> que O representem. [...] Os seus atributos são também, como

concisamente Schoenberg os exprime em *Moses und Aron*, "inconcebíveis porque invisíveis;/ porque incomensuráveis;/ porque intermináveis;/ porque eternos;/ porque onipresentes;/ porque onipotentes".[1]

Steiner compreende, a partir das conclusões de historiadores da religião sobre a invenção do monoteísmo, que tais atributos impuseram e impõem a Ausência ao espírito humano, que não se cansa de procurar organizar-se no sentido das imagens e da presença figurada. O que é certo, diz o autor, é que essa estranha invenção continua a assombrar o Ocidente com sua exigência de transcendência absoluta da consciência humana, de tal forma que o homem ocidental acabou por alimentar ódios profundos e ressentimentos assassinos contra aqueles que inventaram a presença dessa Ausência radical.[2]

A estranheza assombrosa de um Deus feito de nada — sem conteúdo, sem nomeação e sem essência — é o escândalo da alteridade radical, de uma ausência sem limite de tempo: de ontem, de hoje e de sempre. Do mesmo modo, o Nome indizível da Bíblia hebraica é o fora-do-discurso radical, o que é da ordem da linguagem mas não há como fixar, isto é, conter numa identidade. O Deus rigorosamente impensável e inassimilável, "transparente como o ar do deserto", segundo Steiner, nada tem a ver com outras formas de expressão religiosa do homem, do totem ao Deus trinitário cristão — seu estatuto é de outra ordem.

YHVH, o estrangeiro dos estrangeiros

Acerca da iconoclastia hebraica

Immanuel Kant está na primeira fileira dos pensadores que indagaram sobre a ideia mosaica da irrepresentabilidade de Deus. Kant chega a destacar um elo entre sua concepção do sublime, designado como uma experiência da impossibilidade de atingir a coisa (*das Ding*),[3] e o segundo mandamento, que diz da impossibilidade de representar Deus, sob pena de desfigurar o caráter inacessível de sua natureza.[4] Na *Crítica da faculdade do juízo*, o filósofo assinala que o segundo mandamento, na qualidade de passagem mais sublime do Antigo Testamento, poderia explicar, por si só, "o entusiasmo que o povo judeu, em seu período civilizado, sentia por sua religião, quando se comparava com outros povos".[5] Kant também destaca os efeitos dessa interdição sob o maometismo, a religião que, em seus fundamentos, retoma essa característica própria do monoteísmo mosaico. O que se depreende da leitura dessas passagens é que, para o filósofo, o sublime concerne diretamente ao Irrepresentável. Corresponde ainda ao que não pode estar contido em nenhuma forma sensível, compreende o entusiasmo e mantém uma certa relação com a lei.

O entusiasmo, provocado pelo objeto sublime, é o afeto negativo por excelência, aquele que surge a partir da inadequação da faculdade de imaginação. Em outras palavras, para Kant a comoção do sujeito advém da impossibilidade de atingir a coisa, o que faz com que o sublime autêntico, diferentemente do belo, ultrapasse a medida dos sentidos e seja uma lição estética daquilo que não se representa.

Em que consiste, então, segundo Kant, a relação do sublime com a lei? A resposta pode ser encontrada no argumento central do filósofo para explicar como a categoria estética do sublime pode ser conjugada à cena mosaica de uma realidade que ultrapassa os sentidos e a imaginação: a *satisfação* estética do sublime se alimenta do respeito à lei. Para Kant, esse respeito é o sentimento de inadequação, de impotência "de nossa faculdade [de juízo] para alcançar uma ideia, que é lei para nós".[6] Segundo essa leitura, o alcance transcendente do sublime reside em que o Infigurável é o que faz lei, o que equivale a reconhecer que a razão não pode, jamais, tudo abarcar.

Freud, à semelhança de Kant, interroga-se sobre o domínio do Irrepresentável e sua relação com a lei. Em *O homem Moisés e a religião monoteísta*, desenvolve a hipótese de que a interdição de figurar e dizer o nome de Deus serviu de motor ao "desenvolvimento característico da essência judaica".[7] "Essência judaica" — que talvez fosse melhor designada como "condição judaica" e, mais modernamente, pelo termo "judeidade" — não é, óbvio, sob hipótese alguma, algo dado pela biologia, mas aquilo que diz respeito ao que singularmente se constrói a partir da *heteronomia* da lei. Freud considera que, sob o impacto da "desmaterialização de Deus",[8] os judeus foram obrigados a desenvolver uma inclinação à abstração, que se fez cada vez mais forte durante seus infortúnios políticos, isto é, em seus exílios e êxodos milenares. Em suma, o autor propõe, em sua interpretação sobre a fundação do monoteísmo, que o segundo mandamento, imposto por Moisés, um egípcio, introduziu uma mudança estrutural e radical no povo hebreu em relação a si mesmo e a outros povos, até mesmo aos próprios egípcios:

Entre as prescrições da religião de Moisés se encontra uma que é mais importante do que de início se percebe. É a proibição

YHVH, o estrangeiro dos estrangeiros   155

de fazer uma imagem de Deus, ou seja, a coação a adorar um deus que não se pode ver. Supomos que nesse ponto Moisés excedeu o rigor da religião de Aton; talvez ele apenas quisesse ser coerente, e seu deus não tinha então um nome nem um rosto, ou talvez fosse uma nova precaução contra abusos mágicos. Mas aceitar essa proibição implicava um efeito profundo. Pois significava uma preterição da percepção sensorial frente a uma representação que cabe chamar de abstrata, um triunfo da espiritualidade [*Geistigkeit*] sobre a sensualidade; no sentido rigoroso da expressão, uma renúncia aos impulsos com suas consequências psicologicamente necessárias.[9]

O marcante dessa tese é que Freud faz notar que, de algum modo, a fé dirigida ao *não visível* impôs o progresso na espiritualidade (*Geistigkeit*):[10] a lei que dirigiu a fé para o não visível forçou a eclosão da imagem que o homem tinha do mundo e, com isso, a regência de uma representação fixa e imutável foi perdendo a primazia e ficou sujeita a contradições. O progresso na espiritualidade não é, em hipótese alguma, um processo acumulativo de saber; essa seria a grande contribuição do segundo mandamento para o que viria a ser o pensamento iconoclasta. *Geistig* (espiritual), por essa perspectiva, diz respeito ao que pode aumentar a capacidade humana de apreensão do real.

A ideia de um Deus não subsumido ao conhecido e familiar instaurou um vazio em torno do qual o judaísmo se estruturou, obrigando o povo ao esforço de manter-se voltado para o Incognoscível. Freud reconhece que a força desmitologizante do segundo mandamento operou uma mudança radical na concepção do homem sobre o universo e que a ciência seria descendente direta das ideias de Moisés, um egípcio, pois concerne à leitura do que se encontra para além do visível. Vale recordar que foi na esteira dessas considerações que Lacan chamou a atenção de forma clara e contundente, conforme já vimos, sobre o parentesco entre o judaísmo e a ciência.

Os efeitos da lei mosaica sobre a constituição do pensamento científico e da ciência não passaram despercebidos a outros autores. A história das formas simbólicas discernidas por Ernst Cassirer, segundo Hercenberg, confere ao movimento de subversão dos profetas, sempre apoiados no segundo mandamento, um lugar particular no desenvolvimento da ciência. O processo de reação anti-idolátrica descrito nos livros proféticos significou um esforço do homem para ultrapassar o mundo mítico que terminou por desembocar em novas formas de representações e de comunicação. Diz Cassirer:

> Todo o ardor religioso e ético dos profetas [...] se funda na vontade que os leva além de qualquer intuição do dado e da existência pura e simples. [...] A proibição de idolatria, isto é, a proibição de representar uma imagem ou um retrato do que está no céu ou sobre a terra, debaixo das águas ou na terra, adquire, pois, na consciência profética, um significado e uma força totalmente novos.[11]

A leitura de Bernard Dov Hercenberg da ideia de Cassirer revela-se preciosa, pois acrescenta que a cultura do exílio — ao qual o povo hebreu foi exposto desde a sua fundação, conforme a marcha do patriarca Abraão narrada na Bíblia — foi o que sustentou a lei mosaica e deu apoio ao seu cumprimento. Para o filósofo israelense, se o segundo mandamento foi favorável ao desenvolvimento do senso crítico — e com isso a ciência ganhou terreno, conforme demonstrou Cassirer —, a precedência da

YHVH, *o estrangeiro dos estrangeiros* 157

experiência de nomadismo e de errância sobre a da sedentarização do povo de Israel facilitou e incentivou o cumprimento da lei anti-idolátrica.[12] O exílio e o nomadismo respondem a uma relação que a possessão e o sedentarismo não admitem: a ciência só poderá usufruir de suas conquistas caso não se contente em apenas *conquistar*, mas também possa "preservar o senso de infinito"[13] inscrito justamente na possibilidade do ato de errância e nomadismo da linguagem, dos afetos e das ideias.

Em seu *Estudos de história do pensamento científico*, Alexandre Koyré mostra que é impossível separar em pensamentos estanques a história do pensamento científico, a do filosófico e a do religioso. Koyré considera que a evolução das ideias transcientíficas, filosóficas, metafísicas e religiosas está intimamente ligada à evolução do pensamento científico. Assim, se as revoluções científicas ensinaram os homens a se afastar da sacralidade do imaginário mítico, isso não quer dizer que elas tenham saído do forno perfeitas e completas; pelo contrário, foram preparadas, como disse o próprio Koyré, "por um longo esforço de pensamento"—[14] um esforço que se traduziu em combate contra ideias fixas e imutáveis, em desenvolvimento do senso de alteridade, e que levou à derrocada de uma concepção fechada do universo. Nesse processo, o homem se viu implicado em dois movimentos: o de circunscrever a realidade com a ajuda de paradigmas que lhe permitiram pensar e agir sobre o mundo e o de desmontar as estruturas que ele próprio criou, fazendo acontecer o novo.[15] Ora, se essa modalidade de apreensão da realidade foi preciosa para o advento da ciência, também é imprescindível a seu progresso e sustentação, pois resguarda qualquer possibilidade de que o pensamento científico venha a se fechar sobre seus próprios achados.

Neste ponto, já é possível insistir no que se evidencia a partir das observações precedentes. Com sua "estranheza exasperante", para retomar aqui a expressão de Steiner, a concepção de Deus como incognoscível e indizível mergulhou a doutrina mosaica numa exigência iconoclasta somente reversível quando alguns constroem, para ela e dentro dela, novos "bezerros de ouro". Mas vale insistir que a iconoclastia é a presença do ateísmo no seio do judaísmo.

Em *O inconsciente freudiano e a revolução iconoclasta*, Jean-Joseph Goux reconhece raízes judaicas na psicanálise a partir, exatamente, dessa vertente iconoclasta do judaísmo, a qual ele recupera para situar o problema da transmissão da psicanálise. Goux estende a questão da iconoclastia hebraica também ao pensamento de Karl Marx. Para o autor, tanto a psicanálise quanto o marxismo, duas grandes revoluções iconoclastas do Ocidente, são "filhas legítimas" da antiga luta anti-idolátrica dos hebreus e dos profetas. De fato, uma parte central da leitura de Goux busca demonstrar que, remando a favor da mesma corrente de seus ancestrais, Marx e Freud terminaram por explicitar teorias que denunciam os efeitos fetichistas e perversos de um mundo gerado pela idolatria moderna do eu e do dinheiro.

Goux considera que, embora a crítica de Marx ao poder e à riqueza incida também e diretamente na relação dos judeus com o dinheiro, sua luta "repete" o gesto iconoclasta de Moisés, que, encolerizado diante do "bezerro de ouro", destruiu as tábuas da lei, lançando-as contra os idólatras. Igualmente, na concepção do autor, Freud, mesmo com sua crítica à religiosidade judaica e a toda religiosidade em geral, acaba por destruir, "à moda dos profetas", a ilusão do homem sobre a hegemonia

YHVH, o estrangeiro dos estrangeiros 159

de um eu fixado no espelho que recusa refletir até mesmo as pequenas diferenças do outro. Com efeito, já na fundação da psicanálise, Freud rompeu com o discurso psiquiátrico e anunciou, a partir de sua escuta clínica, a morte de uma verdade finalizada, estática, construída por um pequeno número de leis simples e imutáveis. Na psicanálise, trata-se de perceber o comportamento de uma realidade distinta, insubmissa tanto a nossas crenças e ambições quanto a nossas esperanças. Ao objeto por ela interrogado — o inconsciente — não faltam meios para refutar hipóteses plausíveis e sedutoras. A cena analítica é o lugar em que qualquer saber prévio do sujeito sobre si mesmo terá que ser desfeito para fazer advir o estrangeiro de si mesmo, esse "conhecido-desconhecido" de cada um. A ciência psicanalítica faz falarem sujeitos de verdade transitória, porque ela não é apenas um saber *sobre* o inconsciente, mas também um *saber inconsciente*.

Freud, como iconoclasta, remete o pensar psicanalítico para um *mais além*, movido pelo desejo da diferença e ciente de que qualquer ganho de saber incorpora e cria o incognoscível. Assim, os fundamentos de sua descoberta só serão sustentados pela prática de retorno permanente a seu momento mítico de origem, quando — às avessas de outros métodos que aprisionavam o sujeito a certas identificações — Freud propôs ao sujeito desconstruir suas representações fixas e imutáveis e partir para o País do Outro. O paradigma abrâmico do éthos bíblico, do homem que vai sem saber aonde, direto ao encontro da Alteridade, na busca de sua singularidade, se faz aqui exemplar. Esse é o movimento de não retorno ao Mesmo de que fala Levinas.[16] O gesto ético de Freud é também o de Moisés, um egípcio — conforme *O homem Moisés e a religião monoteísta* —, ou o do judeu que nunca termina de empreender o êxodo, de atravessar o deserto.

Também como iconoclasta, Freud constrói o conceito de *Trieb*, o "ponto-limite" da teoria psicanalítica; conceito que surge como um dos principais modos teóricos de acesso ao inconsciente, um de seus derivados. Todas as letras e palavras escritas no corpus teórico psicanalítico não recobrem, seja com figuras, seja com definições, esse conceito, cujos fundamentos se enraízam na impossibilidade de fixar-se uma representação para a inesgotável melodia pulsional, assim determinando um vazio presente em sua estrutura: a pulsão se traduz apenas como uma potência que se presentifica em representações efêmeras e transitórias.

A marca anti-idolátrica da psicanálise expressa-se tanto no lugar que ela consigna à alteridade em sua prática quanto na descoberta teórica de 1920 de um mais além da representação, região que Michel Foucault identificou como informe e muda. Pelo menos é nesse sentido que o filósofo entende o que Freud denominava alteridade radical da Outra cena. A alteridade garante um pensamento do que está mudo, oculto e invisível, enfim, do que em nós habita mais além da consciência. Assim, a psicanálise se faz no face a face com a impossibilidade de apreensão de um saber-todo-poderoso, finito e totalizante. Ela é uma prática que se propõe a curiosa tarefa de atingir, conforme lembra Foucault, a "região onde a representação fica em suspenso, à margem dela mesma, aberta, de certo modo, ao fechamento da finitude",[17] ali onde se quebram os "bezerros de ouro". Esse é o esforço que obriga o analista a atravessar os afetos e as ideias como os nômades atravessam o deserto e as cidades.

A separação, o vazio e a palavra

Embora o judaísmo contenha o heterogêneo na multidão de leituras que dele se faça, o que chama a atenção em sua fundação é que, a rigor, conforme diz com acuidade Jeanne Defontaine, ele é "a expressão de um divórcio entre o homem e o mundo, de um fosso que se abriu entre o homem e a divindade, e que o cristianismo procurará depois preencher [...] com a Boa Nova do Novo Testamento, a do sacrifício do filho".[18]

Para avançar a partir dessa afirmativa, faz-se necessária a contribuição da leitura de Levinas sobre o termo hebraico aplicado a Deus, *kadosh*, que se traduz por santo. Etimologicamente, a palavra "santo" significa separado, de maneira que *kadosh* significa, indistintamente, o santo, o separado. O santo designa algo infinitamente separado de tudo o que é comum, de tal forma que a "inscrição do nome de Deus seria a inscrição originária da diferença".[19] O santo não tem lugar, ou melhor, seu lugar é atópico, como seu templo é vazio de imagens e seu Nome não se pronuncia.

A separação entre Deus e o homem, que todo o povo de Israel foi chamado a viver, introduziu na história das religiões a transcendência absoluta de Deus, produzida como inintegrável, conforme Levinas procurou demonstrar ao longo de sua obra. Nela, o filósofo faz entender a distinção necessária entre a *sacralidade* e a *santidade* na palavra hebraica sem medida que é o Nome de Deus.[20] A partir dessa separação entre os dois termos, Levinas procura compreender como se dá a formação de alteridade para os judeus. *Kadosh* designa a alteridade radicalmente separada e dessacralizada, isto é, sem conteúdo, sem objeto e sem forma aderida, transcendente até à ausência.

E, porque habita fora do espaço e mais longe que o tempo, o santo será para sempre o Estrangeiro dos estrangeiros. Assim, a estranheza do Deus judaico é absolutamente conforme à estranheza de seu povo. *Ex-timo* a seu próprio povo, Deus ocupa o lugar de um verdadeiro "continente estrangeiro" na economia libidinal de quem que não Lhe constrói imagem nem pronuncia Seu Nome.

Mas a palavra *kadosh*, na tradição bíblica e talmúdica, não é apenas atribuída à divindade. Aplica-se também aos humanos — *kedushim* (plural de *kadosh*), em hebraico —, aos que foram feitos, segundo a narrativa bíblica (Gênesis 1,26-7), à imagem e semelhança desse Deus que não admite imagem. Essa antinomia — identificação à ausência de imagem — estabelece que o homem, sendo santo e separado, é também irredutível a qualquer representação fixa e imutável (Levítico 19,2). Há sempre algo que escapa a seu próprio espelho: a epifania do rosto, o que está para além do idêntico que não se transforma em conteúdo. Desde esse ponto de vista, na tradição judaica Deus e Homem são conceitualmente pouco acessíveis ao nosso conhecimento.

Entretanto, quando se pensa nesse Deus inabordável e transcendental, distante e absolutamente estrangeiro, como assinala Blanchot, em geral marca-se apenas Sua ausência absoluta, deixando-se de lado o fato de que a revelação desse Deus Único e Ausente é acompanhada pela "revelação da palavra como lugar onde os homens se relacionam com aquele que exclui toda a relação: o infinitamente distante e absolutamente estrangeiro".[21] O comentário é percuciente e harmônico com as fontes bíblicas e talmúdicas, que associam a relação dos homens com o Estrangeiro dos estrangeiros não como fonte de especulações filosóficas ou de vivências místicas e/ou extasiantes, mas como termo de um fundamento ético sob a primazia da palavra.

Sendo a Revelação — tanto a Torá escrita como a Torá oral — uma revelação de palavra, ela é essencialmente uma "logofonia", ou mais precisamente uma "nomofonia", quer dizer, a expressão da *palavra* como *lei* (porque palavra de Deus), ambas designadas pelo termo único hebraico *"davar"*. Conforme explica David Banon: "Essa palavra infinita [...] porque não se sincroniza com os signos que a captam [...] inscreve-se numa narrativa e numa lei. Essa inscrição será o traço de uma palavra primeira, primordial, de um dizer que já está retirado do dito".[22] A palavra é, portanto, o fio infinito a urdir o tecido que recobre o vazio insuperável entre Deus e os humanos, entre humano e humano — *kadosh* e *kedushim*.

O espaço de separação entre Deus e os humanos é o tempo futuro, cujo paradigma é o episódio da sarça ardente, passagem do Êxodo na qual a palavra é a garantia de Sua presença. Ao receber de Elohims[23] a ordem de se dirigir ao Faraó e retirar o povo hebreu da escravidão, indeciso sobre como transmitir ao povo esse mandato divino, Moisés Lhe pergunta: "Qual é Seu Nome?". E obtém uma resposta categórica: "Elohims diz a Moisés: *'Èheie ashèr èhier'*" (Êxodo 3,14) — "Eu serei o que serei",[24] condensado no tetragrama YHVH. Assim, o que está embutido na ideia de um Deus que se apresenta sem imagem e absolutamente distinto do mundo é um tempo nunca cumprido, um futuro continuado.[25] "Eu serei o que serei": esse é o caráter incisivo da revelação mosaica e que não deixa de implicar o povo em seu próprio devir, ávido do outro de si mesmo como outro.

Se for possível distinguir o *messianismo* do *messiânico*, tal qual faz Derrida quando liga este último ao performativo por-vir — "cujo arquivo não tem mais nenhuma relação com o registro do que é, da presença do que é ou terá estado *atualmente* presente" —,[26] pode-se dizer que a condição de YHVH é que não apenas não seja conhecido, mas que não seja cognoscível enquanto tal, apenas pura inscrição da diferença. A maneira como Derrida nos introduz a ideia do messiânico faz ressaltar que a singular concepção de Deus, no universo do Antigo Testamento, se traduz como porvir: o tetragrama terá de ser dito de vários modos, como experiência de apreensão do Mesmo sempre Outro. Já se pode também, a partir daqui, concordar com Philippe Julien quando observa que um Deus sem Nome difere radicalmente daquele da teologia cristã, que diz: "'Eu sou aquele que é' a fim de que o próprio Nome seja enfim possuído".[27] Julien chama a atenção para essa tradução e seus efeitos: "Aquele que é" designa o Ser como imutável, portador de uma essência e igualmente de uma identidade. Isso significa dizer que as doutrinas filosóficas teístas e antiteístas se afastam da proibição de pronunciar o Nome, o que impossibilita a manifestação da subjetividade fundada sobre a capacidade de reencontrar a palavra falada como resistência ao poder político-religioso.

YHVH — o escrito que não se pode ler senão na repetição infindável de um som que não se pode dizer — não pode ser tomado como significante de alguma coisa que estaria por trás da combinação de suas letras. YHVH não se pronuncia, ele não é o sacramento de reconciliação, nem significante de alguma coisa outra que estaria oculta por trás dele, mas sim, como

YHVH, o estrangeiro dos estrangeiros

bem observa Certeau, um grafo que marca a linguagem assim como a circuncisão é a grafia que marca o corpo do judeu.[28] Essa modalidade de leitura da grafia do nome de Deus sobressaiu para Freud, quando elaborava sua teoria sobre a particularidade dos pensamentos nos sonhos:

> Entre os antigos hebreus, o nome de Deus era tabu; não podia ser falado, nem transcrito. [...] Essa proibição foi tão implicitamente obedecida que, até o dia de hoje, a vocalização das quatro letras הוהי — YHVH — permanece desconhecida. Ele era, contudo, pronunciado "Jeová", sendo suprido pelas vogais da palavra "Adonai" (Senhor), contra a qual não havia tal proibição.[29]

Freud problematiza nessa passagem a submissão da letra ao dizer pela "voz" da leitura, o que é indício da possibilidade de o texto se fechar em detrimento da abertura do porvir. Com efeito, nota-se que Freud não tem aqui o propósito de expor o surgimento de um tabu religioso, aquilo que suscita e aquilo que oculta. Ele se utiliza do tetragrama como figura conceitual para mostrar o modo como ideias latentes do sonho só se dizem por deslocamentos e condensações, até o limite do "umbigo" dos sonhos, onde algo sempre escapa à ordem do discurso, porque impossível de ser enunciado. A ideia de um *Deus pura letra* evidencia a estrutura do sonho, na qual as figurações, as imagens do sonho, devem ser lidas como letras.

Para melhor compreender os paradoxos do Sinai, é preciso situar YHVH no registro do inconsciente não recalcado, delineado por Freud no artigo "O inconsciente" e reafirmado em outros textos nos quais está formulado o paradigma do psiquismo centrado na relação com o outro. Nesse texto, Freud vai reconhecer que "todo o recalcado permanece necessariamente inconsciente, mas, de início, declaremos que o recalcado não recobre todo o inconsciente. O inconsciente tem uma extensão mais ampla; o recalcado é uma parte do inconsciente".[30] Freud reconhece duas formas de registro da pulsão: a ideativa e a afetiva, implicando cada uma delas uma forma distinta de energia psíquica. É fato que uma não pode ser pensada sem a outra: a primeira envolve um representante que já se inscreveu, já se ligou à ordem ideativa; a segunda indica um excesso pulsional irredutível às malhas da simbolização.

De qualquer modo, YHVH — em sua inquietante estranheza, em sua alteridade absoluta — é presença de *angústia*, o ensurdecedor barulho do silêncio. Afeto que surge diante do abismo de onde reverbera o som ininteligível que subjaz à lembrança que é de todos: a passagem pelo deserto, o exílio inexorável a que se está destinado desde o nascimento. YHVH não pode exercer a função de semelhante no espelho porque é alteridade radical, avessa a qualquer forma de representação. Qualquer leitura unívoca de seu nome recusa o contraponto do vazio que, incessantemente, desperta angústia e convoca o sujeito a nomear, a tecer com a linguagem o tecido que recobre, contingencialmente, esse mesmo vazio. Nessa ordem de afetamento, intervém a força das pulsões, que exigem deslocamentos e condensações múltiplas, obrigando o sujeito à simbolização. E não poderia ser de outra forma, pois, no face a face com o desconhecido, o sujeito vive um encontro que expressa a extensão da repetição de uma experiência que "não cessa de não se inscrever", segundo a fórmula de Lacan para falar do registro do Real.[31]

Numa das lições do seminário *De um Outro ao outro*, Lacan distingue o Deus dos judeus, aquele que fala e designa-se a si

YHVH, o estrangeiro dos estrangeiros

mesmo pelo fato de falar, do Deus dos filósofos, o grande Outro que é Um, e esclarece que o "Deus da sarça ardente, o Deus do Sinai, não disse que era o único Deus, e sim 'Eu sou o que sou'. Isso [...] não quer dizer que ele é o único, mas que, ali onde está, não existe outro ao mesmo tempo que ele".[32] Trata-se, pois, de um Deus, como dito acima, de nome impronunciável. Essa característica de YHVH envolve a dimensão da Revelação como palavra portadora de verdade, ou melhor, como a palavra que instala a distinção entre a verdade e o saber. A partir da separação entre o Deus da ontoteologia e o Deus sem nome, Lacan retoma suas indagações sobre o ato analítico, destacando que "o que a psicanálise revelou, por sua vez, e que antes não se suspeitava é aquilo que se produz no saber, isto é, o objeto *a*".[33]

Seja como for, é preciso comentar que Lacan faz uso da fórmula *Èheie ashèr èhier* no tempo presente — "Eu sou o que sou" — e que essa tradução mantém em aberto a possibilidade do porvir presente na tradição judaica. Isso porque ele toma como ponto de partida de sua elaboração a ideia de que o Deus da sarça ardente designa-se a si mesmo pelo fato de falar, definindo com isso que, no campo da verdade, o saber está alhures.[34] Cabe ainda mencionar que André Chouraqui, tradutor e comentador do Antigo Testamento da Bíblia hebraica para o francês, esclarece que "Eu sou o que sou" (em francês *je suis qui je suis*), "longe de violentar o [enunciado dito no futuro em] hebraico, conota também uma noção de eternidade, pois tem um caráter essencialmente atemporal".[35] Por outro lado, caberia perguntar se a escolha da tradução no futuro, "Eu serei o que serei", não tornaria mais fácil apreender a dimensão da incerteza do Nome de quatro letras que marca a expectativa do sentido que advirá.

A escuta do silêncio

As observações de Jean-François Lyotard, em "Figure forclose" [Figura foracluída], acerca da teoria da religião desenvolvida por Freud no *Moisés* destacam a ideia de que a lei mosaica operou na cultura um retraimento do visível ao legível-audível. As palavras de um poeta ajudam a ilustrar essa proposição:

> A seu povo, Deus manda escutar: "Escuta, Israel". Mas escutar o quê? Escuta as palavras do teu Deus; mas Deus está ausente e suas palavras sem voz, pela distância cortada de seus sons. Escuta o silêncio, pois é nesse silêncio que Deus fala à sua criatura [...]. O interdito original confere à não representação seu caráter sagrado. A língua de Deus é a língua da ausência.[36]

Assim, a interdição da imagem é correlata à importância atribuída ao som e à letra. Escutar e falar são os sentidos que ocupam um lugar de destaque na liturgia judaica, cuja prece principal tem o nome de *Schemá* (Escuta). O verbo hebraico para escutar (*lishnot*) significa cumulativamente escutar, ouvir e obedecer. O Texto é lido em voz alta, e o que no Ocidente se entende por escritura, na expressão Sagradas Escrituras, em hebraico se diz *mikrá*, leitura. De qualquer modo, os que fundaram o judaísmo passaram na tradição a leitura-escritura da Palavra não como desvelamento, mas como criação de sentido.[37] Não cabe aqui adiantar esse tema, que será amplamente desenvolvido no próximo capítulo. É suficiente frisar que o judaísmo operou uma passagem do ver à escuta: não se vê um texto, mas leem-se as letras, ou, o que dá no mesmo, "ouve-se" a errância das letras que se combinam infinitamente diante do

YHVH, o estrangeiro dos estrangeiros   169

silêncio de Deus. Nesse sentido, considerando as contribuições de Lyotard, pode-se dizer que o judaísmo é a expressão de olhos que se fecharam para que a palavra fosse ouvida.[38] A psicanálise é decerto tributária dessa primazia da escuta como referência ética e como base de seu método clínico. Historicamente, ela rompeu com a clínica do olhar sustentada naquela época pela prática da hipnose e da sugestão, instalando um dispositivo original: associação livre — errância da letra — para o paciente, escuta flutuante para o analista. Essa cesura inaugurou uma nova modalidade clínica: escutar o sintoma corresponde a encontrar uma pluralidade de sentidos para esse signo. É que perscrutar a alma humana introduz a alteridade no seio da relação médico-paciente; a presença do analista abre uma ordem terceira entre o eu e o tu da relação do diálogo comum, para reconduzir o sujeito na direção da realização de sua verdade psíquica. Nesse movimento reside a diferença entre a psicanálise e outras psicoterapias que, ao longo dos séculos, o homem procurou e procura para aliviar a dor psíquica. O dispositivo analítico se aproxima, assim, da ética iconoclasta mosaica, em que o homem, para compreender o nexo das coisas dirigindo-se ao sem Nome, obtém como única resposta audível o eco de sua própria voz.

Curiosamente, a psicanálise lacaniana — que, como bem observa Certeau, é marcada em diversos lugares teóricos pela tradição cristã e sua relação com o falante —[39] foi buscar, na escrita que grava o Incognoscível (YHVH), elementos para pensar o ateísmo: "A verdadeira fórmula do ateísmo não é que 'Deus está morto' [...]. A verdadeira fórmula do ateísmo é que 'Deus é inconsciente'".[40] Esse dito se aproxima da realidade de *kadosh*, o Estrangeiro dos estrangeiros, pura inscrição da diferença que, separado e distante de tudo e de todos, encontra nesse limite uma interdição de toda a representação. Que Deus seja inconsciente é a formulação lacaniana de que o Nome de Deus não seja jamais apreendido. Obviamente que, em toda essa construção, o interesse de Lacan encontrava-se além de qualquer especulação teológica. Ela é produto de sua formalização da metáfora paterna (Nome-do-Pai) e de sua preocupação em chamar a atenção dos analistas para o ateísmo da escritura freudiana e, com isso, preservar a psicanálise da idolatria. Vale lembrar que é a partir de suas indagações sobre o vazio no contexto de *A interpretação dos sonhos* que Lacan enuncia essa sua concepção de ateísmo.

Analiticamente, Lacan reconhece que nada poderá situar melhor o psicanalista, objetivamente, "senão [o] que antigamente se chamava de ser santo".[41] Lacan segue (talvez sem o saber) a etimologia da palavra hebraica *kadosh* — que, como já dito, significa *separado*. Foi a partir dos místicos católicos (Mestre Eckhart, Teresa de Ávila, Angelus Silesius e Jacob Böhme) que Lacan buscou sustentar essa metáfora, pois sabe-se que essas destacadas figuras da espiritualidade cristã foram procurar na separação, na solidão e no isolamento condições para romper com o pensamento totalizante da Igreja católica e experimentar Deus direta e subjetivamente. Num gesto de oposição à maioria compacta, os santos e místicos católicos procuravam, na errância e na solidão, uma experiência espiritual fora dos quadros tradicionais da teologia dogmática. A fala mística aparece, desse modo, como um ponto de fissura no discurso dos que se pretendem iguais. Lacan verificou, na estrutura do discurso místico, o mesmo destino que Freud havia reconhecido em um certo judaísmo que sentia compar-

YHVH, o estrangeiro dos estrangeiros

tilhar com alguns: um pensamento em desacordo com a maioria compacta, com os idólatras que se estruturam em torno de bezerros de ouro para encobrir e compensar a angústia do desamparo ou o horror à castração.

"O amor é forte, é como a morte"

Em sua obra *História e psicanálise*, Michel de Certeau mostrou com riqueza de argumentos que o discurso freudiano é a "novela", a "ficção" que retorna ao mundo da ciência. O autor se fixa em evidenciar o quanto, desde o início da psicanálise, a maneira como Freud tratava seus pacientes não apenas rompeu com o "olhar científico" pretendido para o "tratamento da alma", como operou mudanças sobre o modo de escrever do inventor da psicanálise. Diz Certeau que, em Freud,

> o "estilo" da novela se converte no da escritura teórica. A forma bíblica, gesto literário pelo qual se expressa o conflito da Aliança, isto é, o processo histórico entre YHVH e seu povo, parece remodelar à distância o saber psiquiátrico para conformar o discurso do processo transferencial entre analista e analisando.[42]

Essa afirmação está diretamente ligada às investigações do autor sobre as implicações do discurso psicanalítico com a reminiscência da literatura bíblica na obra freudiana, particularmente no que diz respeito ao processo de historicização de uma análise.

Pode-se concordar com Certeau desde que seja possível reconhecer, na psicanálise, um retorno da lógica dos efeitos de leitura e reescritura dos textos, própria à tradição semítica e judaica da narrativa. Tanto a Bíblia como *As mil e uma noites* testemunham a presença de um pensamento que dá lugar à palavra em seu "estado nascente, lugar de enunciação, excessiva a todo e qualquer enunciado", conforme a expressão de Marco Antonio Coutinho Jorge.[43] O pensamento ganha, nessas narrativas, o estatuto de ser por excelência nômade e errante: lugar de criação e de invenção. Por isso Jorge Luis Borges, grande leitor de *As mil e uma noites*, disse, em *História da eternidade*, que elas significam acrescentar sempre um outro dito ao texto — uma experiência de linguagem inqualificável e inesquecível.

O método bíblico de Jó — "Falarei para ficar aliviado" (Jó 32,20) — e a astúcia de Sherazade, que escapa da morte ao fazer valer a primazia da palavra em sua relação com o outro, podem ser reconhecidos como "velhos ancestrais" da cena analítica, o que não quer dizer que sejam idênticos. Jó e Sherazade são exemplos conclusivos de que o sujeito se nomeia na multiplicidade da palavra. E Bertha Pappenheim, a paciente de Joseph Breuer conhecida pelo codinome Anna O., desde *Estudos sobre a histeria*, designou de *talking cure* (cura pela fala) a experiência de linguagem que trazia alívio à sua angústia, durante as sessões diárias que mantinha com seu médico. Freud soube extrair consequências desse caso para a psicanálise. Contudo, é preciso enfatizar que a prática clínica psicanalítica, ao par da ficção e da narrativa, aciona a singularidade do sujeito por se tratar de uma experiência de fala.

Para melhor pensar os efeitos do texto bíblico sobre a invenção freudiana, para os quais Certeau atenta, o Cântico dos Cânticos é um texto exemplar, pois trata-se de um poema no qual a tensão absoluta do amor do sujeito pelo Outro tem sua

YHVH, o estrangeiro dos estrangeiros 173

vazão no paradoxo de um encontro que é, já em si mesmo,
separação:

Levantei-me para abrir ao meu amado;
e minhas mãos gotejam mirra
e meus dedos são mirra fluindo
no ferrolho da porta.
Abri ao meu amado;
mas meu amado se afastou e se foi.
Minha alma se esvaiu quando ele falou.
Eu o procurei mas não o encontrei.
Chamei-o mas ele não me respondeu.
Encontraram-me os guardas que rondam a
cidade, espancaram-me, feriram-me;
os guardas das muralhas tiraram-me o manto.
Eu vos conjuro, ó Filhas de Jerusalém,
Se encontrardes o meu amado, que lhe direis?
Dizei que estou doente de amor!
(Cântico dos Cânticos 5,5-8)

Suprimido no século I das Santas Escrituras por ter sido
considerado uma simples parábola, o Cântico dos Cânticos foi
reinscrito no Livro dos Livros um século depois. A exegese
que permitiu sua legitimação diz que o poema revela o amor
entre YHVH e seu povo. Gravado como um selo no coração da
liturgia judaica, o poema tornou-se uma espécie de hino à liberdade: canta-se o poema no Pessach, festa de comemoração da saída dos judeus do Egito. No Cântico dos Cânticos, o
amor entre Salomão e sua amada, Sulamita — ou, conforme
a interpretação talmúdica, entre YHVH e o povo —, alimenta

e preserva sua intensidade "nessa combinação entre gozo e interdito, de separação fundamental que, no entanto, une", como cita Julia Kristeva.[44]

> À noite, em minha cama,
> procurei aquele a quem minha alma ama;
> Eu o procurei, mas não o encontrei.
> Levantar-me-ei agora,
> e percorrerei a cidade,
> pelas ruas e caminhos largos;
> procurarei aquele a quem minha alma ama.
> Eu o procurei, mas não o encontrei.
> (Cântico dos Cânticos 3,1-2)

O amor, representado no Cântico dos Cânticos como antídoto poderoso contra a morte — "o amor é forte, é como a morte" (8,6) —, toma o sentido da lei da separação: da não fusão entre o amado e a amada. É essa separação que legitima o impossível — um impossível que, como soube reconhecer Kristeva, é erigido em lei amorosa. Sob tal aspecto, seria possível afirmar que esse poema bíblico é um paradigma sugestivo, na figura de uma belíssima metáfora teórico-poética do operador processual do tratamento analítico: *o amor de transferência.*

O que as histéricas ensinaram a Freud foi que adoecer de amor é fazer sintoma; um derivado do recalcado, um território interno estrangeiro do eu — ou seja, uma terra estrangeira interior, assim como a realidade é terra estrangeira exterior.[45] Suas intervenções a partir desse ensinamento dirigiram-se no sentido de acolher todas as moções afetivas do paciente (amor

YHVH, o estrangeiro dos estrangeiros 175

e ódio) e de lhes dar um estatuto de verdade. Desde então, o mestre de Viena se viu obrigado a seguir um caminho "para o qual a vida real não oferece modelo":[46] convicto de que acatar as demandas de amor da paciente seria tão fatal na condução de uma cura quanto afugentá-las, passou a recomendar aos analistas tratar a transferência como uma situação a ser enfrentada no decorrer do tratamento. Essas seriam as condições favoráveis, em seu entender, para a/o paciente sentir-se suficientemente segura/o no processo de recondução das origens inconscientes de sua vida amorosa, de modo a trazer à consciência seus elementos mais recalcados e, com isso, dominá-los. Essa regra de ouro de todo tratamento analítico, além de ter causado escândalo na comunidade médica da época, revelou-se de difícil manejo, mas constitui e convoca a presença da ausência do objeto, necessária para fazer circular a pulsão:

> É inegável que o domínio dos fenômenos de transferência oferece as maiores dificuldades para o psicanalista, mas não esqueçamos que são justamente elas que nos prestam o inestimável serviço de tornar atuais e manifestas as moções de amor ocultas e esquecidas dos pacientes; afinal ninguém pode ser abatido *in absentia* ou *in effigie*.[47]

Num paralelismo que se pudesse traçar entre o poema bíblico de Salomão e o tratamento analítico, o analista ocupa o lugar preciso do amado, que é, em última instância, o de manter a tensão da alteridade absoluta para que, no tempo singular de cada paciente, este reconheça o amor. Diz o Amado do Cântico dos Cânticos:

Eu vos conjuro, ó Filhas de Jerusalém;
pelas gazelas e cervas do campo,
que não acordeis, nem desperteis o meu amor,
até que ele queira.
(Cânticos dos Cânticos 3,5)

As observações freudianas sobre o amor de transferência avizinham-se das cautelas do poema bíblico:

Soube que alguns médicos que praticam a análise com frequência preparam suas pacientes para o surgimento da transferência amorosa. Dificilmente posso imaginar um recurso técnico mais insensato do que esse. Assim procedendo, extirpa-se do fenômeno o caráter convincente da espontaneidade e criam-se obstáculos de difícil remoção.[48]

E todas as recomendações que Freud faz sobre o manejo da transferência, longe de constituírem regras morais, exigem do analista que ocupe o lugar de objeto do desejo para o analisando; se o analista não aceitar fazê-lo, fica impedida a circulação pulsional pela qual emerge o sujeito. O amor de transferência faz obstáculo à cura, mas é através dele que o analista conduz o tratamento, desde que saiba dele se valer: aceitar o amor, como dito acima, propondo ao analisando que teça com palavras sua história de amor pelo Outro.

O acolhimento dos fenômenos transferenciais, sejam eles positivos ou negativos, é um valor ético da psicanálise e o que, acima de tudo, a distingue de outros tratamentos que favorecem a produção do idêntico para apaziguar a angústia do sujeito no encontro com a diferença, com o outro de si mesmo.

YHVH, o estrangeiro dos estrangeiros

Mas, se o analista se furta a seu ato, faz-se violência à produção da singularidade do sujeito, o que pode significar sua morte: como na luta de Jacó com o Anjo, o analista convoca o dom da palavra na batalha do sujeito com aquilo que supostamente deveria permanecer em segredo, mas que veio à luz.

Desenvolver uma prática clínica capaz de interrogar as verdades e certezas do sujeito, e com isso avançar e sobrepujar as representações do psíquico até então conhecidas, foi a prioridade de Freud no início de seu percurso. Muito já se disse sobre isso, mas talvez sua melhor caracterização seja oferecida pelo próprio Freud em carta endereçada a Fliess, no alvorecer do século xx, em que conta ao amigo o modo como decidiu enfrentar as dificuldades mais penosas do trabalho analítico:

> As perspectivas pareciam ser as mais favoráveis no caso de E. — e foi aí que sofri o golpe mais pesado. Exatamente quando eu acreditava ter a solução nas mãos, ela me escapou e vi-me forçado a virar tudo pelo avesso e montar tudo de novo e, nesse processo, perdi tudo aquilo que parecera plausível até então. Não consegui suportar a depressão que se seguiu. Além disso, logo descobri que era impossível prosseguir no trabalho realmente difícil no estado de depressão e das dúvidas que me assaltavam. Quando não estou bem-humorado e senhor de mim mesmo, cada um dos meus pacientes é um torturador. Cheguei até a acreditar que teria que desistir ali mesmo. Encontrei uma saída renunciando a qualquer atividade mental consciente, de modo a tatear às cegas entre meus enigmas.[49]

A irreversibilidade dessa posição, a ausência de uma "pátria comum" com o Mesmo, levou Freud a se interessar por aquilo de que Josef Breuer havia se desinteressado e, assim, descobrir a psicanálise. Breuer abandonou o tratamento da paciente Anna O., que por ele se apaixonara; não tendo conseguido suportar o amor de transferência, deixou passarem as possibilidades clínicas abertas pela emergência desse fenômeno. No caminho inverso ao do colega, Freud se dirigiu ao encontro de Outrem — a presença Outra, distante, invisível e estranha. Foi quando se viu face a face com o inesperado — inesperado que embaralha categorias, normas e saberes estabelecidos, fazendo aparecer a multiplicidade que renova a vida e que instaurou, definitivamente, o dispositivo analítico.

Com isso, retorna-se às condições que Freud designou como as mais favoráveis ao enfrentamento das resistências à psicanálise: o isolamento e a solidão. A exigência de *separação* é um requisito específico para que a alteridade reapareça fundamentalmente no vínculo analítico e no exercício de desmontagem dos saberes totalizadores operado pela psicanálise. Se, de alguma maneira, é possível à práxis freudiana relacionar-se com a vivência da diáspora e com a luta contra a idolatria inscrita no corpus da doutrina mosaica, então a permanente diferenciação buscada na experiência analítica tende a cruzar com o que é próprio de uma estrutura social permanentemente desassossegada no espaço e obrigada a desfazer todas as representações que, eventualmente, recubram a ideia impensável de um Deus separado, *kadosh*.

5. Interpretação: Errância e nomadismo da letra

Em cada palavra brilham muitas luzes.

ZOHAR, III, 202

Sobre essa base, criou-se uma arte de interpretação, destinada, por assim dizer, a extrair do minério bruto das ocorrências não intencionais o teor de metal dos pensamentos recalcados.

SIGMUND FREUD

CERTA VEZ EM AUSCHWITZ, a grande fábrica de morte da Segunda Guerra Mundial, a Gestapo enforcou uma criança diante de milhares de prisioneiros, obrigados a assistir àquela cena indescritível. Mesmo para um escritor como Elie Wiesel, que depois viria a ser laureado com o prêmio Nobel, narrar esse episódio era quase impossível: presenciar a morte daquele "anjo de olhos tristes" foi, para ele, a vivência do assassinato da humanidade. Num esforço surpreendente, ele conta que naquele momento ouviu uma voz dentro de si responder à pergunta que era de todos: "'Pelo amor de Deus, onde está Deus?' [...] Onde Ele está? Ei-Lo aí — pendurado naquela forca".[1] Foi nesse mesmo campo de extermínio que alguns judeus decidiram colocar Deus em julgamento, sob a acusação de ter abandonado seu povo às atrocidades dos alemães. O conselho formado para julgá-Lo, tomado por perplexidade e incompreensão diante daqueles horrores, considerou-O culpado e condenou o Eterno à morte. O rabino foi quem pronunciou a sentença, convocando em seguida todos para a leitura vespertina da Torá.[2]

Mas é o próprio Wiesel quem diz que se "Nietzsche pôde gritar para o velho da floresta que Deus está morto, o judeu em mim não pode. Eu me levantei contra Sua injustiça, protestei contra Seu silêncio e às vezes Sua ausência, mas minha cólera se ergue no interior da fé e não fora dela".[3] A judeidade do escritor encontra apoio em textos bíblicos que

> evocam numerosas ocasiões nas quais profetas e sábios se rebelaram, em períodos de perseguição, contra a não intervenção divina no assunto dos homens. Abraão e Moisés, Jeremias e o rabino Levy-Yitzhak de Berditchev nos ensinam que está permitido ao homem fazer processo contra Deus, sempre que o faz em nome da fé em Deus. Dói? Se isso dói, que assim seja. Às vezes é preciso aceitar a dor da fé para não a perder.[4]

Wiesel insiste em demonstrar que a fé em Deus, no judaísmo, deve ser identificada à fé na Palavra, e não à crença em algum ente ou um ser supremo. A exemplo de Blanchot, que, conforme se viu, apresenta a concepção judaica de Deus como indissociável da experiência de linguagem do homem com Aquele que exclui toda a relação, Wiesel considera que a prática milenar de leitura-escritura do Texto é o centro estruturante do judaísmo e a garantia de sua transmissão.

O ateísmo da escritura

Já foi dito que a relação do povo judeu com seu Deus se estruturou em torno do Livro dos Livros, mais precisamente da Torá, ou Revelação — um código falado e escrito de comunicação dos homens entre si e do homem com o divino. Esse livro e essa tradição constituíram, ao longo dos séculos, a um só tempo o eixo estruturante da religião, da ética e da política do povo judeu, bem como o espaço no qual os judeus desenvolveram uma práxis singular de interpretação que se revelou capaz de sustentar a permanência do judaísmo e de seus desdobramentos: a judeidade e a judaicidade.

Nômades, como as letras hebraicas que se aglomeram no branco de um pergaminho ancestral, os doutores da Lei e os comentadores do Texto ousaram dizer sempre mais do que no Livro aparecia manifesto, tornando-o, desde tempos imemoriais, um território que se prestou ao amplo acolhimento das subjetividades emergentes. Assim, vagando pelo mundo através dos séculos e das gerações, com letras e palavras transbordantes de sentidos, o povo judeu soube fazer da interpretação uma prática de deixar às letras a possibilidade de serem letras e de aproveitar os brancos do Texto como uma reserva de sentido sempre disponível para o leitor/intérprete. Essa missão incessantemente reencetada de ler as letras, multiplicar as combinações entre elas, reescrevendo-as num movimento contínuo de construções significantes singulares acerca da origem, do valor e do sentido da vida e da morte, acabou — conforme afirmaram algumas vezes Freud e Lacan — por designar o judeu como *aquele que sabe ler*. E se é verdade que a religião começa onde se para de ler,[5] é forçoso dizer que há no judaísmo um ateísmo por se extrair: ele exige do intérprete da Revelação o compromisso de dessacralizá-la fazendo-a nascer de novo, recriando-a, inventando-a como no dia da criação.

O talmudista é, por princípio, um "traidor" de toda e qualquer "leitura" imutável — isto é, religiosa — que impeça a produção de pensamentos. Ele se pergunta sobre o que lê e, por essa via, extrai dizeres outros, nunca os mesmos. Trata-se, como faz notar Henri Atlan, de garantir a lei anti-idolátrica do segundo mandamento e o ateísmo da escritura. A luta contra a idolatria evita a ilusão da posse do sentido. O Texto é inconquistável e inapreensível. Dito de outra forma: "Os paradoxos da linguagem e de suas significações são de tal ordem que um discurso sobre Deus que não seja idólatra, que se abstenha de apreender ou conquistar seu Nome, é, inevitavelmente, um discurso ateu".[6] É justo por essa razão que a associação do ateísmo ao nome impronunciável desloca o ateísmo para o lado de uma ausência de sentido. O "sentido ausente" não designa um sentido cuja essência, ou verdade, seria encontrada na ausência. Mas um "sentido ausente" faz sentido pela sua própria ausência que não termina de não "ser conquistada".

No entanto, o fato de o judaísmo conter o ateísmo não impede que muitos se tornem religiosos. É que, na busca de preencher-se o vazio, por vezes se interrompe a arte de tecer as palavras, recobrindo-se forçosamente o sagrado de apenas um sentido, uma significação fixa e imutável. O judeu religioso é aquele que corporificou o Texto, elevando-o à categoria de ídolo, isto é, "deixou de lê-lo", abandonou suas letras e acabou por cortar o fio do tecido de uma escrita sempre renovada.

Mais além da exegese que se prolifera dentro de uma determinada cultura sobre a qual o exegeta tece comentários —

Interpretação: Errância e nomadismo da letra 183

que são imediatamente reabsorvidos pela tradição —, o modo de leitura talmúdica percorre itinerários diferentes: situa-se, por razões linguísticas e por exigência ética, mais próximo do campo da interpretação, em que a palavra vinda de fora introduz uma diferença no seio da tradição.

Cumpre aprofundar aqui a distinção entre "exegese" e "interpretação". Em *A invenção da mitologia*, Marcel Detienne propõe, com base na diferenciação entre esses termos oriunda da antropologia, as seguintes formulações: exegese é comentário incessante que uma cultura faz de seu simbolismo, de suas práticas e de seu repertório cultural como um todo. Os exegetas produzem discursos que não têm outro efeito senão o de serem reabsorvidos pelo próprio comentário. Já a interpretação é o resultado de uma perspectiva de fora que intervém na tradição memorial. Para que uma interpretação se institua, é preciso que se discuta, critique e transgrida a tradição: o intérprete explode uma determinada significação, fazendo emergir o não dito, outros sentidos.

Justamente, as vias e os métodos da interpretação judaica se submetem à presença de uma exterioridade capaz de fazer com que sejam produzidas novas palavras, para além de todo o conhecimento. Em *Lecture infinie: Voies de l'interprétation midrachique* [Leitura infinita: Os caminhos da interpretação judaica] — estudo minucioso sobre a interpretação dos livros sagrados —, David Banon atenta para a peculiaridade dessa leitura: "Seria, em suma, uma hemorragia permanente pela qual o texto se abriria e se prestaria à sobrecarga não em vão, mas revelando a ordem ética que o constitui".[7] Mais do que apenas ler, os intérpretes incessantemente tecem comentários que ultrapassam qualquer conhecimento convertido em saber.

O leitor erudito não decodifica nem tampouco se prende às explicações disponíveis. Ele produz em suas idas e vindas à Escritura, ele cria, reescreve e a transforma, trocando com o outro e com o mundo sem com isso apropriar-se do outro e do mundo.

Pode-se dizer que a insistência maior dos antigos escribas e intérpretes foi impedir o fechamento do Livro, mantendo-o sempre aberto, isto é, não permitindo fixidez das letras do tecido escritural e assim fazendo incidir sobre essas páginas que guardam a memória de um povo uma leitura endereçada ao infinito. Com isso, a tradição preservou, no espaço do Livro, a subjetividade sempre visível do leitor interpelado pelo enigma — e, consequentemente, a leitura interminável das narrativas bíblicas, marca da eterna busca das imagens e palavras. Ela reserva, a cada membro da comunidade, a possibilidade de se diferenciar de todos os outros pela enunciação de um comentário sobre um escrito, cujas letras se reúnem em um centro vazio de ídolos.[8] O trabalho de transmissão e renovação do Antigo Testamento testemunha o caráter transcendente do sentido, sempre em ebulição, jamais apreendido por uma única significação. Isso é o que permite estabelecer, segundo os preciosos estudos de David Banon, correspondências surpreendentes entre o desconstrutivismo (e outros métodos de leitura oriundos da linguística contemporânea) e o método ancestral de interpretação na cultura judaica.[9]

Já se pode enfrentar uma questão antiga e delicada, explicitada por alguns analistas, que diz respeito à vizinhança entre o modo de interpretação do Texto bíblico na cultura judaica e a interpretação psicanalítica. Karl Abraham foi quem primeiro chamou atenção para uma homologia estrutural entre as duas

Interpretação: Errância e nomadismo da letra 185

modalidades de interpretação. Numa carta a Freud, por ocasião da discussão entre os dois sobre a importância de Jung estar à frente do movimento psicanalítico, Abraham escreve:

O modo talmúdico de pensar não pode ter desaparecido repentinamente de nós. Alguns dias atrás, fui cativado, de modo singular, por um pequeno parágrafo de *Os chistes e a sua relação com o inconsciente*; ao considerá-lo mais detalhadamente, achei que, por sua técnica de composição e em toda a sua estrutura, era completamente talmúdico.[10]

Sabe-se que Freud sempre recusou subordinar sua descoberta à racionalidade hermenêutica e que, justamente — conforme observou Michel Tort em *De l'Interprétation: Ou la machine herméneutique* [A interpretação ou a máquina hermenêutica] —, ele só pôde descobrir a chave dos sonhos porque não era um hermeneuta. Assim, quando estabeleceu a interpretação como um dos eixos estruturantes de sua prática clínica, Freud rompeu com toda a tradição hermenêutica explicativa e descritiva, que se limitava a restringir o sujeito a um mero objeto interpretável por um código prefixado, para convocar a palavra que, conforme a expressão de Blanchot, "mesmo vinda de fora, vem de dentro", daquele que fala.[11] Esse poder liberador da linguagem sobre aquele que fala a um outro que o escuta inverteu radicalmente as relações entre o saber e a palavra do outro, por priorizar uma escuta voltada à alteridade ou, o que dá no mesmo, uma escuta que não cede à mesmidade do sentido prévio.

Ao construir uma concepção do psiquismo fundada na fala e na linguagem — em que as palavras guardam suas duas virtudes, de fidelidade e traição —,[12] Freud insistia em que o inconsciente apresenta uma pluralidade de sentidos e de vozes que testemunham a sobredeterminação de suas formações. Ao mesmo tempo, ele cuidava de impedir que a interpretação psicanalítica fosse transformada num terreno de parasita. Esse foi o motivo que levou Freud a promover, em *A interpretação dos sonhos*, uma severa crítica a seu colega Wilhelm Stekel, por este pretender reduzir a interpretação psicanalítica a um trabalho meramente exegético, limitando-a à tradução de símbolos oníricos em detrimento das associações do sonhador — a via régia de acesso ao sentido singular de um sonho.[13] Freud se opunha a qualquer gnose de símbolos: entre os principais componentes que determinaram os pressupostos básicos da técnica de interpretação psicanalítica, o interdito do uso de qualquer código exterior aos significantes de uma formação inconsciente se estabeleceu como regra básica.

Em suma, a psicanálise não é uma hermenêutica explicativa ou descritiva que restringe o sujeito a um mero objeto interpretável pelo analista, tampouco uma teoria acabada, um saber meramente aplicativo, exato, fixo, unitário e imutável. Com isso chega-se a uma diferença fundamental entre o método freudiano e outras práticas psicoterápicas. Quando Freud desiste da hipnose e reconhece como verdade do sujeito o fenômeno da transferência — para em seguida dissolvê-la, porque resistência à análise —, dirige todo o dispositivo da interpretação para além de qualquer saber estabelecido. Àquele que o supõe guardião de sua verdade, o analista responde "por um ato que põe o analisando diante da tarefa que lhe cabe de produzir o saber inconsciente, isto é, dando-lhe a palavra, pedindo-lhe que associe livremente".[14] Rompe-se aí uma relação prisioneira do desconhecimento do Outro.

Interpretação: Errância e nomadismo da letra 187

Fazer emergir, a partir da escuta da pluralidade de sentidos da pulsão, o sentido singular de cada significante em seu determinado contexto é a função da interpretação psicanalítica. Ela deve impulsionar o sujeito a empreender uma travessia de si mesmo e — a partir de apreensões diversas de sua história e do mundo — efetuar mudanças. A interpretação psicanalítica, tal como Freud a concebeu, visa criar condições para que o sujeito perlabore as vicissitudes de sua história e seja instado a dar suas próprias respostas aos acontecimentos.

Para estabelecer os limites entre o projeto interminável de interpretação do Texto bíblico e a interpretação psicanalítica, é preciso pensar de que modo o dispositivo da interpretação se apresenta em dois campos diversos que guardam, ao mesmo tempo, identidade e diferenças radicais. De imediato, duas questões se impõem: como articular um vínculo entre os dois campos, onde localizá-lo? Será o caráter particular da psicanálise — uma disciplina por se fazer cotidianamente no encontro com o radicalmente Outro — vizinho do caráter de inacabamento do judaísmo, que se sustenta pelo recurso à alteridade imposta pelo Texto?

Tudo o que Freud não se cansou de demonstrar ao longo de sua obra é que o inconsciente denuncia a morte de uma verdade finalizada, estática, construída por um pequeno número de leis simples e imutáveis. Nesse sentido, costuma-se frisar que a própria teoria psicanalítica não se presta a exegeses ou a uma hermenêutica filosófica, pois o inconsciente freudiano não é apenas uma versão do que se disse sobre ele, mas criação constante.[15] Por sua vez, a tradição de leitura infinita da Torá mostra que a interpretação é uma experiência de linguagem na qual a palavra revelada abre o campo da ética anterior ao conhecimento, na medida em que o intérprete se encontra diante da impossibilidade de conhecer antecipadamente o que ela revela. O pensamento de Levinas permite perscrutar melhor essa ideia:

> A ordem ética nos (re)conduz a Deus. Um Deus que não se mostra, pois se o fizesse se desmentiria, mas que, paradoxalmente, mantém uma relação com o finito através da marca. Um Deus ao qual se quer ter acesso, sabendo-se sempre, porém, que ir até Ele não é seguir essa marca, que não é um signo, mas ir até os outros que se atêm a essa marca.[16]

Florilégio de leitura, ou Desdobramento de sentidos

A arte de interpretar os textos sagrados, desenvolvida dentro de uma determinada experiência, ancorou-se no que Levinas chama de o princípio ético da diferença (ou da ética do outro): o Texto é um palimpsesto, seu sentido é sempre outro, e sua significação é devir, absolutamente distinto e transcendente. Como já adiantei, Levinas encontra na Lei judaica subsídios para falar de uma ética face ao outro que se arraiga numa anterioridade fundada no ser antes do Mesmo. Não há, na interpretação talmúdica, a conversão do Outro ao Mesmo: ela se dá no registro de uma abertura ética ao Indizível, que fala aos homens em seu silêncio. Ler as Escrituras exigiu um intenso trabalho afetivo e intelectivo dos talmudistas para compreender a palavra de um Deus que se retirou após a entrega da Lei e não mais enviou mensagens.

Está escrito: "Porque esta palavra não é vazia de vós" (Deuteronômio 32,47). Os talmudistas e rabinos tomaram esse ver-

Interpretação: Errância e nomadismo da letra 189

sículo bíblico ao pé da letra: para eles a palavra sagrada é plena de sentidos, polissêmica e múltipla — aberta à pluralidade das interpretações e dos sentidos por vir. O Texto, como qualquer obra de arte cujo sentido é inesgotável, está ancorado no mais além do simbólico: tecido de diferenças, é criação *ex-nihilo*. Segundo o Talmude, a Torá entregue a Moisés no monte Sinai seria, conforme define poeticamente Marc-Alain Ouaknin, "de fogo branco gravada pelo fogo negro".[17] Consumação sem fim. Para esse rabino e filósofo, o fogo branco assegura a importância do Livro: se as palavras escritas introduzem a leitura e podem ser distribuídas de outras maneiras, o branco — presença da alteridade — é o espaço de interrogação do que adormece na letra.

Coube aos mestres-comentadores e aos doutores da Lei fazer da narrativa bíblica um laboratório de sentidos e novas significações do Texto. Migração de letras. Êxodo contínuo de palavras, essas eternas migrantes do desejo. Nesse contexto, a interpretação judaica nada mais seria do que a criação de um *surplus* de sentido, o que permitiu a explosão do Livro dos Livros em diversos livros que constituem a Torá Oral: Targumim, Talmude, Midrash, Zohar etc. Ler e interpretar tornaram-se fontes da arte de escrever, e Israel tornou-se um reino de escritores: lá onde estava a letra de Deus, advêm os textos dos homens. *Wo Es war...*

Mas de que trata a Lei Oral? Por que o texto escrito precisou ser transmitido por comentários? Por que foi preciso interrogar, questionar e interpretar a Torá? O que significa essa passagem da escrita à fala?

A função primeira da Lei Oral foi a de transmitir — através de seus comentários — as Escrituras à geração presente e às gerações futuras. A explosão das letras do texto bíblico para outros escritos sagrados caminhou junto ao exílio histórico do povo de Israel. Separar letras. Dispersá-las no branco do Texto, exilar palavras, formar outras e de novo fazê-las explodir e transmitir, a cada geração, a lei e a história do povo. Para os antigos hebreus a força da transmissão estava na fala, e por isso foi proibida, durante séculos, a transcrição dos comentários e interpretações da palavra escrita de Deus, que permaneceram na tradição oral. Apenas no século II, com a definitiva dispersão e as perseguições maciças que se abateram sobre os judeus, foi permitido registrar a Torá Oral, e com isso escreveram-se obras imensas, como o Midrash e o Talmude. É necessário lembrar que o judaísmo não tem como cânone apenas um livro: a Torá somente inscreve o leitor no universo da leitura infinita se aclarada pelo Talmude. É esse o sentido da indissociabilidade entre a Torá e a Torá Oral.

O Midrash é um dos livros que resultam da leitura interpretativa das Escrituras e designa o conjunto dos comentários exegéticos nascidos da necessidade de interpretação do Texto. Etimologicamente, a palavra *"midrash"* vem da raiz *"drash"*, que significa demanda, procura, busca, inquérito, investigação. *Drash* é também um dos níveis de significação da interpretação hebraica, aquela que se refere à procura, à busca daquilo que não está no texto. No plano oposto, encontra-se o sentido *pshat*, que é o sentido literal. Além desses dois desdobramentos de significação das Escrituras, há ainda o *remez*, que é o sentido alusivo, e o *sod*, que vem a ser o sentido secreto. As iniciais dessas quatro palavras formam uma sigla que, uma vez vocalizada, pronuncia-se *pardes*, palavra cujo significado é pomar, paraíso ou ainda jardim do conhecimento. Nenhum

Interpretação: Errância e nomadismo da letra   191

texto da tradição judaica expõe com precisão os difíceis caminhos da interpretação, até porque, segundo os estudiosos mais modernos, aos intérpretes antigos do Texto repugnavam a metalinguagem do sentido. Mas existe, na segunda parte de um tratado talmúdico cujo título é bastante enigmático, *Não se interpreta*,[18] uma alegoria acerca dos desdobramentos de sentido na leitura judaica denominada *Pardes*:

Nossos mestres ensinam: quatro sábios entraram no paraíso (Pardes): Ben Azzai, Ben Zoma, Ben Elisha e Rabi Akiba. Este último diz: "Quando virem mármore puro, não gritem: 'Água, água'; porque está escrito: 'Aquele que fala mentiras não permanecerá diante dos meus olhos'" (Salmos 101,7). O primeiro sábio acredita que o que vê é verdade. Ele morre. Sobre ele, diz a Escritura: "É valiosa para YHVH a morte de seus fiéis" (Salmos 116,15). O segundo observa o jardim e cada coisa que vê lhe parece dupla. Enlouquece. Sobre ele está escrito: "Encontraste o mel? Come o suficiente, para que não fiques enjoado e o vomites" (Provérbios 25,16). O terceiro entra no jardim e começa a aparar as plantações, a cortar as flores. O mundo começa a se tornar estrangeiro. Renega sua fé e se torna um outro (*Aher*). O quarto, Rabi Akiba, entra e sai ileso.[19]

A entrada do primeiro mestre no jardim do conhecimento refere-se ao sentido totalmente presente no texto: *pshat*. A do segundo diz respeito à significação que está presente, mas incompleta: o *remez*; o texto sugere um outro sentido, e esse nível de interpretação é uma proposta que não cobre, forçosamente, toda a verdade do texto. Já a entrada do terceiro mestre assinala a intenção profunda do texto: *drash*. O sentido está sempre ausente, e o texto solicita um questionamento, um ir além. Nesse nível de interpretação, várias interpretações coexistem. Rabi Ben Elisha transformou-se em outro (*Aher*). Sobre esse rabi, conta-se que se tornou um dissidente, estrangeiro, herético, aquele que se encontra no limiar, a meio caminho. O paradoxo desse apólogo é que o sábio herético se torna o paradigma da interpretação talmúdica, pois o *drash* é um dizer que precede o dito, isto é, uma intervenção capaz de ultrapassar o conhecido. No quarto nível, o *sod*, o sentido é misterioso e secreto. É o resto da operação significante de qualquer interpretação. Todo o texto deixa um mistério e não há como desvendá-lo para extingui-lo, como percebe Rabi Akiba, que entra e sai ileso do paraíso da linguagem.

O Talmude, que etimologicamente significa *estudo*, é o livro guardião da transmissão. Ele encontra sua memória gráfica na letra *lamed*, a única do alfabeto hebraico a ultrapassar a linha da escrita, o que é sinal de transgressão, de buscar a interpretação no que está fora, de construir o novo texto, de ir além. Mais do que o conteúdo dos comentários, que é circunstancial, o paradigma da transmissibilidade é a forma da ideia — o estilo que quase independe da materialidade dos fatos de vida que se buscam no Texto para entender e encontrar orientações práticas. A forma de comentar é o que se transmite. O modo como se lê, o modo como se pergunta sobre o real, o modo de o sujeito praticar a leitura é a potência, o suporte da transmissão: a riqueza interpretativa que reúne letras produzindo palavras sempre novas, apresentando permanentemente novas significações.

O nome Talmude designa dois conjuntos de textos: Mishná, escrito em hebraico, e Guemará, escrito em aramaico. A

Interpretação: Errância e nomadismo da letra 193

Mishná, que etimologicamente significa repetir, é um tratado de decisões que se referem à legislação civil e religiosa do povo de Israel, em torno de seis temas: terra, tempo, feminino, sociedade, sagrado e morte. Ao contrário dos intérpretes do Midrash, cujos comentários obedeciam à solicitação de interpretação da própria estrutura linguística do Texto Sagrado, no Talmude encontram-se os textos que surgiram a partir das demandas do povo no sentido de adaptar-se a novas situações de vida ao longo das sucessivas gerações. Os intérpretes da Mishná procuravam, na Bíblia hebraica, justificativas e embasamentos para as mudanças e adaptações históricas, geográficas e culturais dos judeus. Enquanto o Midrash expõe a Torá Oral sob a forma de uma explicação do texto bíblico, no Talmude a transmissão se dá independentemente de qualquer ordem explicativa. Pode-se dizer que o Midrash é expressão das explicações e descrições do texto bíblico e que o Talmude contém interpretações que estão para além dos signos traçados da Torá, sendo, pois, expressões do ato de invenção e criação de sentido. Aqui, a escrita bíblica só traz o passado na medida em que é um suporte, princípio organizador de cada sujeito e do grupo em seu incessante devir (razão pela qual, como vimos, após proferir a condenação de Deus à morte o rabino convocou todos para a leitura da Torá).

A Guemará — palavra que significa acabamento, complemento — é toda ela escrita em aramaico e diz respeito aos comentários, quase que palavra por palavra, letra por letra, do texto da Mishná, intermediário entre ela própria e a Torá. O intérprete abre um caminho que conduz a cadeia significante da Mishná à Torá, jamais o contrário. Assim, a ausência do texto bíblico é, paradoxalmente, o que marca sua presença na página do Talmude. Aqui a circularidade do comentário em torno de um texto, que é ele mesmo repetição (*mishná*) de um texto ausente-presente, figura a transmissão.[20]

Ao comentar uma passagem do capítulo VII de *A interpretação dos sonhos* na qual Freud diz que se deve tratar o sonho como a Escritura Sagrada, Lacan sugere que o modelo freudiano de leitura do relato do sonho é semelhante ao talmúdico. Segundo ele, o que Freud eleva à categoria de texto sagrado é exatamente o texto intermediário entre um texto primeiro, o que não se concebe senão como recomposto, e um outro que a elaboração secundária produz a partir desse primeiro. O trabalho do Talmude ilustra sua reflexão: a articulação entre o texto intermediário, a Mishná, e seu comentário, a Guemará. Isso faz do Talmude a língua do sonho, a única que se fala — porque a que se escreve, a Torá, ainda segundo o próprio Lacan, está perdida.[21]

A escrita do sonho é uma das metáforas do inconsciente. Ela demanda, desde tempos imemoriais, interpretação, leitura, *drash*. Freud não hesita em se arriscar a romper com os modelos exegéticos que substituem o relato do sonho por um conteúdo inteligível. Em *A interpretação dos sonhos*, ele se refere à história bíblica de José, o intérprete dos sonhos do Faraó, como paradigmática desse tipo de deciframento, que ele chamou de interpretação simbólica, visto que trata o sonho como "uma espécie de escrita cifrada em que cada signo é traduzido por outro".[22] Nesse mesmo capítulo — "O método da interpretação dos sonhos. Análise de um sonho paradigmático" —, o autor estabelece que se devem interpretar os sonhos da mesma maneira que se interpreta um sintoma, já que ambos têm um significado particular passível de ser enunciado no decorrer

Interpretação: Errância e nomadismo da letra   195

da análise. Uma conclusão que deixa transparecer sua forte "confiança no poder libertador da linguagem", conforme reconheceu Maurice Blanchot.[23]

Ler é *querer saber*, é querer conhecer o que não tem nome nem admite deciframento; o que não tem pátria nem tempo. O texto inconsciente é "a língua do Estranho, 'linguagem do Outro'", diz Paul-Laurent Assoun, para quem o sonho é um "pensamento como outro qualquer que se dá a ler".[24] Ler o inconsciente é reconhecer a força de uma verdade singular, uma verdade histórica; é procurar o exílio mais recôndito, aquele em que se escondem as letras, para fazê-las de novo navegar, de novo exilar-se numa narrativa singular de um sujeito ou de um povo sempre em deslocamento. Ler é colocar "a alma nas letras". Ler é (re)escrever, saber peregrino. Ler o inconsciente é admitir que haverá sempre um resto inassimilável, um *sod*, o que não tem nome nem nunca terá, como no dizer do poeta.

Ler um sonho durante uma análise significa reconhecer que, mesmo quando um sonho tiver sido minuciosamente interpretado, é preciso "deixar um lugar nas sombras, pois que ali começa um novelo de pensamentos oníricos que não se deixa deslindar, mas que também não forneceu outras contribuições ao conteúdo".[25] E a esse lugar o autor de *A interpretação dos sonhos* chamou, então, de "'umbigo do sonho', o ponto em que ele se assenta no desconhecido".[26]

Trata-se somente de considerar o seguinte: Freud jamais teve a pretensão de encontrar uma "verdade última", o que certamente faria da psicanálise uma "religião" violenta. Nesse sentido, vale a pena lembrar a definição de inconsciente no livro dos sonhos:

O inconsciente é o psíquico verdadeiramente real, *tão desconhecido para nós em sua natureza interna quanto o real do mundo exterior; ele nos é entregue pelos dados da consciência de maneira tão incompleta quanto o mundo exterior pelas indicações de nossos órgãos sensoriais.*[27]

"Pede-se fechar os olhos": Leitura-escritura

Mas se a transmissão, que era função da Lei Oral, não se pôde dar apenas na literalidade da escritura, é possível concordar com Levinas quando diz que a interpretação do Antigo Testamento faz parte da Revelação, a começar pela própria língua em que esta foi escrita: o hebraico. Trata-se de uma língua cuja estrutura interna lhe confere uma pluralidade de significações, colocando-a numa região do sentido em que, segundo a expressão lacaniana, "a palavra não é signo, mas nó de significação".[28] O termo hebraico para designar a própria língua hebraica possui, como já dito, a mesma raiz (*ain-vav-reish*) dos termos para transgressão, migrar e ruptura. A língua hebraica é definida como traço — traço que engendra infinito, no exercício de gerar novos sentidos.

Do ponto de vista fonético, o hebraico é uma língua semítica de raiz triconsonântica, isto é, possui uma escrita em que não há vogais, prestando-se assim a múltiplas interpretações. Tanto o hebraico quanto o árabe são línguas que autorizam somente a escritura consonântica. A essa raiz impronunciável juntam-se interpontuações vocálicas que não se escrevem. Do ponto de vista dinâmico, a característica de escrever o que não se pronuncia e pronunciar o que não se escreve dá às línguas semíticas o caráter de inacabamento, o que exige do leitor o

Interpretação: Errância e nomadismo da letra   197

trabalho permanente de completá-la. Com efeito, ao juntar as interpontuações vocálicas (*nekudot*) — denominadas alma das letras — à raiz triconsonântica impronunciável, os antigos hebreus recriavam, a cada vez, o sentido da escrita. Aos poucos, foram impostas as *matres lectionis* (mães da leitura), consoantes indicativas da aproximação de uma pronúncia vocálica (*aleph, he, waw, yodth, het* e *ayin*). Curiosamente, conforme fazem notar vários tamuldistas, três desses signos figuram no tetragrama que designa o Nome de Deus. Os gregos, inventores da vogal, transcreveram o tetragrama yhvh apenas por vogais: iaoué.[29]

Na língua hebraica, uma mesma raiz pode ser vocalizada de diversas maneiras, podendo possuir, a cada vez, um novo sentido, dependendo do contexto e do intérprete. Por exemplo, as três consoantes da raiz hebraica "s – p/f – r" (*sim, p/fei, rêsh*) denotam, em sua indeterminação inicial, uma encruzilhada de significações. Os pontos vogais seguem o sentido dado pelo leitor: *sefer* (livro), *sofer* (escritor), *sipur* (conto), *lessaper* (contar), *sifrut* (literatura), *sfriah* (biblioteca) etc.[30] Essa estrutura consonântica do hebraico, que joga com câmbios vocálicos dentro de uma mesma raiz estável, permite mudanças fonéticas que vão trazendo no seu rastro, permanentemente, mudanças de sentido. Trata-se de uma língua que reserva um espaço de singularidade à fala de cada sujeito.

Quando se imprime alma às letras, como diziam os antigos escribas, o sentido de uma palavra pode revelar significações inteiramente insólitas. É o exemplo que dá Rachi, o grande talmudista francês do século xii que renovou o alfabeto hebraico, ao comentar a passagem (já mencionada no capítulo anterior) do versículo 3,14 do Êxodo: "'Eu serei o que serei'. Esse é o meu nome para sempre e essa é minha palavra para todas as épocas".[31] Referindo-se à raiz da palavra hebraica para "sempre" (lé olam), Rachi retoma um ensinamento do Talmude e interpreta a resposta de Deus como significando: "Meu nome deve ficar oculto" — dado que oculto em hebraico se diz lé alem, na mesma raiz (ayine-lamed-meme) que lé olam, "todo o sempre".[32] A homografia (escrevem-se as palavras com a mesma raiz) e a heterofonia (lê-se diferentemente cada uma delas) são o espetáculo dessa experiência da linguagem que se encontra nas páginas do Talmude.

O hebraico é uma língua que permite a existência de contrários e contradições no seio de uma enunciação, o que provoca surpresa no leitor: a raiz da palavra "repetir" (li shnot) é a mesma da palavra "modificar" (le shanot): shin, nun, tet. Similar é o paradigma que Freud descobriu para a leitura da linguagem do sonho: "Chama a atenção a conduta dos sonhos para com a categoria de contrários e contradições. Eles simplesmente a ignoram".[33]

Os antigos hebreus não estavam trabalhados, como nós, pela necessidade de abstração, de síntese e de precisão na análise conceitual da realidade, herança dos gregos. A gramática semítica, como já se disse, não acolhe a própria noção de subordinação sintática de orações, a qual substitui quase sempre pela simples coordenação, marcando os síndetos aditivos "e..., e..., e...", onde caberiam as conjunções subordinativas já que..., a fim de que..., quando...",[34] ou mesmo a conjunção coordenativa alternativa "ou". O que possibilitaria pensarmos uma lógica das relações em que o verbo "ser", tão caro à lógica judicativa, seria destituído em proveito da conjunção "e"? Desenvolvida por Gilles Deleuze, essa lógica é solidária de uma teoria do sentido

Interpretação: Errância e nomadismo da letra   199

que visa apreciar a realidade como constituída de corpos em constante interação. Dessas interações resultam acontecimentos (incorpóreos) que constituirão o objeto da lógica por excelência. Na interpretação talmúdica, os sentidos apresentam-se em sua multiplicidade como acontecimentos na linguagem.

O vínculo dos Livros Sagrados do judaísmo com a estrutura de exílio do povo judeu, associado à força do segundo mandamento, foi determinante para a implantação de uma modalidade de leitura singular e original que "visa liberar, para além dos signos traçados, a 'plenitude' de sentidos".[35] O leitor desconstrói: ler não significa repetir o que está escrito. Ler o Texto é um modo de transformação e de criação, jamais decifração por uma chave simbólica que venha substituir um versículo por algo mais inteligível. Como se vê, trata-se de operação semelhante ao que Freud atribui ao "trabalho do sonho": processo de elaboração em que a atividade de um pensamento sem qualidades não é nem pensar, nem calcular, nem, de um modo geral, julgar, e sim unicamente transformar.[36]

Passemos, pois, ao sonho de Freud.

Pede-se
fechar os olhos.

Esse era o texto de um "cartaz impresso" que aparece em um sonho que Freud teve na noite seguinte à do sepultamento de seu pai. Freud o relatou em uma carta a Fliess,[37] e, mais tarde, retomou-o em *A interpretação dos sonhos*. Essa obra tem um sentido subjetivo bastante acentuado para o autor, que só pôde compreendê-lo ao finalizar o texto: "Ela se mostrou como parte de minha autoanálise, como minha reação diante

200   *A vocação do exílio*

da morte de meu pai; ou seja, diante do acontecimento mais significativo, da perda mais terrível na vida de um homem".[38] Freud diz que é impossível não reconhecer a influência, em sua vida, desse fato doloroso, que o levou a descobrir que o sonho é uma escritura que demanda leitura:

> O conteúdo do sonho se dá, por assim dizer, em uma escritura de imagens cujos signos devem ser transferidos, um por um, à língua dos pensamentos do sonho. Cometeríamos um erro ao pretender ler esses signos segundo o valor de imagem, em lugar de lê-los segundo suas relações com o signo.[39]

Há que ler o desejo: sem terra, sem pátria e sem objeto, ele vaga por um deserto, cujas trilhas conduzem o leitor à experiência limite mais-além do que aparece na imagem.

Freud escreveu a Fliess que o cartaz que aparece no sonho associava-se à barbearia na qual estivera no dia das exéquias do pai. Sua ida àquele local fizera com que ele se atrasasse para o funeral, e isso provocou mais raiva em sua família, já descontente com sua decisão de dar ao pai um enterro discreto e simples. Freud constata que o cartaz tem um duplo sentido. As letras se rearranjam para dizer que "cada um deve cumprir seu dever para com os mortos (um pedido de desculpas, como se eu não o tivesse feito e estivesse precisando de clemência)".[40] Algum tempo depois, em *A interpretação dos sonhos*, Freud cita o sonho e o representa da seguinte forma:

$$\text{Pede-se fechar} \quad \begin{array}{c} \text{os} \\ \text{olho(s)} \\ \text{um} \end{array}$$

Interpretação: Errância e nomadismo da letra 201

Diz Freud: "Cada uma dessas versões tem seu sentido particular e leva à interpretação do sonho por um caminho diverso".[41] A inscrição "Pede-se fechar um olho" significa o pedido de indulgência à família por seu atraso para o funeral, pois em alemão, a expressão tem o sentido moral de manifestar indulgência, como de resto o tem em português. Por sua vez, "Pede-se fechar os olhos" representa o dever sagrado para com os mortos — dever que Freud cumpriu com relação a seu pai: "Eu havia escolhido o cerimonial mais simples porque sabia o que o morto [meu pai] pensava sobre tais protocolos cerimoniais".[42]

Mas quando se fala em variedade de sentidos, tanto na interpretação psicanalítica quanto na talmúdica, isso não significa que elas estejam abertas a todo e qualquer sentido. Se, na análise, cada sentido obedece à história do sujeito — e apenas e exclusivamente a suas associações —, no judaísmo cada versículo traz um germe de leituras polissêmicas, o que não quer dizer que estas possam ser arbitrárias e incoerentes. A leitura à letra é o denominador comum desses dois campos, e convém lembrar que, sendo deslocável e empunhável, a letra é transmissível e, justamente por essa transmissibilidade própria, transmite aquilo que ela é no meio de um discurso: o suporte.[43] Obrigado a renunciar ao que já foi dito em favor de um outro, o leitor cria permanentemente novos sentidos para a escritura.

Trata-se de enunciar uma *verdade nômade*. O Texto, tecido de letras errantes, é atópico; tal como assinala Derrida, inspirado nos poemas de Edmond Jabès, que têm como espectro a imagem desse grande Livro das escrituras sagradas de um povo em exílio.[44] "O livro da errância nada mais é que a errância do livro", escreve o poeta.[45] Logo, o leitor é sem terra, o que significa não se fixar nem se acomodar em lugar algum; e a errância, o nomadismo, reconhece Blanchot, é a exclusão de qualquer possessão.[46] Essa abordagem em relação à errância do povo judeu se aproxima de outra ideia que o filósofo desenvolve no texto sobre o processo analítico: a originalidade do método freudiano reside em que ele se dá sob o signo da errância da letra; o sujeito em análise torna-se um construtor de palavras, sendo que cada palavra, por sua vez, "diz uma verdade sem dizer a verdade, pela própria condição da impossibilidade do saber absoluto".[47]

Se no hebraico a leitura está obrigada a adicionar o que não pode ser escrito — as vogais, ou a alma das letras — à escritura (que a priori não pode ser dita, porque é apenas raiz consonantal), na decifração do desejo há também que "dar alma" à escritura psíquica, conforme se aprende com Freud. Isso significa fazer com que o sujeito venha a subjetivar seu próprio texto, sua história. A técnica de leitura descrita em *A interpretação dos sonhos* impõe ao próprio sonhador a tarefa de ler — a associação livre, meio pelo qual a interpretação advém, é a "alma" da análise. O analisando separa as letras de seu texto para finalmente ler o que nunca pôde falar. Torna-se um "peregrino": segue a errância da letra em suas associações, o espaço da emergência de sua singularidade. A escuta flutuante é, então, o meio pelo qual o analista se põe a escutar um texto que está fora da paisagem, propriamente invisível, para fazer as *construções* necessárias à garantia da continuidade das elaborações do paciente. Dessa forma, o analista também é leitor da infinita melodia da pulsão.

Se a língua hebraica por si só pede interpretação, a composição da escrita bíblica reforça essa demanda. Na Torá o texto

Interpretação: Errância e nomadismo da letra 203

não é pontuado: ele se apresenta como uma sequência quase ininterrupta de signos diante do leitor, sem qualquer corte de frase. Apenas alguns acentos conjuntivos-disjuntivos têm a função de ritmar para produzir o sentido: são os *te'amim* — palavra que deriva de *taam*, que significa "discriminar pelo sabor". Esses acentos permitem a pausa e a modulação, indicando uma associação ou dissociação entre as letras. Segundo alguns estudiosos e comentadores do Texto Sagrado, a Torá seria apenas uma única e mesma frase, transcrita sobre um rolo de pergaminho que enrola e desenrola a frase interminável. Como abordar um texto cuja condição se aproxima do ilegível?

Do ponto de vista metodológico, o primeiro trabalho dos intérpretes foi introduzir rupturas entre as letras para formar as palavras e efetuar cortes entre elas para construir frases. A criação desses espaçamentos[48] permitiu uma abertura para fora, para o exterior, e eles foram utilizados pelos rabinos na criação de interpretações diversas, tornando cada branco criado no texto uma "reserva de sentido disponível para o leitor".[49] Barthes, em *O prazer do texto*, diz que o escritor e seu leitor se submetem à primazia da letra,[50] a qual obriga-os a navegar pelos brancos do papel buscando exilar cada letra de aglomerados que demandam explosão e exílio.

A respeito de um versículo relativo à transmissão da lei, que aparece recorrentemente no Pentateuco — "Fale aos filhos de Israel, *leemor* (nestes termos)" —, Levinas conta que seu mestre do Talmude dizia ser capaz de propor 120 interpretações diversas dessa locução. Ensinou-lhe que se podia efetuar um corte e desdobrar o *alef* e escrever *ló èmor*, "não dizer", com o que se lê o versículo como "Fale aos filhos de Israel para não dizer", cujo sentido toma a seguinte forma: "É preciso um não dito para que o ouvinte se ponha a pensar". Por outro lado, o próprio Levinas, fazendo sua leitura da mesma passagem bíblica, pôde fonetizar a raiz da palavra *leemor* (dizer) de uma outra maneira, o que lhe facultou lê-la com o sentido oposto: "Fale aos filhos de Israel para que eles digam". Com isso, nasce a possibilidade de uma nova significação: "Ensine aos filhos de Israel tão profundamente que eles entendam ao ponto de dizer".[51] Ou seja, a transmissão residirá na palavra que cria palavras.

Percebe-se nesse exemplo a atividade de desconstrução que gera uma explosão de sentidos e um movimento de reescritura como senso da diferença, da separação que aprofunda a trajetória do saber. O dito e o não dito não se contradizem, eles coexistem no mesmo texto de signos e brancos que se sucedem. Os signos não remetem a nenhum sentido fixo, mas a uma diversidade de significações. É preciso assinalar igualmente que todas as interpretações coexistem na página do Talmude, mesmo quando contraditórias. Essa singularidade de manter as contradições no seio da tradição reserva a um certo judaísmo, desenvolvido na paixão pela letra, a marca de uma doutrina antidogmática comprometida com a pluralidade de sentidos e a produção de pensamentos. Porque está escrito: "Duas opiniões são palavras de Deus".[52]

Também no dispositivo analítico há não conflito entre interpretações, mas interpretações que se complementam. Um mesmo sonho pode proporcionar uma dada interpretação no início do tratamento e, anos depois, ganhar nova significação. O difícil, diz Freud, é reconhecer que a palavra do analisando é plena de sentidos e que haverá sempre um resto, um *sod*, que escapará a qualquer discurso:

Interpretação: Errância e nomadismo da letra 205

O mais difícil é levar aquele que se inicia na interpretação dos sonhos a reconhecer que seu trabalho não se encerra quando tem nas mãos uma interpretação completa, uma interpretação plena de sentido, coerente e que dá conta de todos os elementos, do conteúdo do sonho. É que, para o mesmo sonho, é possível que haja outra interpretação [...] que lhe tenha escapado.[53]

Para a leitura do sintoma enquanto formação do inconsciente a lei é a mesma, disse-o também Freud: multiplamente determinado, isto é, sobredeterminado, o sintoma demanda leitura,[54] e sabe-se que qualquer interpretação estará sempre sujeita a outra interpretação.

De maneira moderna, o método analítico também se utiliza de cortes e anagramas para fazer revelar aquilo que estava recalcado. No texto sobre o "Homem dos Ratos", Freud decompõe em "Gisela" + "*Samen*" (esperma, em alemão) a fórmula *Gleijisamen*, termo criado pelo paciente com a finalidade de preservar a amada, Gisela Fluss, de eventuais danos consequentes de seu desejo sexual.[55] Essa modalidade de decomposição na análise das formações do inconsciente não significa que o analista tenha que se preocupar em fazer sínteses para o analisante: ela se abre para a multiplicidade de sentidos devolvendo à pulsão a capacidade de mobilidade. Freud adverte, comparando a atividade do analista à de um químico, que, se o exercício da psicanálise implica separar, cortar e dividir os processos anímicos em componentes elementares, nem por isso o analista está obrigado a fazer sínteses. Estas são da alçada do paciente e de suas escolhas.[56]

Séculos antes de Freud ler sintomas, sonhos e lapsos, os antigos talmudistas já praticavam o exercício de permutar as letras do texto, segmentá-lo, introduzir espaçamentos, para fazer emergir uma interpretação sempre outra. Assim, por exemplo, a palavra *anii* (eu) pode ser lida também como *aiin* (nada), transformando por completo o sentido de um escrito. A permutação e a combinação de cortes entre as letras, assim como a inserção de brancos, constituem a arte que faculta à interpretação tornar-se um ir além, uma criação. A leitura anagramática recolhe, apanha os restos daqui e dali, para recompor palavras. Todos esses recursos visavam — e ainda visam — garantir que o Livro dos Livros permanecesse como fonte inesgotável de revelação de sentido. Do ponto de vista semântico, essa busca, tendo como fundamento a ética da diferença, impede que o Texto venha a se fechar. Há, em toda a experiência talmúdica, uma urgência de exterioridade, isto é, a exigência de êxodo, de buscar em outro lugar um outro dizer. É impossível apoderar-se em definitivo do Texto, porque sua estrutura opera nesse registro da exterioridade: o intérprete, fiel à capacidade subversiva da linguagem, é levado no visível--invisível, no dentro-fora dos textos, a desdobrar os sentidos.

A intertextualidade — sistema constituído a partir das operações entre os elementos ou significantes de uma cadeia de textos que remetem simultaneamente uns aos outros — está presente entre os Livros do Tanakh, pois ela é a própria condição da textualidade do tecido mesmo da escrita que se regenera após cada corte, cada leitura.[57] A leitura infinita tem como condição um texto estar sempre em relação com outro, e o sentido desses textos não se encontra nem em um nem em outro exclusivamente, mas na relação entre os dois. Em outros termos, não existe texto fechado. Um exemplo clássico da intertextualidade presente na interpretação talmúdica é um *mi-*

Interpretação: Errância e nomadismo da letra

drash que estabelece a lei do jejum de Yom Kippur. No Levítico (16,29), está escrito: "No décimo dia da lunação, afligireis vossos seres e não fareis nenhuma obra". Não há definição do que é essa *aflição*, e a solicitação de interpretação (*midrash*) focaliza apenas essa palavra. A expressão "afligir" (*laanot*) ocorre em contextos nos quais é acompanhada pela ideia de sofrimento de privação e de fome. Por exemplo: no Deuteronômio (8,3), "E te afligiu e te deixou faminto"; nos Salmos (35,13), "Eu, pelo jejum, aflijo meu ser". Disso deduz-se que o mandamento do Levítico significa: no Yom Kippur deve-se jejuar.[58]

Memória e tempo: Repetir o futuro

Toda a tensão entre a palavra falada (Torá Oral) e a escrita (Torá Escrita) urde o tecido que recobre o fosso radical entre YHVH e o homem. Sobre esse vazio, organizam-se as representações numa cadeia sem limite, em que se entrelaçam presente, passado e futuro. A leitura infinita da Torá segue para além de uma simples garantia da memória contra a erosão do tempo — ela é o próprio movimento da transmissão:

> Não é apenas convosco que firmo eu mesmo esse pacto e essa imprecação, mas com aquele que existe aqui, estando conosco hoje, em face de YHVH, nosso Elohims, e com aquele que não está aqui conosco hoje. (Deuteronômio 29,13-4)

Um *midrash* muito antigo desse versículo diz que "todos aqueles que vão nascer no futuro, até o fim de todas as gerações, estavam presentes com eles no monte Sinai".[59] De modo que a Aliança é, em si, uma ação que mesmo "acontecida" continua a ser devir.

A relação histórica e não mítica dos judeus com o Deus da intolerável ausência toma como ponto de partida o surgimento de um tempo que se põe em movimento irreversivelmente.[60] Assim, a palavra que dá início à narrativa bíblica — *Bereshit* — revela, como lembra André Neher, que o essencial na narrativa do Gênesis não é o que houve no princípio, mas que houve um princípio. "*Bereshit* não significa: 'no princípio', mas 'num princípio'. O ato criador ocupa um tempo. A criação se manifesta pelo surgimento de um tempo."[61] Algo tem início *sine die*, porque criação absoluta, sem fim, sem passado nem presente, apenas puro devir.

Seria preciso dizer também que o sentido prospectivo da Aliança é o mesmo da Criação: interpela o homem a um futuro infinitamente aberto. Como observa Derrida, a Aliança deve ser apreendida como traço de união inapagável entre judeidade e futuro. Aquilo que o judaico acusa ou sugere de humano é o ser-aberto-ao-futuro, isto é, "a capacidade de refletir, declarar e anunciar a [identidade] apenas a partir do que vem do futuro".[62] Para tentar articular esse entrelaçamento, tomo a trilha de Levinas, leitor do Talmude, apelando ao modo como ele liga a memória ao futuro. A judeidade funda-se "a posteriori, retroativamente, assume hoje o que, no passado absoluto da origem, não tinha sujeito para ser recebido. [...] A memória realiza a impossibilidade: a memória assume, posteriormente, a passividade do passado e domina-o".[63]

Trata-se, na verdade, de uma "obrigação" de historicidade e de desdobramentos de sentidos referidos à construção singular que cada sujeito faz de sua judeidade.

Interpretação: Errância e nomadismo da letra 209

É possível discernir, tanto na psicanálise como no judaísmo, uma mesma vocação de pensar e viver a história, que é a de reconhecer a relação do passado com o presente como cenas conjugadas uma à outra. O passado coexiste com o presente como virtualidade.[64] Sendo virtual, apresenta-se como um conjunto de singularidades que nada designa nem significa até que aconteça uma atualização expressiva que demande interpretação. Nesse sentido, tanto a psicanálise quanto o judaísmo tratam a relação passado-presente de modo distinto daquele a que se está acostumado no Ocidente, onde o passado e o presente são colocados um ao lado do outro, jamais os dois *ao mesmo tempo*. Na historiografia ocidental, entre passado e presente há, segundo Michel de Certeau, um modo de "sucessão (um depois do outro), de correlação (proximidade maior ou menor), de efeito (um é causado pelo outro) ou de disjunção (ou um, ou o outro, nunca os dois concomitantemente)".[65] Um exemplo significativo da presença da historiografia judaica na psicanálise é a construção de *O homem Moisés e a religião monoteísta*: a regra de sua escrita é o quiproquó,[66] um estar no lugar do outro. A distância temporal ou metodológica não separa o intérprete dos textos que submete à leitura, o que significa que o passado não pode ser vivido como algo morto que resta compreender. Freud se encontra totalmente implicado no acontecimento da interpretação.

Para a leitura do Talmude e de toda a literatura sagrada judaica que nasceu da prática de interpretação do texto bíblico ao longo dos séculos, há uma exigência ética de que o intérprete não se distancie temporalmente do Texto. Em cada época, em cada geração, o leitor deverá interpretar subjetivamente aquilo que lhe é transmitido, preservando as estruturas tradicionais da transmissão e assegurando-lhes continuidade. O intérprete não pode apenas remontar a um tempo passado, mas deve participar ativamente da transmissão com a produção de múltiplos e novos sentidos para a letra do Texto. A Torá, a doutrina da Revelação, é comparada pelo Talmude a uma noiva.[67] Ela não é um objeto de sacralização, mas uma experiência de vida: uma aventura de sentidos, um movimento que impõe ao sujeito debruçar-se ativamente sobre o estranho futuro anterior a ele próprio.

Sob o imperativo bíblico de *"Zakhor, Israel!"*, o povo judeu é intimado a lembrar. Esse mandamento teve efeito duradouro entre os judeus desde os tempos bíblicos: a obrigação de lembrar é o penhor da transmissão. *Zakhor*, que como vimos significa lembrar, inscreve a modalidade de pensar a história judaica numa topologia singular do tempo: a cena do presente e a do passado se reconhecem uma na outra. É o que se pode ler neste longo e belo parágrafo de Yerushalmi em seu *Zakhor: História judaica e memória judaica*:

> Se a ordem para lembrar é absoluta, existem, no entanto, um páthos quase desesperado quanto à preocupação bíblica com a memória e uma sabedoria aguda que conhece quão curta e instável a memória humana pode ser. Não a história, como se supõe comumente, mas apenas o tempo mítico se repete. Se a história é real, então o mar Vermelho só pode ser atravessado uma vez, e Israel não pode resistir duas vezes no Sinai, uma contraparte hebraica, se quiserem, à sabedoria de Heráclito. Mas o pacto deve continuar eternamente. [...] certamente chegará o dia [em que] "quando vossos filhos vos perguntarem: 'Que significam para vós essas pedras?', responder-lhes-eis: 'As águas do Jordão dividiram-

Interpretação: Errância e nomadismo da letra   211

-se diante da Arca da Aliança do Senhor, quando ela o atravessou'" (Josué 4,6-7). Não a pedra, mas a memória transmitida pelos antepassados é decisiva, se a memória contida na pedra tiver que ser invocada a reviver para as futuras gerações. Se não é possível haver uma volta para o Sinai, então o que aconteceu no Sinai deve ser mantido através dos condutos da memória para aqueles que não estiveram lá naquele dia.[68]

O que se vê, pois, é que a tradição judaica de lembrar não consiste apenas e essencialmente na preservação de uma herança ou em uma transmissão mecânica da memória — mesmo que, na aparência, seja essa a impressão. *Zakhor* significa fazer da memória uma aventura de historicidade criativa a partir de um conjunto de traços a serem reinscritos permanentemente, a cada geração, por todos os sujeitos, mas sempre individual e diferencialmente. O modo de percepção da história no judaísmo, determinado pela dinâmica de leitura do Texto, distribui o espaço da memória em uma ordem de criação que não obedece à temporalidade linear. Em cada época, em cada geração, o leitor interpreta subjetivamente aquilo que lhe é transmitido, preservando as estruturas tradicionais da transmissão e assegurando-lhes continuidade. Não seria descabido lembrar também que o modo de se fazer a narrativa, o ritmo, o timbre, o som das melodias e os movimentos do corpo são também uma linguagem plena de sentidos, sem que necessariamente se chegue a conhecer sua significação.

De toda forma, invocar a memória tem a função de reinaugurar, a cada leitura, o processo histórico entre o povo de Israel e seu Deus, a Aliança, o devir-judeu. Trata-se de dizer de novo algo que continua a ser "por vir". Assim, pode-se dizer que a consciência histórica se tornou "efeito de uma multiplicidade de vozes das quais ressoam os ecos do passado",[69] que, paradoxalmente, são também ecos do devir. Ou seja: a memória não é tomada na tradição como algo morto que resta compreender, mas é aquilo que retorna para "repetir um caminho que nunca foi trilhado",[70] nas palavras do Talmude.

Onde melhor se percebe esse movimento é no livro da Aggadá, literatura talmúdica que contém não apenas explicações, interpretações e comentários das histórias bíblicas, mas também lendas, relatos do cotidiano do judaísmo pós-bíblico, assim como anedotas, discussões filosóficas, científicas e éticas. A lógica de um tempo não mensurável pelo relógio ou marcável no calendário subjaz a um processo singular de historicidade, de transmissão, de geração em geração, de uma busca, uma interrogação (*drash*) sobre os sentidos de um texto grafado no deserto e fertilizado a posteriori pelo sopro (*ruach*) das letras mudas do idioma hebraico. Nessas narrativas, os rabinos e eruditos hebreus fizeram coexistir presente e passado, numa luta incansável por interpretar a história do povo judeu nos termos de sua própria geração e das gerações subsequentes. Se na Bíblia o tempo obedece à ordem cronológica, no mundo da Aggadá as interpretações engendram um outro tempo: Adão pôde instruir o filho na Torá, Moisés pôde sentar-se no banco da sinagoga da Idade Média.[71] Pode-se dizer que a temporalidade talmúdica engendra a diferença, o novo, fazendo do traço da memória o que se transmite significantemente a partir das relações entre o passado e o presente. E Moisés atravessa o deserto ora na Antiguidade bíblica, ora na Idade Média, ora na modernidade, e o atravessará ainda quantas vezes for necessário transpô-lo, provavelmente para sempre. A alteridade

Interpretação: Errância e nomadismo da letra 213

dita pelo Texto é a garantia do êxodo permanente das letras, que se repete a cada geração e em cada sujeito.

Apesar das diferenças estruturantes entre os dois universos, a tradição de leitura à letra do universo talmúdico certamente facilitou a Freud sustentar que a verdade em jogo na psicanálise não é a verdade material — aquela congruente com os acontecimentos factuais e manifestos —, mas a verdade lógica distinta dela, a "verdade histórica", conceito ao qual Freud dedicou uma seção no *Moisés*. Nela, deixa claro que uma verdade só é alçada à categoria de verdade histórica quando do retorno compulsivo de um acontecimento passado, remoto no tempo e cindido no espaço, que deveria ter permanecido escondido e veio à luz. Um passado traumático cujo impacto afetivo e cuja decorrente desorientação de linguagem inevitavelmente criam lacunas desconcertantes. Henri Rey-Flaud considera que a "leitura midráshica de Freud" do texto bíblico favoreceu a emergência do conceito de *verdade histórica,* pois, na tentativa de agenciamento simbólico da verdade, ele identifica nas lacunas do texto bíblico uma verdade semiapagada, mas conservada na letra, e a partir daí constrói a verdade histórica do judaísmo.[72]

Para além da clínica e da teoria psicanalíticas, um aspecto positivo desse conceito é a ampliação de alcance que dá aos historiadores. Em seu livro *Freud y el problema de la historia* [Freud e a história], Omar Acha mostra que o conceito de verdade histórica é um instrumento preciso para a revisão das bases epistemológicas da história — concepção evolutiva do tempo, critérios de provas, horror ao anacrônico ou à função produtiva da construção de uma narrativa. Ele defende a ideia de que a temporalidade descontínua da psicanálise sensibiliza a percepção do historiador às produtividades virtuais do subjetivo que povoam os processos históricos.[73] Ou seja, a psicanálise tem a contribuir, pois, justamente, defende a tese de um equilíbrio maior entre os documentos à disposição dos historiadores, a memória pessoal e a memória social.

NA OBRA *História e psicanálise*, Certeau faz notar que "a psicanálise se articula sobre um processo que é o centro do descobrimento freudiano: o retorno do recalcado".[74] De fato, Freud foi levado a construir um modelo de aparelho psíquico segundo o qual a escritura psíquica é efeito de inscrições que insistem e se repetem, causando leitura, esforço de ligação — isto é, recriação constante de um traço segundo novas articulações dos traços de memória.

> Como sabe, estou trabalhando com a hipótese de que nosso mecanismo psíquico tenha se formado por sucessiva experimentação: o material presente em forma de traços de memória, de tempos em tempos, e um *rearranjo* segundo novos nexos — uma *retranscrição*. Assim, o que há de novo essencialmente em minha teoria é a tese de que a memória não preexiste de maneira simples, mas múltipla, e está registrada em diversas variedades de indicações. [...] Gostaria de acentuar que as transcrições que se regulam umas às outras representam a realização psíquica de épocas sucessivas da vida. Na fronteira entre duas dessas épocas, deve produzir-se a tradução do material psíquico.[75]

O que fica claro nesse fragmento de carta a Fliess é que, para Freud, a história não se reduz pura e simplesmente a uma sucessão temporal: feita sempre no presente, ela comporta a

Interpretação: Errância e nomadismo da letra

retranscrição do passado, que o atualiza e ressignifica. A ideia sobre a tradução do material psíquico no limite de diferentes tempos, que aparece no final, traduz seu olhar agudo para o sentido da história do sujeito, terreno fértil sobre o qual a experiência psicanalítica plantou suas raízes. Freud insistirá também, depois de invalidar qualquer ruptura entre psicologia individual e coletiva, que é pelo efeito de permanentes retranscrições que uma verdade histórica pode ser transmitida de geração em geração.

É importante ressaltar que a questão do tempo, da memória e da história aparece na obra de Freud desde os seus primórdios. Sabe-se que, em tempos pré-psicanalíticos, ele percebeu, junto com Josef Breuer, que os sintomas histéricos desapareciam tão logo o paciente alcançava recordar a lembrança de um acontecimento traumático em sua trajetória.[76] Ou seja, para Freud e Breuer, o determinante de um sintoma neurótico inequivocamente pertenceria à esfera da história do sujeito. Mas, se na "Comunicação preliminar" com o colega, Freud tratava de buscar uma memória apenas como retorno puro e simples à origem do trauma, acontecimento responsável pela causação neurótica, logo ele passaria a engajar-se numa pesquisa da verdade particular do sujeito — a do tempo *nachträglich*, só-depois — inscrita nas vicissitudes de sua história. A tese freudiana propõe uma nova modalidade de leitura do trauma e, uma vez que ele não mais se resume a um único tempo, mas exige a participação de dois tempos, a memória ganha uma função dinâmica dentro do próprio processo analítico. O recordar, repetir e elaborar freudiano trouxe uma mudança da clínica que já não se detinha apenas na causa do sintoma e em sua significação, mas voltava-se para a criação de sentidos

216   *A vocação do exílio*

— o preenchimento de lacunas da memória para superar as resistências ao processo analítico.[77] A noção de lembranças encobridoras, desenvolvida por Freud no ensaio homônimo de 1899, determinou que o ato de recordar em análise está para além de uma simples recuperação da lembrança de um evento traumático ou de sua explicação simbólica. Recordar em análise implica que o sujeito produza, durante o desenrolar de sua neurose de transferência, sentidos múltiplos para as marcas do que recebeu passivamente, como forma de êxodo. É isso que se chama de história analítica: errância pelo País do Outro, "estranha-estrangeira" experiência.

Diante, pois, dos impasses do fenômeno da compulsão à repetição no tratamento analítico, daquilo que se repete incessantemente, como acting-out — que é o que não pode ser recordado nem falado porque jamais foi inscrito na cadeia simbólica do paciente —, Freud elaborou um novo procedimento clínico, as construções, para reconduzir o tratamento ao processo de narrativa de uma história que demanda uma escuta singular. Trata-se de uma operação que visa possibilitar ao analisando prosseguir sua análise pela via da interpretação, conforme lemos no seu texto de 1937 "Construções em análise". Ela busca, justamente, reconduzir o prosseguimento do processo analítico, isto é, fazer com que o sujeito retorne à regra básica de uma análise: a associação livre, sem a qual não há possibilidade de elaboração e reescritura de sua história. Com isso, pode-se dizer que a exigência de imprimir um processo de historicidade à análise de seus pacientes já estava presente em Freud desde a constituição e a instalação de seu método clínico. Já no final de sua obra, em "Análise terminável e interminável", ele reconhece que, ao término de uma análise, o

Interpretação: Errância e nomadismo da letra

analisando apropria-se, definitivamente, do trabalho sem fim de interpretação de sua história.[78]

A dimensão dada por Freud ao sentido da história do sujeito no tratamento analítico foi retomada, com vigor, por Lacan. Sem reduzir o ato de analisar ao fazer do historiador, no Seminário 5 ele apontava para o fato de que o analista deve ensinar o sujeito a reconhecer que seu inconsciente é sua história. Tal tarefa não é fácil, pois, conforme mostra em outra passagem de seu ensino, o que se desenrola na cena transferencial não é o passado, ou só o é por ser historicizado no presente: "A história é o passado na medida em que [este] é historiado no presente — historiado no presente porque foi vivido no passado".[79] Assim, a reconstituição histórica do sujeito na psicanálise não pode pertencer à ordem de uma simples coleta de dados históricos: o recurso à memória tem como função servir de ponto de apoio ao devir. Também Deleuze faz notar que a psicanálise remete a uma *outra* história distinta da História comandada pela relação linear. No processo analítico, diz o filósofo, "o tempo vai do virtual ao atual, isto é, da estrutura às suas atualizações, e não de uma forma atual a outra forma".[80] Deleuze chama a atenção para o fato de que o tempo psicanalítico é devir.

Sob o efeito do esclarecimento retroativo suscitado pela leitura desses autores, não se pode deixar de reafirmar a tese de Certeau de que a clínica psicanalítica se desenvolve no sentido inverso da historiografia. E é nesse ponto que o método freudiano pode ser tomado como análogo ao processo de historicidade criativa do judaísmo. Em páginas esclarecedoras, o próprio Certeau nota que as análises praticadas por Freud desde *A interpretação dos sonhos* parecem apresentar um retorno da "lógica familiar à tradição histórica e judaica de histórias formais, de jogos de linguagem".[81] No entanto, essa arqueologia só aparece na psicanálise transformada pelo que o próprio Freud faz dela. O imperativo de lembrar na análise — para romper sobretudo com significações a priori e efetuar mudanças — é o meio pelo qual o sujeito se vê obrigado a comentar-se a si mesmo, a ler os traços de sua própria história e reescrevê-la diante de suas dores e sofrimentos, de seus sintomas, inibições e angústias... bem como de suas alegrias. Trata-se exatamente daquilo que John Austin denominou atos de fala, em que o dizer equivale a um fazer, pois produz mudança eficaz de sentido na situação.[82]

O psicanalista Jean-Pierre Winter, em congresso de 1979 sobre transmissão, após lembrar ao público presente que a posição anti-idolátrica do leitor do Texto garantiu a transmissão do judaísmo, afirmou que essa tradição de interpretação — de separação, corte, exílio e produção de diferença — se encontra expressa no dispositivo analítico e assegura sua transmissão. Não há dúvidas de que essa tese tem suas raízes plantadas naquilo que Lacan sustenta em *O avesso da psicanálise* — seminário em que pensa o discurso analítico em relação a outros discursos que circulam na cultura — ao aproximar a modalidade de relação entre o escrito e a intervenção falada na leitura judaica:

A psicanálise talvez não seja concebível como nascida fora dessa tradição [hebraica]. Freud nasceu nela e, como sublinhei, insiste em que só tem propriamente confiança, para fazer avançar as coisas no campo que descobriu, nesses judeus que sabem ler há muitíssimo tempo, e que vivem — é o Talmude — da referência a um texto.[83]

Interpretação: Errância e nomadismo da letra 219

A leitura — escritura judaica —, por supor um vivido constitutivo e irredutível a qualquer interpretação e a qualquer conhecimento, impõe e proporciona a cada sujeito relembrar o traço inapagável da Aliança para anunciá-la a partir do que vem do futuro. Na psicanálise, a interpretação é o instrumento que faz falar aquilo que, anterior a qualquer conhecimento, trabalha em silêncio em favor de uma diferença que há de devir, sempre pontual e evanescente. Em ambos os campos, acontece a magia do movimento de uma palavra singular, vivida como única.

Por concluir

> Trata-se de, enunciando o que foi dito, redizer o que nunca
> foi pronunciado.
>
> Michel Foucault

Elevar a condição do exílio à sua potência máxima e criadora foi, para Freud, parte integrante da construção de uma judeidade inteiramente original e, portanto, estranha ao que convencionalmente se designava como *judeu* no Ocidente. As escolhas e estratégias a partir das quais ele praticou e demonstrou a judeidade foram definidas e se desenvolveram paralela e articuladamente à invenção da psicanálise, a expressão maior de seu devir-judeu. Isso o implicou no próprio movimento de exilar-se da maioria judaica e das identificações dadas pelo outro à sua condição de judeu na diáspora vienense. Na mesma medida, a experiência de criação de uma clínica singular, da qual foi extraída a teoria do inconsciente, e a luta contra as resistências que se ergueram à psicanálise exigiriam de seu criador um movimento homólogo: fazer-se nômade.

Foi justamente o nomadismo — esse fazer sem destinação predeterminada — que afastou a psicanálise do paradigma da racionalidade prevalente na ciência do século xix, que sob o império da razão ilustrada conferia à loucura o estatuto de mero erro de sentido e, desencantada, tampouco aceitava que o sonho, as fábulas e o mito pudessem servir de terreno simbólico às suas pesquisas. Mesmo a religião, àquela altura, apenas bem pouco antes começara a ser estudada como objeto do saber científico. Na contracorrente do cientificismo vigente, Freud aproximou-se desses territórios à margem e se cercou do saber dos poetas e escritores, encontrando assim elementos relevantes para o desenvolvimento e a confirmação de suas principais formulações teóricas.

É verdade que o movimento que o levou a situar a psicanálise como um saber distinto da ciência positivista foi efeito de uma escuta dirigida à Outra cena — o inconsciente. Uma experiência que exige do analista ser capaz de se despojar do saber adquirido para conduzir o sujeito em análise a migrar da multidão familiar, enfrentar o isolamento da maioria compacta e, em sua travessia, encontrar no rigor da palavra sua singularidade, seu estilo, sua diferença absoluta. Isso permite dizer que a prática da psicanálise se caracteriza pelo fato de o devir do sujeito contar necessariamente com o "devir de um analista que [o] retira de suas certezas conscientes".[1] Eis a razão pela qual os ensinamentos teóricos da psicanálise são resultantes de um número incalculável de observações e reflexões vinculadas à experiência transferencial e, por isso mesmo, não se encerraram na cultura em que ela foi produzida.

Mas isso não impede o reconhecimento da presença de um traço nos fundamentos da psicanálise que se reatualiza. Se a judeidade é um devir, uma construção, então o devir judeu de Freud caminhou junto à descoberta da psicanálise. Em sua negação explícita de qualquer identidade judaica e, no limite, de sua identidade religiosa, em sua permanente busca pelo não

Por concluir

idêntico, em seus próprios êxodos reais — desde a destruição do Templo de Jerusalém, como certa vez escreveu à sua noiva,[2] até a fuga de Viena para Londres —, a invenção da judeidade e o devir-psicanalista de Freud estiveram, desde sempre, intrinsecamente ligados. Sob essa ótica, a construção de *O homem Moisés e a religião monoteísta* estabelece um vínculo basal entre judeidade, psicanálise e outridade.

Com a escrita desse "romance histórico", o autor responde positiva e produtivamente às dores da perda e do luto trazidas pelo fim da emancipação ao povo judeu e a ascensão do Terceiro Reich. Através da escrita, Freud transforma o próprio trauma, conforme argumenta persuasivamente Cathy Caruth, numa nova teoria sobre os acontecimentos que surpreendem o sujeito — tumultuando e desagregando o universo simbólico do sujeito, traumatizando-o.[3] Nesse sentido, *O homem Moisés* é um verdadeiro testamento clínico-teórico, de grande relevância à teoria psicanalítica do trauma. O autor revisita a teoria do trauma estrutural e eficaz na construção do psiquismo, a teoria do trauma de natureza sexual e a teoria do trauma provocado por catástrofes históricas, perseguições étnicas, racismo, segregação e guerras.[4] Freud não conheceu a Shoá, mas as considerações que fez, desde o início de sua obra, sobre a necessidade de narrar um trauma para que a história seja de algum modo construída são fundamentais não apenas à memória histórica da Shoá, mas igualmente à do período colonial vivido pelas populações negras e indígenas, à memória histórica das ditaduras que tiveram lugar no século xx e às memórias históricas dos traumas, terrorismos, extermínios e guerras que acontecem em nosso século.

De todo modo, o ato de dar testemunho sobre uma experiência traumática, defende o teórico e crítico Márcio Seligmann-Silva, implica o sujeito na responsabilidade ética de disseminar aquilo que o atormenta para despertar a consciência de outros ao que nunca conheceram mas que faz parte da história da cultura.[5] E foi a essa tarefa que Freud se entregou no apagar das luzes da cultura que testemunhou.

Apropriando-se do livro do Êxodo, Freud desenvolve a escrita do *Moisés* como lugar de inscrição de um trauma, conforme aponta Caruth — gesto com o qual ela assinala o valor ético-político da obra, que impressiona pela capacidade profética do autor de dimensionar o peso de uma catástrofe histórica por vir — a Segunda Guerra Mundial. "Vivemos numa época particularmente curiosa. Descobrimos com espanto que o progresso selou uma aliança com a barbárie",[6] lemos no prefácio ao *Moisés* que escreveu em Viena, antes de exilar-se com sua família em Londres. Retomava, assim, no final da vida e da obra, algumas das reflexões que começara a desenvolver quando, no início da Primeira Guerra — acometido por um forte sentimento de perplexidade e desilusão em relação às conquistas intelectuais e científicas da cultura moderna —, registrou suas primeiras elaborações acerca da violência na ordem dos fenômenos coletivos. Conclui que o homem moderno poderia vir a ser tão cruel quanto o bárbaro e que a guerra e a destruição são acontecimentos inexoráveis que incorporam um elemento radicalmente histórico, reflexões que se estendem em *O mal-estar na civilização* e "Por que a guerra?" — texto composto pela troca de cartas entre Freud e Einstein, nas quais expõem suas respectivas considerações sobre a guerra.

Em resposta a Einstein, Freud aborda uma questão importante: "Por que nos indignamos tanto contra a guerra, o senhor e eu, e tantos outros, por que não a aceitamos como uma entre outras tantas necessidades penosas da vida?".[7] Com estilo inconfundível, responde à pergunta que ele próprio formulara de modo inteiramente inusitado. Longe de considerar, como era de se esperar, que a recusa à guerra é consequência imediata da lógica da razão, declara que para alguns o horror à guerra resultaria de modificações de cânones estéticos e éticos na humanidade — modificações que foram sendo feitas ao longo do processo civilizatório de repressão a determinados gozos incomensuráveis. O pacifismo, escreve Freud, "não se trata apenas de uma recusa intelectual e afetiva, mas de uma intolerância constitucional, uma idiossincrasia de alguma forma levada ao extremo". E continuando: "Na verdade parece que as degradações estéticas da guerra não têm um papel menor em nossa revolta do que as suas crueldades".[8]

Poucos anos depois do envio da carta a Einstein, e antes de ter terminado *O homem Moisés*, Freud — que havia dedicado sua vida à psicanálise, cuidando de impedir que viesse a ser transformada em uma teoria fixa e imutável, idêntica a si mesma — recorre à história de errância e de exílio dos judeus, expondo uma solução em relação à transmissão da psicanálise então banida de Viena. Quando forçado a fugir da Áustria anexada pelo Reich alemão, propõe ao Comitê Diretor da Sociedade Psicanalítica de Viena, em 13 de março de 1938, proceder como os antigos judeus por ocasião da destruição do Templo de Jerusalém:

Depois da destruição do Templo de Jerusalém por Tito, o rabino Yochanan ben Sakkai pediu permissão para abrir uma escola em Jabneh para o estudo da Torá. Vamos fazer a mesma coisa. Afinal, estamos acostumados à perseguição, por nossa história, por nossas tradições e, alguns de nós, por experiência pessoal.[9]

Ao terminar essa fala, Freud dirige um sorriso silencioso a Richard Sterba, o único psicanalista de origem não judia ali presente. Sterba recusara o convite dos nazistas para ocupar o cargo de diretor do Instituto e da Clínica de Viena. Dois dias depois, escolhe compartilhar o destino dos colegas que haviam decidido fugir da Áustria alemã. Nesse ponto, devemos recordar a ideia de Deleuze e Guatari, em *Mil platôs*, de que o devir-judeu afeta tanto o não judeu quanto o judeu, necessariamente, pois, às vésperas da Segunda Guerra, não havia alternativas senão ser nazista ou ser judeu.

Considerando o devir-judeu de Sterba como um testemunho importante à apreensão de judeidades críticas à lógica totalitária e fascista, percebe-se nessa convocação uma enunciação combativa: a constatação do sofrimento pelas perseguições, seguida do desejo de garantir o estudo do corpus clínico-teórico da psicanálise no exílio. Uma atitude condizente com o que Hannah Arendt observou, como visto no capítulo 2, em relação aos escritores, poetas e pensadores que "tiveram a experiência prática de quão ambígua é a liberdade que a emancipação assegurou, e quão traiçoeira é a promessa de igualdade que a assimilação aos judeus realizou".[10] Freud certamente fez parte dos pensadores que, com suas obras, transcenderam, conforme destacou a filósofa, os limites da nacionalidade — e, por

Por concluir 227

que não dizer, da identidade —, trançando os fios de todas elas em meio à tessitura geral da vida europeia.

De uma forma ou de outra, ao estabelecer uma analogia entre a condição de exílio e a transmissão do judaísmo e da psicanálise, Freud aciona as forças necessárias aos que estarão sempre em "trânsito", deixando transparecer uma esperança: para que a psicanálise se faça mais forte do que a destruição, sua transmissão deve estar garantida apenas pelas palavras e pelas letras, eternas migrantes do desejo. Afinal, palavras e letras — o Livro — são os únicos laços capazes de reunir o povo judeu disperso, e também são elas que devem manter o vínculo entre os analistas lançados ao exílio. Percebe-se aí que o aspecto mais notável do devir-judeu e do devir-analista em Freud foi a sua capacidade de fazer bom uso da posição do "entre-dois", isto é, da posição paradoxal do dentro e fora, e de estar sempre em movimento, fora da maioria.

Na transmissão da psicanálise, resistência e determinação compuseram a resposta do inventor do conceito de inconsciente aos obstáculos e acossamentos que enfrentou até o final de sua vida. Embora ele já soubesse que poucos psicanalistas estariam aptos a sustentar a posição de prova e desamparo do exílio sem a tentação de erigir "bezerros de ouro", vislumbrou que muitos deles poderiam vir a se desviar do objeto mesmo da psicanálise: "Aturde-me, às vezes, que os próprios analistas não sejam radicalmente modificados por sua relação com a análise".[11] Fato que haveria de encontrar atualização e expressão maiores no destino que grandes instituições psicanalíticas vêm tomando desde então.[12]

Na verdade, a história da descoberta da psicanálise e a história de suas instituições se interligam, embora a primeira não

228 *A vocação do exílio*

possa ser confundida com a segunda. Justamente no ensaio "A história do movimento psicanalítico", Freud confessa sua decepção com o movimento e aponta o deslocamento da resistência, até então externa ao corpus da psicanálise, para dentro desse corpus: "Do mesmo modo como os meus adversários comprovaram que não era possível deter o novo movimento, a mim aguardava outra experiência: percebi que ele não se deixava marcar pela direção que eu desejava vê-lo seguir".[13] Essa passagem esclarece que a experiência estrutural de exílio, isolamento e solidão no processo de formação dos psicanalistas estava sendo minada pela identificação forçada ao *espírito corporativo*. Consequentemente, o uso das descobertas clínicas para alargar os horizontes da teoria, colocado em prática desde os primórdios da invenção freudiana, é amplamente substituído pela adesão a um dogma rígido ou a um protocolo de conhecimento aceito e aceitável, estabelecido pela corporação institucional.

Na mesma linha, a ênfase na pesquisa é eclipsada pela urgência da profissionalização, pela tentativa de monopólio da formação psicanalítica, a fim de proteger interesses específicos. Isso redundou na proliferação de escritas estereotipadas e na repetição do discurso dominante. O próprio cerne da descoberta de Freud — a psicanálise como prática da singularidade e da diferença — foi substituído por um repertório de ideias fixas, "verdades" de natureza teocrática. Aqui é possível evocar a concepção de ateísmo de Jacques Lacan, planteado como negação da dimensão de uma presença de onipotência na base do mundo: "O ateu, [...] como combatente e como revolucionário, não é aquele que nega Deus em sua função de onipotência, mas aquele que se afirma como não servindo a deus algum".[14] Lacan o diz para lembrar que não são poucos os analistas a abrir mão dessa posição, tornando-se assim inimigos do discurso que eram supostos transmitir porque, no limite, se entregam a qualquer "deus" que encarna o sujeito suposto tudo saber.

Será a psicanálise, além de uma profissão impossível, uma causa fadada inapelavelmente a fracassar dentro da instituição? Essa é uma pergunta que todo psicanalista deveria se fazer quando atento às resistências que se erguem à transmissão da psicanálise, mesmo se elas surgem do próprio lugar que deveria protegê-la. É imperioso que se possa distinguir entre o autêntico discurso psicanalítico e sua divulgação perversa.

"Não digas jamais que chegaste; porque tu és passageiro em trânsito."[15]

Agradecimentos

A Ricardo Teperman, pela proposta de reeditar este livro, o que moveu meu desejo de reescrever boa parte dele.

A Marco Antonio Coutinho Jorge, pelo incentivo de prosseguir refletindo e escrevendo sobre a experiência de estrangeiridade que atravessa a psicanálise.

A Luiz Eduardo Meira de Vasconcellos, por diversas contribuições.

Sou também imensamente grata aos editores das traduções deste livro para o espanhol, Néstor A. Braunstein (*in memoriam*), o inglês, Paola Mieli, e o francês, Carina Basualdo (*in memoriam*).

Notas

Introdução [pp. 15-22]

1. O termo "arqueologia" utilizado neste livro inspira-se no conceito introduzido por Michel Foucault: continuidade e descontinuidade simultâneas entre *epistemes*, quais sejam, estruturas inconscientes que, no campo do conhecimento, determinam os modos como os objetos são percebidos, agrupados e definidos. Cada região histórica da *episteme* é o lugar de uma reestruturação dirigida (mas não organizada) pelas estruturas elaboradas na época anterior, o que implica dizer que certas cenas primitivas habitam e determinam um desenvolvimento que destruirá uma homogeneidade. Cada tempo epistemológico leva em si uma alteridade, uma diferença. Cf. Michel Foucault, *As palavras e as coisas: Uma arqueologia das ciências humanas*.

2. J. W. von Goethe, *Fausto*, parte I, cena I, apud S. Freud, *Tótem y tabú*, p. 159.

3. A. Memmi, *O homem dominado*, pp. 43-4. Memmi é um pensador emblemático da primeira leva dos estudos reunidos sob a rubrica "pós-colonial". A obra que estamos examinando, uma coleção de ensaios sobre judeus, mulheres, negros e outros grupos tradicionalmente dominados, dialoga com seu *Retrato do colonizado, precedido do Retrato do colonizador* (1957), considerado pela crítica como uma das melhores obras conhecidas sobre a psicologia colonial.

4. J. Derrida, *Mal de arquivo: Uma impressão freudiana*, pp. 93-6.

1. Estratégias de resistência [pp. 23-65]

1. S. Freud, "Presentación autobiográfica", pp. 7-8.

2. Entre os quais, particularmente, C. E. Schorske, *Viena fin-de-siècle*, e J. le Rider, *A modernidade vienense e as crises de identidade*.

3. A palavra "gueto" designa os bairros cercados de muros que abrigavam a comunidade segregada dos judeus nos grandes centros euro-

234 *A vocação do exílio*

peus. Sobre o bairro de Leopoldstadt, cf. P. Gay, *Freud: Uma vida para o nosso tempo*, p. 29.

4. Enquanto o hebraico servia como língua literária e religiosa, o ídiche era essencialmente falado no cotidiano, sobretudo pelas mulheres, que não costumavam aprender a língua sagrada. Somente com o passar dos séculos pôde surgir uma literatura em ídiche, que teve o seu apogeu nos movimentos culturais judaicos modernos. Uma parte importantíssima da cultura judaica moderna está em ídiche, por exemplo Isaac Bashevis Singer, escritor laureado com o prêmio Nobel. Cf. J. Guinsburg, *Aventuras de uma língua errante*, pp. 26-8.

5. Max Weinreich apud M.-A. Ouaknin e D. Rotnemer, *A bíblia do humor judaico*, pp. 25-6.

6. Cf. P. Gay, *Freud, Jews and Other Germans*.

7. Os judeus religiosos devem estar permanentemente com a cabeça coberta. Desde o final do século XVIII, para os menos ortodoxos, como Jacob Freud, isso não se impunha com rigor, exceto no sábado, dia sagrado e dedicado ao repouso entre os judeus.

8. Cf. T. Pfrimmer, *Freud, leitor da Bíblia*, p. 64.

9. Gymnasium é o nome dado, em várias partes da Europa, aos estudos secundários, isto é, preparatórios para o ensino superior (universidade). Freud ingressou no Leopoldstädter Communal-Real- und Obergymnasium aos nove anos, em setembro de 1865, e lá permaneceu até julho de 1873, quando realizou seus exames finais (*Matura*). Essa informação não é trivial, pois, como afirma o historiador Peter Gay, algumas escolas pareciam "clãs familiares ampliados" de jovens de famílias judias (*Freud: Uma vida para o nosso tempo*, pp. 35; 37). Ver ainda: H. Knoepfmacher, "Sigmund Freud in High School", pp. 287--300. No entanto, outros autores indicam que Freud teria estudado no Sperl Gymnasium. É o caso de Octave Mannoni: "Havia sido muito bom aluno no Sperl Gymnasium e de lá guardara as melhores recordações" (*Freud e a descoberta do inconsciente*, p. 27).

10. Cf. S. Freud, "En memoria del profesor S. Hammerschlag", p. 230.

11. Carta a J. Dwossis, 15 dez. 1930, apud Peter Gay, *Um judeu sem Deus*, p. 126.

12. Os nomes com que Jacob Freud registrou seu filho na Bíblia da família foram Sigismund Schlomo. Freud nunca usou Schlomo, nome do avô paterno, e, depois de começar a assinar Sigmund nos últimos anos de escola, adotou o nome logo após a entrada na universidade. Jamais mencionou as razões pelas quais encurtou seu primeiro

Notas

nome, o que faz com que todas as conjecturas sobre o significado desse ato sejam mera especulação. Cf. P. Gay, *Freud: Uma vida para o nosso tempo*, p. 22.

13. Carta a Wilhelm Fliess, 22 jun. 1897. S. Freud, *A correspondência completa de Sigmund Freud para Wilhelm Fliess (1887-1904)*, p. 255.

14. M. S. Bergmann, "Moses and the Evolution of Freud's Jewish Identity". In: M. Ostow (Org.), *Judaism and Psychoanalysis*, p. 111.

15. J. Florence, "As identificações". In: M. Manonni et al., *As identificações*, p. 116.

16. P. Lacoue-Labarthe e J.-L. Nancy, "Le Peuple juive ne rêve pas", p. 60.

17. Jacques Lacan comenta essa questão longamente no capítulo 6, "O que não engana", do *Seminário*, livro 10, *A angústia*, pp. 91-4.

18. D. Boyarin, *Israel carnal*, p. 243.

19. Cf. M. de Certeau, *A escrita da história*, p. 331.

20. S. Freud, *Cartas de Sigmund Freud para Eduard Silberstein (1871-1881)*, pp. 82-3.

21. Nessa carta de 17 de março de 1873 a Emil Fluss (cf. T. Pfrimmer, *Freud, leitor da Bíblia*, p. 84), observa-se que na casa dos pais de Freud a festa de Purim era comemorada de acordo com a tradição do Livro de Ester. O Purim festeja o fato de os judeus terem se libertado de Aman, primeiro-ministro do rei persa Assuero (ou Xerxes), que desejava destruí-los. Esse episódio é contado no Livro de Ester, um dos livros do Antigo Testamento.

22. Carta a Abraham Aaron Roback, 20 fev. 1930. S. Freud, *Correspondência de amor e outras cartas*, pp. 458-9.

23. Cf. S. Freud, *La interpretación de los sueños*, p. 219.

24. O termo alemão *Weltanschauung* em geral pode ser traduzido para o português como "visão de mundo". No entanto, Freud adverte, não sem um certo receio de que esse seja um conceito especificamente alemão cuja tradução para línguas estrangeiras pode apresentar dificuldades: "Entendo, então, que uma visão de mundo é uma construção intelectual que soluciona unitariamente todos os problemas de nossa experiência a partir de uma hipótese suprema; dentro dela, portanto, nenhuma questão fica em aberto e tudo o que nos interessa encontra seu lugar preciso". Cf. S. Freud, "En torno de una cosmovisión", p. 146.

25. Carta a Martha Bernays, 23 jul. 1882. S. Freud, *Correspondência de amor e outras cartas*, pp. 41-2.

26. O episódio é relatado pelo próprio Freud em *La interpretación de los sueños*, p. 207.

236 A vocação do exílio

27. Jean-Martin Charcot, apud J. Le Rider, *A modernidade vienense e as crises de identidade*, p. 401.
28. S. Gilman, *Freud, raça e sexos*, p. 20.
29. K. A. Appiah, *Na casa de meu pai*, pp. 23-4.
30. *Mitteleuropa* (Europa Central, em alemão) designa, no século xix e no início do xx, uma área geográfico-cultural e histórica unificada pela cultura germânica: a Alemanha e o Império Austro-Húngaro, com todas as suas dependências. Cf. M. Löwy, *Redenção e utopia*, p. 9.
31. Ibid.
32. F. Karl, *O moderno e o modernismo*, p. 18. Para um estudo sobre a associação entre os movimentos de vanguarda modernista e o "elemento judeu", consultar essa obra.
33. Cf. S. Trigano, *La Societé juive à travers l'histoire*, p. 438.
34. S. Beller, *Vienne et les juifs (1867-1938)*, p. 78.
35. Carta a Martha Bernays, 16 set. 1883. S. Freud, *Correspondência de amor e outras cartas*, p. 81.
36. Sobre a recusa ou mesmo o conflito de Freud diante do judaísmo, cf. as análises de J. le Rider, *A modernidade vienense e as crises de identidade* (capítulo 4), e de C. E. Schorske, *Viena fin-de-siècle* (seção "Política e parricídio em *A interpretação dos sonhos* de Freud").
37. J. B. de Glasman, "Escritura e judaísmo".
38. Para maiores detalhes, ver M. Löwy, *Redenção e utopia*. O autor, integrando diferentes acepções do conceito de "afinidade eletiva", procura demonstrar de que modo o pensamento e os escritos de vários autores judeus — Franz Kafka, Walter Benjamin, Martin Buber, Erich Fromm, György Lukács, entre outros — foram fortemente marcados tanto pelo romantismo alemão quanto pelo messianismo judaico.
39. Cf. F. Grunfeld, *Profetas malditos*, p. 13.
40. M. Löwy, *Redenção e utopia*, p. 10.
41. S. Trigano, *La Société juive à travers l'histoire*, p. 241.
42. Apud F. Grunfeld, *Profetas malditos*, p. 176.
43. Segundo Jerome Kohn, Arendt "provavelmente escreveu mais sobre assuntos judaicos do que sobre qualquer outro tópico". Ver seu prefácio a Hannah Arendt, *Escritos judaicos* (p. 23), obra que reúne escritos que tratam especificamente da temática judaica, embora a autora não tenha deixado de abordá-la em duas de suas obras mais conhecidas — *Origens do totalitarismo* e *A condição humana* —, e em outros livros importantes.

Notas   237

44. Arendt não se limitou a apresentar a figura do pária unicamente através das expressões de pessoas judias. Charles Chaplin, de descendência irlandesa e cigana, ao lado de Heine, Kafka e Bernard Lazare, compõe o grupo de sujeitos que, de uma forma ou de outra, se contrapuseram à exclusão social. Ver H. Arendt, "O judeu como pária: Uma tradição oculta". In: *Escritos judaicos*, p. 495.

45. Ibid., p. 494.

46. Ibid., p. 495.

47. R. H. Feldman, "O judeu como pária: O caso de Hannah Arendt (1906-1975)", p. 60.

48. Heinrich Heine, apud P. Johnson, *História dos judeus*, p. 312. Heine se batizou em Hamburgo (1825) para poder exercer a advocacia.

49. H. Arendt, "O judeu como pária: Uma tradição oculta". In: *Escritos judaicos*, p. 500.

50. E. Traverso, "Les Juifs et la culture allemande".

51. S. Freud, *La interpretación de los sueños*, p. 209.

52. S. Freud, "Presentación autobiográfica", p. 9.

53. Ibid.

54. H. Arendt, *Rahel Varnhagen*, p. 20.

55. S. Freud, "Contribución a la historia del movimiento psicoanalítico", p. 21.

56. Apud J. Le Rider, *A modernidade vienense e as crises de identidade*, p. 385.

57. Carta a Sándor Ferenczi, 8 jun. 1913. S. Freud e S. Ferenczi, *Correspondência*, p. 216.

58. Apud Y. H. Yerushalmi, *O Moisés de Freud*, p. 39.

59. J. Lacan, *O Seminário*, livro 1: *Os escritos técnicos de Freud*, p. 45.

60. Eneias é o herói da *Eneida*, de Virgílio. Filho de vencidos, tornou-se um errante desejoso de assegurar vingança para seu povo. É desse herói a citação que o fundador da psicanálise pôs em epígrafe a *A interpretação dos sonhos*: *"Flectere si nequeo superos, Acheronta movebo"* ("Se não posso fazer meus votos chegarem aos deuses do Alto, porei os Infernos em ação").

61. S. Freud, "Contribución a la historia del movimento psiconalítico", p. 52.

62. Apud D. Boyarin, *Israel carnal*, p. 13. Nesse livro o autor faz uma interpretação do sexo no judaísmo e da diferença que se estabeleceu entre os judeus e os cristãos em relação ao corpo e ao espírito.

63. S. Freud, *La interpretación de los sueños*, p. 211.

238 *A vocação do exílio*

64. Muitas tentativas de psicanalisar Freud foram feitas desde o nascimento da psicanálise. A primeira delas, segundo Yosef H. Yerushalmi, foi a de Charles Maylan, *Freuds tragischer Komplex*. A psicanálise, segundo Maylan, nasceu da humilhação e da sede de vingança, existente há séculos, de uma raça tipicamente desagradável. O incidente do gorro mereceu, nesse livro, um capítulo cujo título é "O judeu no excremento". A identificação de Freud com Aníbal expressaria o desejo de vingar as humilhações sofridas pelo pai e solapar o cristianismo, substituindo o papado de Roma por um papado internacional da Razão. Cf. Y. H. Yerushalmi, *O Moisés de Freud*, pp. 94-5.

65. S. Freud, *La interpretación de los sueños*, p. 208.

66. Segundo informa Lydia Flem em *A vida cotidiana de Freud e seus pacientes*, p. 117.

67. Carta a Sándor Ferenczi, 19 set. 1901. S. Freud e S. Ferenczi, *Correspondência*, p. 450.

68. S. Freud, *La interpretación de los sueños*, p. 208.

69. Entre outros: M. Robert, *De Édipo a Moisés*, p. 108; e D. Anzieu, *A autoanálise de Freud e a descoberta da psicanálise*, p. 96.

70. M. Robert, *De Édipo a Moisés*, p. 109.

71. Cf. p. 53 de *O País do Outro: O inconsciente*, livro de Serge Leclaire sobre a experiência analítica.

72. Apud B. Lewis, *O Oriente Médio*, pp. 16-7.

73. S. Freud, *La interpretación de los sueños*, pp. 208-9.

74. Cf. S. Freud, *La interpretación de los sueños*, p. 211.

75. Freud apenas se refere ligeiramente a essa segunda anedota, mas, graças à pesquisa de Didier Anzieu, exposta em seu livro *A autoanálise de Freud e a descoberta da psicanálise*, pôde-se conhecer a piada em sua versão integral. A análise de Anzieu ressalta também o significado do nome Richelieu, que, transformado em palavras comuns da língua francesa, designa um "rico lugar" — o atrativo do ganho, outro traço atribuído aos judeus; cf. p. 102.

76. Cf. H. Arendt, "O judeu como pária: Uma tradição oculta", p. 494.

77. S. Freud, *La interpretación de los sueños*, p. 209.

78. Carta a Martha Bernays, 19 out. 1885. S. Freud, *Correspondência de amor e outras cartas*, p. 207.

79. Carta a Wilhelm Fliess, 13 dez. 1897. S. Freud, *A correspondência completa de Sigmund Freud para Wilhelm Fliess (1887-1904)*, p. 285.

80. S. Freud, *La interpretación de los sueños*, p. 41.

81. Ibid., p. 211.

Notas

82. Ibid., p. 210.
83. Apud M. Robert, *De Édipo a Moisés*, p. 112.
84. Carta a Georg Groddeck, 5 jun. 1917. S. Freud, *Correspondência de amor e outras cartas*, p. 186.
85. Cf. E. Roudinesco, *História da psicanálise na França*, v. 1, e P. Gay, *Freud: Uma vida para o nosso tempo*, cap. 5.
86. Carta a Sándor Ferenczi, 9 jul. 1913. S. Freud e S. Ferenczi, *Correspondência*, p. 227.
87. Carta a Karl Abraham, 13 maio 1908. S. Freud e K. Abraham, *Correspondência (1907-1926)*, p. 58. Até a fundação da psicanálise, o que Freud tinha em comum com seus interlocutores mais próximos era o fato de que todos eram de origem judaica: Samuel Hammerschlag, seu professor de judaísmo, que se tornou um grande amigo e o ajudou financeiramente em seus estudos; Josef Breuer, parceiro na clínica e de grande peso em sua formação; e, finalmente, seu grande amigo, o médico Wilhelm Fliess, com quem manteve uma correspondência intensa e uma "situação analítica", que, evidentemente, não era reconhecida como tal. Mannoni chama atenção para o fato de que a amizade profunda entre eles sustentou o processo da "análise originária". Fliess, que vivia em Berlim, "ao mobilizar o desejo inconsciente tornou possível essa estranha aventura; e foi Freud quem fez com que ela se possa repetir" (O. Mannoni, *Freud e a descoberta do inconsciente*, pp. 64-5).
88. Carta a Sándor Ferenczi, 8 jul. 1913. S. Freud e S. Ferenczi, *Correspondência*, pp. 216-7.
89. S. Freud, "O valor da vida", p. 122.
90. Carta a Enrico Morselli, 18 fev. 1926. S. Freud, *Correspondência de amor e outras cartas*, p. 421.
91. Uma carta de 26 de dezembro de 1908 a Karl Abraham, por ocasião da polêmica com Jung, resume claramente o que se quer dizer: "Seja seguro de você mesmo! Ainda dessa vez nossa ancestral tenacidade judaica será vencedora". S. Freud e K. Abraham, *Correspondência (1907--1926)*, p. 89.
92. Numa carta enviada a Romain Rolland em 1936, Freud contou uma lembrança de mal-estar, relativa a uma viagem que fizera com o irmão Alexander, em 1904, à Acrópole. Freud explicou ao romancista que por muitos anos duvidara da existência da Acrópole, porque pensava que jamais poderia conhecê-la. A perturbação que experimentou quando lá chegou foi, segundo sua própria interpretação, efeito do

240 *A vocação do exílio*

sucesso de ter suplantado o pai, que, não tendo frequentado a escola secundária, era totalmente ignorante da cultura grega e indiferente a Atenas, um dos berços da civilização ocidental. Essa experiência é considerada, na literatura psicanalítica, paradigmática da síndrome de fracasso diante do sucesso, desenvolvida por sujeitos em situação de superioridade com relação ao pai. Cf. S. Freud, "Carta a Romain Rolland (Una perturbación del recuerdo en la Acrópolis)", p. 209.

93. Carta a Karl Abraham, 23 jul. 1908. S. Freud e K. Abraham, *Correspondência (1907-1926)*, p. 71.

94. Carta a Oskar Pfister, 9 out. 1918. S. Freud e O. Pfister, *Correspondance avec le pasteur Pfister (1909-1936)*, p. 105.

2. Lendo Freud, a psicanálise e o judaísmo [pp. 67-100]

1. S. Freud, "Las resistencias contra el psicoanálisis", p. 235.

2. S. Freud, "Contribución a la história del movimento psicoanalítico", pp. 20-1. A expressão é do escritor Christian Friedrich Hebbel, e aparece em sua tragédia *Giges e seu anel* (ato 5, cena 1). Em carta de 27 de março de 1875 a Eduard Silberstein, Freud conta ao amigo estar "devorando meia dúzia de tragédias de Hebbel", cuja "índole é acerba e revolucionária, repleta de amargas críticas", e acrescenta que *Giges e seu anel* é "um problema sexual, aliás bastante encantador. O dramaturgo prefere as mulheres como animais poéticos de sangue quente". S. Freud, *Cartas de Sigmund Freud para Eduard Silberstein*, pp. 126-7.

3. S. Freud, "Alocución ante los miembros de la Sociedad B'nai B'rith", pp. 263-4.

4. S. Rotker, *Isaac Chocrón y Elisa Lerner*, p. 21.

5. M. Blanchot, "L'Indestructible". In: *L'Entretien infini*, p. 183.

6. Cf. S. Freud, "Psicoanálisis", p. 257.

7. J. le Rider, *A modernidade vienense e as crises de identidade*, p. 17.

8. S. Freud, *El malestar en la cultura*, p. 139.

9. D. Bakan, *Freud et la tradition mystique juive*, pp. 237-46.

10. Cf. Y. H. Yerushalmi, *O Moisés de Freud*, p. 189, 16n.

11. Apud E. Jones, *Vida e obra de Sigmund Freud*, v. 3, p. 145.

12. E. Roith, *O enigma de Freud*, p. 14.

13. D. Boyarin, *Israel carnal*, p. 45.

14. Ibid., p. 83.

15. Ibid.

Notas

16. Por "cultura de origem" designa-se tudo o que condiciona as atitudes emotivas, as identificações mais arcaicas e as percepções vividas na infância. Já "cultura de referência" implica um elemento de reflexão, uma certa triagem na escala de valores em função da qual o sujeito pode se justificar, indicar suas referências. Sobre a aplicação desses conceitos à vida e à obra do criador da psicanálise, cf. T. Pfrimmer, *Freud, leitor da Bíblia*, pp. 337-8, onde o autor procura demonstrar que, em Freud, as contribuições das duas culturas se mesclam desde sua infância mais precoce.

17. P. Gay, *Um judeu sem Deus*, p. 145.

18. R. Mezan, *Psicanálise, judaísmo*, pp. 26-32.

19. S. Freud, "Dos artículos de enciclopedia: 'Psicoanálisis' y 'Teoría de la libido'", p. 249.

20. Carta a Oskar Pfister, 25 nov. 1928. S. Freud e O. Pfister, *Correspondance avec le pasteur Pfister (1909-1936)*, p. 183.

21. Cf. S. Freud, *El porvenir de una ilusión*, p. 53. É importante ressaltar que a palavra "logos" não designa apenas "razão", como se costuma pensar. Jean-Pierre Vernant, em seu livro *Mito e pensamento entre os gregos*, mostra que, na pólis, "*logos*, instrumento desses debates públicos, toma [...] um sentido duplo. De um lado, significa a palavra, o discurso que pronunciam os oradores na assembleia; mas significa também a razão, essa faculdade de argumentar que define o homem como não simplesmente um animal, mas como 'animal político'" (p. 250).

22. S. Freud, "Presentación autobiográfica", p. 41.

23. L. R. Monzani, *Freud: O movimento de um pensamento*, p. 53.

24. S. Leclaire, *O País do Outro*, p. 30.

25. S. Freud, "El delirio y los sueños em la 'Gradiva' de W. Jensen", p. 7.

26. S. Freud, *Estudios sobre la histeria*, p. 174. Para a tradução dessa passagem me vali também da tradução para o francês feita pelo psicanalista Jacques Sédat, a partir do alemão, publicada em seu artigo "'Théorie et pratique", na *Revue Ésprit*, mar. 1980, p. 141.

27. Carta a Romain Rolland, 19 jan. 1930. S. Freud, *Correspondência de amor e outras cartas*, p. 456.

28. Os "fios do pensamento grego" aludem à carta de Freud a A. Drujanow, hoje parte do acervo do Museu Freud de Londres (apud P. Gay, *Um judeu sem Deus*, p. 44). Quanto aos "fios da ética judaica", cf. as cartas aqui transcritas da correspondência entre Freud e Karl Abraham, no capítulo 1, e seu discurso na B'nai B'rith. No tocante às

242   *A vocação do exílio*

metáforas, desde seus primeiros textos Freud extraiu da literatura modelos, figuras conceituais e exemplos conclusivos, com isso marcando sua disciplina pela autoridade do poeta, como faz notar ao se referir a Goethe em *O mal-estar na civilização* (p. 203). Por outro lado, Freud chegou a admitir que esses mesmos fios poderiam, de certa maneira, prejudicar sua escuta. Assim, na ocasião em que recebeu a obra de Romain Rolland *Essai sur la mystique et l'action de l'Inde vivante*, respondeu ao escritor que tentaria "sob sua orientação, penetrar em uma selva indiana da qual até agora uma mistura incerta de amor helênico da proporção, sobriedade judia e temor filisteu me manteve à distância [...]. Mas não é fácil ir além dos limites da própria natureza". Cf. S. Freud, *Correspondência de amor e outras cartas*, p. 456.

29. Para um estudo profundo sobre a função do mito na cultura, ver *Mito e realidade*, de Mircea Eliade. A introdução a *Los mitos hebreos*, de R. Graves e R. Patai, contém uma discussão interessante sobre a aplicação do conceito grego de mitologia à narrativa bíblica. Lydia Flem, em *O homem Freud*, destaca a importância do pensamento grego na psicanálise: na ciência dos sonhos são patentes os ecos dos mitos gregos, pois estes veiculam com grande força de expressão as mais profundas fantasias e por isso mesmo se tornam metáforas privilegiadas do inconsciente; Édipo e Narciso, dois dos grandes tesouros da mitologia grega, entraram para a psicanálise como modelos, figuras conceituais privilegiadas da fundação do inconsciente e da formação do eu.

30. S. Freud, "¿Por qué la guerra?", p. 194.

31. S. Rabinovitch, "Écriture et défiguration, une lecture du *Moïse* de Freud", p. 154.

32. Y. H. Yerushalmi, *Zakhor*, p. 121.

33. Cf. J. Derrida, *Mal de arquivo*, p. 9.

34. J. Derrida, "Edmond Jabès e a questão do livro". In: *A escritura e a diferença*, p. 54.

35. Ibid., p. 68.

36. J. Derrida, "Freud e a cena da escritura". In: *A escritura e a diferença*, p. 118.

37. S. Santiago et al., *Glossário de Derrida*, pp. 11, 59 e 78.

38. J. Derrida, *Mal de arquivo*, p. 11.

39. Ibid., p. 18.

40. S. Freud, "Presentación autobiográfica", p. 8.

41. O comentário de Jacob Freud sobre a inteligência do filho e a dedicatória estão em Y. H. Yerushalmi, *O Moisés de Freud*, pp. 101 e 111, res-

Notas

243

pectivamente. Para Yerushalmi, a construção da dedicatória demonstra que o pai de Freud dominava a Bíblia (pelo menos no tocante às partes proféticas lidas durante a liturgia) e expressa a mentalidade de um judeu tradicional, independentemente do grau de sua fé.

42. Freud se dizia um aventureiro: "Sou, por temperamento, nada além de um conquistador — um aventureiro, se você quiser que eu traduza — com toda a curiosidade, ousadia e tenacidade que são características de um homem dessa espécie". Carta a Wilhelm Fliess, 1º fev. 1900. S. Freud, *A correspondência completa de Sigmund Freud para Wilhelm Fliess (1887-1904)*, p. 399.

43. J. le Rider, *A modernidade vienense e as crises de identidade*, p. 348.

44. O termo "textualidade" está sendo empregado aqui para designar a potência da letra enquanto geradora de sentidos. Esse tema, assim como o da intertextualidade do Texto Sagrado, será mais desenvolvido no capítulo 5.

45. E. Levinas, *Totalidade e infinito*, p. 41.

46. E. Levinas, *Ética e infinito*, p. 71.

47. E. Levinas, *Humanismo do outro homem*, p. 195.

48. P.-L. Assoun, "Le Sujet et L'Autre chez Levinas et Lacan", p. 134.

49. Cf. E. Levinas, *Ética e infinito*, p. 87.

50. Cf. E. Levinas, *Totalidade e infinito*, p. 26.

51. P.-L. Assoun, "O sujeito e o outro em Levinas e Lacan", *Cadernos de Subjetividade*, v. 5, n. 1, p. 112. O mesmo número do periódico inclui textos de Monique Schneider e de Luís Cláudio Figueiredo que também testemunham a importância do pensamento de Levinas para a psicanálise: à luz do conceito levinasiano de proximidade, Schneider resgata, de uma forma aguda e original, o *Nebenmensch* freudiano em sua primeira formulação no *Entwurf*, de 1895; Figueiredo norteou a leitura de Levinas visando reflexões mais abrangentes sobre a temporalidade psicanalítica. Ver *Cadernos de Subjetividade*, São Paulo, v. 1, n. 1, 1997.

52. E. Levinas, *Totalidade e infinito*, p. 26.

53. J. Lacan, *A ética da psicanálise*, p. 148.

54. J.-C. Milner, *A obra clara*, p. 58, 7n. Para bem compreender a proposição de Lacan, é fundamental conhecer a distinção entre os três registros que compõem a tópica de sua teoria: *real, simbólico e imaginário*. O real é o que subsiste a toda simbolização, é sempre o que resta, o impossível de simbolizar porque resiste à caracterização absoluta. O simbólico é o conjunto dos significantes, marcado pela

244 *A vocação do exílio*

ausência de um significante que possa totalizá-lo. O imaginário é o sistema dos significados ou das significações cristalizadas. No sentido de caractere, a letra é, na teoria lacaniana, a um só tempo, designada como o suporte material do significante e o que se distingue dele por sua capacidade de marcar a intrusão do radicalmente outro. Cf. R. Chemama (Org.), *Dicionário de psicanálise*, pp. 124-6.

55. J. Lacan, "Radiofonia". In: *Outros escritos*, p. 427. Sobre esse mesmo tema cf. também "Proposition", *Scilicet*, 1968, p. 21.

56. J. P. Winter, "Transmisión y Talmude". O tema da literalidade nas interpretações e nos relatos talmúdicos será desenvolvido no capítulo 5 deste livro.

3. O exílio e o estranho [pp. 101-49]

1. Cf. S. Freud, "Alocución ante los miembros de la Sociedad B'nai B'rith" (transcrita parcialmente nas pp. 67-8), e "Presentación auto-biográfica".

2. Carta a Wilhelm Fliess, 2 maio 1987. S. Freud, *A correspondência completa de Sigmund Freud para Wilhelm Fliess (1887-1904)*, p. 242.

3. G. Deleuze, "Controle e devir", entrevista a Toni Negri. In: *Conversações*, pp. 209-18.

4. S. Freud, *Tótem y tabú*, p. 9.

5. S. Freud, "Alocución ante los miembros de la Sociedad B'nai B'rith", p. 259.

6. Carta a Barbara Low, 19 abr. 1936. S. Freud, *Correspondência de amor e outras cartas*.

7. Numa emocionada carta a sua noiva Martha Bernays (16 set. 1883), por ocasião do suicídio de seu amigo e colega Nathan Weiss, filho de um eminente doutor de direito rabínico, Freud descreve a vergonha que sentiu diante dos cristãos que, como ele, ouviam durante a cerimônia de sepultamento do morto um discurso selvagem e cruel do rabino, tomado pelo fanatismo e pela intolerância. Cf. S. Freud, *Correspondência de amor e outras cartas*, p. 79.

8. S. Freud, *Tótem y tabú*, p. 9.

9. I. Bashevis Singer, *O solar*, p. 428.

10. Derrida explora no texto as complexidades da identidade e da alteridade, tomando como marcador inclusive a mudança que encontramos no texto bíblico (Gênesis 17,4,6) do nome "Abrão" para "Abraão"

Notas 245

(Abram e Abraham, em hebraico), mudança que assinala o tornar-se outro, uma transformação identitária: Abram significa "pai elevado" e Abraham, "pai de uma multidão".

11. J. Derrida, "Abraham, l'autre", p. 36.
12. Ibid, p. 37.
13. Edmond Jabès, "Judaísme et écriture", p. 68.
14. Cf. "Entretien avec Emmanuel Levinas". In: Salomon Malka, *Lire Levinas*, pp. 95-114.
15. C. S. Katz, *O coração distante*, p. 96
16. G. Deleuze e F. Guattari, *Mil platôs*, v. 4, pp. 88-9.
17. J.-D. Nasio, *Cinco lições sobre a teoria de Jacques Lacan*, p. 87.
18. M. Blanchot, *L'entretien infini*, p. 187.
19. Sobre a relação das semelhanças e diferenças do mito de Édipo com os mitos bíblicos, cf. B. D. Hercenberg, *O exílio e o poder de Israel e do mundo*, pp. 149-94.
20. Cf. E. Levinas, *Transcendência e inteligibilidade*, p. 37.
21. M. Blanchot, *L'Entretien infini*, p. 184.
22. A. Chouraqui, "Traduire la Bible", p. 24.
23. Cf. M. Blanchot, *L'Entretien infini*, pp. 185-6.
24. J. Kristeva, "O povo eleito e a eleição da estranheza". In: *Estrangeiros para nós mesmos*, pp. 70-82.
25. Ibid., p. 71.
26. E. Enriquez, "Un peuple immortel?", p. 129.
27. B. D. Hercenberg, *O exílio e o poder de Israel e do mundo*, p. 70. O autor remete o leitor à passagem bíblica em que a princesa do Egito encontra uma caixa de papiro junto aos juncos no leito do rio: "Ela vê a criança e eis:/ um menino chora!/ Ela se apieda dele e diz: 'Eis um filho dos hebreus'" (Êxodo 2,6).
28. J. Kristeva, *Estrangeiros para nós mesmos*, p. 190.
29. Ibid., p. 191.
30. L. Flem, *O homem Freud: O romance do inconsciente*, p. 105.
31. Uma publicação recente de "Das Unheimliche", traduzido aí como "O infamiliar", traz anexo "O homem da areia", de Hoffmann. Cf. S. Freud, *O infamiliar*, pp. 219-64.
32. E. Levinas, *Quatre lectures talmudiques*, p. 105.
33. M. Blanchot, *L'Entretien infini*, p. 188.
34. Cf. D. Banon, *La Lecture infinie: Les Voies de l'interprétation midrachique*, p. 68.
35. H. Bloom, *Abaixo as verdades sagradas*, p. 178.

246   *A vocação do exílio*

36. S. Freud, "Death and Us", p. 27. Trata-se de uma palestra apresentada na Sociedade B'nai B'rith em 16 de fevereiro de 1915 e no mesmo ano transformada, com algumas modificações, na segunda parte do texto "Reflexões sobre a guerra e a morte: Temas da atualidade" ("Nossa atitude perante a morte"). A singularidade desse documento reside no fato de ser o único texto freudiano com duas versões diferentes: a primeira, lida oralmente, apresenta trechos que foram excluídos da versão escrita e publicada sob a forma de ensaio. Segundo o tradutor oficial da palestra para o inglês, Mark Solms (pp. 3-9), a maior parte do conteúdo apresentado em alemão é do interesse exclusivo da comunidade judaica.

37. Esses são os últimos versos de "Die beiden Gulden", versão de um dos Macamas (quadros literários) do escritor e filólogo árabe Abu Hariri. Cf. S. Freud, "Más allá del principio de prazer", p. 62.

38. Ibid.

39. Carta a Wilhelm Fliess, 7 maio 1900. S. Freud, *A correspondência completa de Sigmund Freud para Wilhelm Fliess (1887-1904)*, p. 413.

40. S. Freud, "Sobre la psicoterapia de la histeria", p. 309.

41. Carta a Ernst Freud, 19 dez. 1938. S. Freud, *Correspondência de amor e outras cartas*, p. 510. A lenda do Judeu Errante (Ahashverus) — ao contrário das histórias de Abraão, Ruth e Jacó, em que a migração é o próprio movimento da busca de diversividade, de tornar-se outro — diz respeito à errância como condenação. Ahashverus é a metáfora do excluído que, por imposição do outro, está destinado a vagar sem pouso.

42. J.-D. Nasio, *Cinco lições sobre a teoria de Jacques Lacan*, p. 88.

43. S. Freud, *Nuevas conferencias de introducción al psicoanálisis* (31ª Conferencia), p. 74. Zuiderzee é um golfo localizado nos Países Baixos cujo processo de drenagem iniciou-se em 1916. É lá que se encontra o importante dique Afsluitdijk.

44. J.-D. Nasio, *Cinco lições sobre a teoria de Jacques Lacan*, p. 88.

45. M. Foucault, "La Pensée du dehors", pp. 523-46.

46. M. Foucault, *As palavras e as coisas*, pp. 404-5.

47. Jacques le Rider, *A modernidade vienense e as crises de identidade*, p. 16.

48. S. Freud, *Diário de Sigmund Freud (1929-1939)*, p. 209.

49. E. Jones, *A vida e a obra de Sigmund Freud*, v. III, p. 188.

50. S. Freud, *O homem Moisés e a religião monoteísta*, p. 33.

51. Cartas a Arnold Zweig, 21 fev. 1936 e 30 set. 1936. Freud conta estar escrevendo um livro que se chamaria *Der Mann Moses, ein histo-*

Notas   247

rischer *Roman* (O homem Moisés, um romance histórico). S. Freud e
A. Zweig, *Correspondencia Freud-Zweig*.

52. C. S. Katz, *O coração distante*, p. 95.

53. Freud buscou dar um fundamento à universalidade das interdições
edípicas — o tabu do incesto e o mandamento da exogamia — construindo um mito: o mito de Totem e Tabu, ou o mito do Pai da Horda.
"Um dia, os irmãos expulsos pelo pai se reuniram, mataram o pai e
o devoraram, e assim deram fim à horda paterna" (S. Freud, *Tótem y
tabú*, p. 143). Esse mito dá forma ao que não se transmite pela memória
consciente: a origem da cultura, da religião e das organizações sociais.

54. Cf. J. Lacan, *O Seminário*, livro 20: *Mais, ainda*. Nesse seminário,
Lacan define a verdade como não toda, dado que mantém um traço
do real, o que determina que não pode ser toda dita, isto é, não pode
ser toda transcrita para o campo do simbólico.

55. Carta a Arnold Zweig, 30 set. 1934. S. Freud e A. Zweig, *Correspondencia Freud-Zweig*, p. 99.

56. Em conversa particular com Marie Bonaparte, em 1927, Freud insis-
tira no inevitável e iminente retorno do obscurantismo da Idade das
Trevas. Foi diante da tentativa da princesa de convencê-lo de que o
antissemitismo era apenas um mal daquele tempo que o velho sábio
lhe respondeu implacavelmente: "Espere só! Veremos, sem dúvida,
um terrível retorno ofensivo do obscurantismo religioso". Cf. Betty
B. Fuks, "Das armas e dos deuses", p. 122.

57. Carta a Sigmund Freud, 15 fev. 1936. S. Freud e A. Zweig, *Correspondencia Freud-Zweig*, p. 128.

58. J. le Rider, *A modernidade vienense e as crises de identidade*, p. 394.

59. Comentário midráshico sobre o Livro de Ruth citado em J. Kristeva,
Estrangeiros para nós mesmos, p. 80.

60. S. Freud, *Conferencias de introducción al psicoanálisis*, p. 147. Para
James Strachey, editor das *Obras completas* de Freud em inglês, a
construção de *O homem Moisés e a religião monoteísta* advém da lógica desse chiste.

61. S. Freud, *O homem Moisés e a religião monoteísta*, p. 45.

62. Y. H. Yerushalmi, *O Moisés de Freud*, p. 65. Para o historiador, a
leitura de Freud volta as costas para o liberalismo judeu-secular que
acredita ser o judaísmo o produto do "gênio judaico".

63. Carta a Lou Andreas-Salomé, 6 jan. 1935. S. Freud e L. Andreas-
-Salomé, *Freud/Lou Andreas-Salomé: Correspondência completa*.

64. J. Lacan, *O Seminário*, livro 7: *A ética da psicanálise*, cap. "A morte de Deus", pp. 211-3.

65. Cf. E. Jones, *Vida e obra de Sigmund Freud*, v. III, pp. 182-ss., a respeito da crítica veemente que Freud fez às ideias de Theodor Lessing acerca da "síndrome" do ódio de si.

66. S. Freud, "Conferencias de introducción al psicoanálisis", p. 261.

67. S. Freud, *O homem Moisés e a religião monoteísta*, p. 70.

68. B. Karsenti, *Moïse et l'idée de peuple*, p. 124.

69. Carta a Romain Rolland, 4 mar. 1923. S. Freud, *Correspondência de amor e outras cartas*, p. 398. Os desdobramentos teóricos da carta a Rolland melhor se compreendem à luz de *O mal-estar na civilização*. Nesse texto, Freud reconhece o quanto foi difícil fazer com que a ideia de uma pulsão de destruição fosse aceita, uma vez que "as criancinhas não gostam de ouvir quando se menciona a inclinação do ser humano para o 'mal', a agressão, a destruição e também a crueldade" (*El malestar en la cultura*, p. 116).

70. Sobre o tema, ver dois textos de Freud publicados no volume XXIII das *Obras completas* — "Um comentário sobre o antissemitismo" e "Antissemitismo na Inglaterra" — nos quais ele deixa explícito que cabia aos *não judeus* reclamarem por justiça para com os judeus, já que, estando menos envolvidos, teriam um pouco mais de chance de sucesso em suas reivindicações.

71. S. Freud, *El malestar en la cultura*, p. 108.

72. S. Freud, *O homem Moisés e a religião monoteísta*, p. 131. Anteriormente, em *O mal-estar na civilização*, Freud já havia feito uma reflexão contundente sobre o massacre dos judeus pelas comunidades fraternas ligadas pelo amor, à luz da noção de narcisismo das pequenas diferenças: "Depois que o apóstolo Paulo fez do amor universal pela humanidade o fundamento de sua comunidade cristã, a extrema intolerância do cristianismo contra aqueles que permaneceram de fora tornou-se uma consequência inevitável" (p. 111).

73. Adolf Hitler, apud A. Zaloszyc, "Remarques sur la ségrégation constitutive du juif dans le nazisme".

74. S. Freud, *El malestar en la cultura*, p. 111.

75. S. Freud, "Psicología de las massas y análisis del yo", p. 112.

76. F. Fanon, *Pele negra, máscaras brancas*, p. 136.

77. S. Freud, *El malestar en la cultura*, p. 108.

Notas 249

78. Em *As origens do totalitarismo*, Hannah Arendt criou o conceito de "inimigo objetivo" — o grupo que, a critério da liderança totalitária, é eliminado em nome da ideologia da máquina estatal.
79. S. Freud, *O homem Moisés e a religião monoteísta*, p. 132.
80. Ibid.
81. Adolf Hitler, apud C. Buci-Glucksmann, "Figures viennoises de l'altérité: Feminité et judaïté", p. 56.
82. Adolf Hitler, apud J. le Rider, *A modernidade vienense e as crises de identidade*, p. 292.
83. Otto Weininger, apud C. Buci-Glucksmann, "Figures viennoises de l'altérité", p. 51. Sobre as figuras excluídas do judeu e da mulher na modernidade vienense, cf. igualmente J. le Rider, *A modernidade vienense e as crises de identidade*.
84. S. Freud, "Análisis de la fobia de un niño de cinco años", p. 32, 14n. Em *Israel carnal*, Daniel Boyarin mostra que a representação do varão como mulher não era apenas uma fantasia exterior dos antissemitas, mas também uma representação interna ao judaísmo: a circuncisão, nas interpretações rabínicas, é entendida como feminizadora do varão, o que o torna receptivo ao encontro com o divino. De acordo com essa leitura, verifica-se que, em contraste direto com as acusações antissemitas de que a circuncisão é uma mutilação do corpo, os textos judaicos frisam, reiteradamente, o aspecto simbólico dessa marca: *ser homem significa passar pela feminilidade*.
85. E. L. Santner, *A Alemanha de Schreber*, p. 144.
86. Ibid., p. 147.
87. Ibid.
88. Ibid.
89. S. Freud, *O homem Moisés e a religião monoteísta*, p. 132.
90. Adolf Hitler apud J.-J. Goux, *El inconsciente freudiano y la revolución iconoclasta*, p. 54.
91. S. Freud, *O homem Moisés e a religião monoteísta*, p. 121. Freud supõe que, após o assassinato, a lembrança do Pai continuou viva e um animal forte foi escolhido como seu substituto sob a forma de um totem; sinal de que, no totemismo, houve um reconhecimento do crime e, em seguida, os filhos se defendem da angústia e do desamparo pela negação do ocorrido. No judaísmo, o mecanismo de defesa contra o desamparo é o desmentido, operação psíquica em que o saber e o não saber sobre a falta originária ocorrem simultaneamente. Os judeus desmentem o crime e o assassinato retorna — em ato, e não

250 *A vocação do exílio*

pela via da recordação, como acontece no totemismo e no cristianismo. Sobre o mecanismo psíquico do desmentido, cf. B. B. Fuks, *O homem Moisés e a religião monoteísta — Três ensaios: O desvelar de um assassinato*, pp. 60-75.

92. S. Freud, *O homem Moisés e a religião monoteísta*, p. 182.

93. P.-L. Assoun, "El sujeto del Ideal", p. 109.

94. M. Blanchot, *L'Entretien infini*, p. 189.

4. YHVH, o estrangeiro dos estrangeiros [pp. 151-78]

1. G. Steiner, *No castelo do Barba Azul*, p. 47.

2. Ibid., pp. 44-54. A tese de Steiner, tal qual é formulada, constitui um estudo fundamental sobre o horror da Segunda Guerra Mundial. Para ele, o Holocausto seria um reflexo das reivindicações pulsionais de um politeísmo e de um animismo perversos que encontraram vazão na ideia de que, matando os judeus, eliminavam os porta-vozes da intolerável Ausência de Deus.

3. *Das Ding* (a coisa), na linguagem corrente, designa aquilo que pode ser pensado, suposto, negado ou afirmado; na teoria do conhecimento, a coisa opõe-se ao fenômeno e, nesse sentido, pode ser utilizada como sinônimo de objeto. Na metafísica (Kant), designa aquilo que subsiste em si mesmo, sem pressupor nada mais. (Cf. A. Lalande, *Vocabulário técnico e crítico da filosofia*, p. 167.) Em psicanálise, *das Ding* surge como o objeto absoluto, objeto perdido de uma satisfação mítica, objeto que o sujeito procura incansavelmente reencontrar no trajeto de sua libido. *Das Ding* é o outro absoluto do sujeito, o que marca de saída a impossibilidade de ele vir a ser encontrado. Cf. R. Chemama (Org.), *Dicionário de psicanálise*, pp. 150-2.

4. Cf. S. Žižek, *Eles não sabem o que fazem*, p. 128.

5. I. Kant, *Crítica da faculdade do juízo*, p. 121.

6. Ibid., p. 103.

7. S. Freud, *O homem Moisés e a religião monoteísta*, p. 158.

8. Ibid.

9. Ibid., p. 156.

10. Ibid., pp. 154-8. A palavra alemã *"Geistigkeit"* foi traduzida na edição inglesa das *Obras completas* de Freud por *"intellectuality"* (intelectualidade), apesar de a alternativa mais óbvia ser *"spirituality"* (espiritualidade): o tradutor, James Strachey, optou por não a usar, por con-

Notas   251

siderar que o termo estava sujeito a ser mal entendido pelos leitores. A primeira tradução das *Obras completas* no Brasil, feita diretamente da edição inglesa, manteve a palavra "intelectualidade". No presente livro emprego "espiritualidade", de acordo com a tradução de *Der Mann Moses und die monotheistische Religion: Drei Abhandlungen (O homem Moisés e a religião monoteísta)* publicada pela L&PM. O tradutor, Renato Zwick, considerou que *Geistigkeit* ultrapassa o mero âmbito dos processos intelectuais superiores aos quais Freud se refere no texto, englobando tudo o que diz respeito ao imaterial num sentido lato.

11. Ernst Cassirer, apud B. D. Hercenberg, *O exílio e o poder de Israel e do mundo*, p. 110.

12. Ibid., p. 39.

13. Ibid., p. 114.

14. A. Koyré, *Estudos de história do pensamento científico*, p. 181.

15. T. S. Kuhn, *A estrutura das revoluções científicas*, p. 119.

16. Segundo Levinas, a "História Sagrada é universal, até Abraão. O último episódio da universalidade é Babel; desde então o humano se procura a partir da singularidade de Abraão, singularidade aberta a todos os homens que a tal pretendam se agregar". Cf. E. Levinas, *Transcendência e inteligibilidade*, p. 37.

17. M. Foucault, *As palavras e as coisas*, p. 400.

18. J. Defontaine, "Experience culturelle et perte du sens", pp. 1190-2.

19. E. Levinas, *Diós, la muerte y el tiempo*, p. 195.

20. Cf. principalmente *Diós, la muerte y el tiempo* e *Totalidade e infinito*.

21. M. Blanchot, *L'entretien infini*, p. 187.

22. D. Banon, *La lecture infinie*, p. 33.

23. YHVH e Elohims são dois dos nomes divinos na Bíblia hebraica, dos quais se originam duas fontes de escrita: a primeira, ligada a YHVH, chamada fonte javista (J), e a segunda, ligada a Elohims, chamada fonte eloísta (E). Enquanto YHVH é o nome indizível que institui a unicidade de Deus, Elohims designa as potências criadoras do universo: "No princípio Elohims criava os céus e a terra" (Gênesis 1,1). É um paradoxo que o Deus único dos hebreus seja chamado, na Bíblia hebraica, por um nome plural (cf. os comentários de André Chouraqui em *A Bíblia. No princípio (Gênesis)*, um dos volumes de sua tradução da Bíblia hebraica para o francês).

Em *O homem Moisés e a religião monoteísta*, no segundo capítulo, Freud importa essa dualidade e outras que ele encontra no Livro dos

252 *A vocação do exílio*

Livros — dois povos, os judeus e os semitas, formando os filhos de Israel; dois reinos nos quais a nação se dissocia após a dinastia do rei Salomão (o reino de Judá e o reino de Israel) e que se separam ao sul e ao norte — para provar sua hipótese da origem egípcia do fundador do monoteísmo judaico.

24. No Ocidente costuma-se traduzir esse versículo, de acordo com a versão grega e latina, no presente — "Eu sou aquele que é" —, mas optei por acompanhar o hebraico (em que, como vimos, o verbo "ser" não se conjuga no presente), a partir do qual fiz a tradução. Segundo as considerações de Michel Allard em "Note sur la formule 'Ehyeh ašer ehyeh'", o Deus da Torá não se apresenta como aquele que *é*, mas como aquele que será — mais particularmente se compararmos o versículo 3,14 com o versículo 3,12, quando YHVH começa a assegurar sua presença, que se tornará, sob a forma de Nome, uma referência para o povo invocá-lo.

25. M. de Certeau, *A escrita da história*, p. 332.

26. J. Derrida, *Mal de arquivo*, p. 3.

27. P. Julien, *O estranho gozo do próximo*, p. 89.

28. M. de Certeau, *A escrita da história*, p. 332.

29. S. Freud, "El valor de la secuencia de vocales", p. 365. A tradição de pronunciar as letras de YHVH com as vogais de Adonai começou por volta do século XIV e permanece até os nossos dias, dando curso ao renitente equívoco da leitura "Jeová". De acordo com o comentário de Chouraqui, a única leitura correta em relação ao debate em torno dessse tema permanece sendo a transcrição de YHVH, "respeitando o mistério desse nome, por essência impronunciável, uma vez que [...], impronunciável, o nome YHVH guarda o segredo de seus significados próprios" (A. Chouraqui, *A Bíblia. No princípio (Gênesis)*, pp. 32-3).

30. S. Freud, "Lo inconsciente", p. 161, e *Nuevas conferencias de introducción al psicoanálisis* (31ª Conferencia).

31. J. Lacan, *O Seminário*, livro 20: *Mais, ainda*, p. 196.

32. J. Lacan, *O Seminário*, livro 16: *De um Outro ao outro*, p. 331.

33. Ibid., p. 332. O objeto *a* designa, na teoria lacaniana, o objeto faltoso — um objeto que não existe enquanto tal mas que funciona como objeto-causa de desejo, isto é, como um verdadeiro motor-causa da própria estrutura do desejo, pois, paradoxalmente, mantém uma relação absolutamente estrita com a falta. Sobre o objeto perdido do

Notas 253

desejo, recomendo em especial a obra de Marco Antonio Coutinho Jorge *Fundamentos da psicanálise de Freud a Lacan*, v. 1 e 2.

34. J. Lacan, *O Seminário*, livro 16: *De um Outro ao outro*, p. 332.

35. A. Chouraqui, *A Bíblia. Nomes (Êxodo)*, p. 56.

36. E. Jabès, "Judaïsme et écriture", p. 8.

37. E. Levinas, *Ética e infinito*, p. 98

38. Cf. J.-F. Lyotard, "Figure forclose", p. 78.

39. M. de Certeau, *Historia y psicoanálisis*, p. 153.

40. J. Lacan, *O Seminário*, livro 11: *Os quatro conceitos fundamentais da psicanálise*, p. 60. A obra de François Regnault *Dieu est inconscient* [Deus é inconsciente] formula, a partir desse aforismo lacaniano, uma analogia entre a concepção hebraica de yhvh e o conceito freudiano de pulsão de morte. Regnault utiliza o tetragrama como uma representação auxiliar, visando dizer melhor sobre a realidade desconhecida do inconsciente ou do silêncio da pulsão de morte. Esse tipo de manejo da teoria na transmissão da psicanálise não se presta, pura e simplesmente, a traçar uma continuidade entre judaísmo e psicanálise. Trata-se de uma metáfora que reafirma a alteridade como fundante dos dois campos que se movem na dimensão do vazio subjacente à linguagem. Afinal, toda metáfora implica, justamente, a possibilidade de uma diferença entre os dois campos que associa.

41. J. Lacan, "Televisão", p. 518.

42. M. de Certeau, *Historia y psicoanálisis*, p. 101.

43. M. A. Coutinho Jorge, *Sexo e discurso em Freud e Lacan*, p. 105.

44. J. Kristeva, "Uma santa loucura: ele e ela". In: *Histórias de amor*, p. 112. Nesse ensaio, a autora faz um extenso inventário das interpretações judaicas do Cântico, poema bíblico fortemente carregado das marcas dos cultos mesopotâmicos da fertilidade e da dramaturgia grega do Antigo Testamento. O termo usado para designar o poema, *Shir-há-Shirim* (Cântico dos Cânticos), é um superlativo que, segundo Kristeva, exclui a encantação amorosa de qualquer outro discurso ou canto sagrado. Rabi Akiba, talmudista que defendeu o direito de incluir no Livro dos Livros o diálogo amoroso e erótico expresso no poema, utilizou-se na ocasião do seguinte argumento: "Se todas as escrituras são santas, a do Cântico é ainda mais santa que as outras".

45. S. Freud, *Nuevas conferencias de introducción al psicoanálisis* (31ª Conferencia), p. 53.

46. S. Freud, "Puntualizaciones sobre el amor de trasferencia", p. 169.

254 *A vocação do exílio*

47. S. Freud, "Sobre la dinámica de la trasferencia", p. 105.
48. S. Freud, "Puntualizaciones sobre el amor de trasferencia", p. 165.
49. Carta a Wilhelm Fliess, 11 mar. 1900. S. Freud e W. Fliess, *A correspondência completa de Sigmund Freud para Wilhelm Fliess (1887-1904)*, pp. 404-5.

5. Interpretação: Errância e nomadismo da letra [pp. 179-219]

1. E. Wiesel, *Night*, p. 77.
2. Cf. K. Armstrong, *Uma história de Deus*, p. 128.
3. E. Wiesel, *Todos los torrentes van a la mar*, p. 99.
4. Ibid., p. 99.
5. J.-P. Winter, "Transmisión y Talmud".
6. H. Atlan, "Niveaux de signification et athéisme de l'écriture", p. 86.
7. D. Banon, *La lecture infinie*, p. 251.
8. G. Pommier, "À Propos de l'anti-sémitisme", p. 85. Conforme as observações de Pommier, nesse sentido o dispositivo de leitura da Torá na tradição judaica contradiz a ideologia racista, já que assegura a subjetividade de cada um.
9. D. Banon, *La lecture infinie*, p. 219.
10. Carta a Sigmund Freud, 11 maio 1908. S. Freud e K. Abraham, *Correspondencia (1907-1926)*, p. 61.
11. M. Blanchot, "La Parole analytique". In: *L'Entretien infini*, p. 347.
12. Neste livro, designa-se por linguagem tudo aquilo que contém expressividade, sem que necessariamente esteja contido no discurso. O afeto, o som, a cor, o ritmo ou qualquer outra forma de manifestação — tudo é considerado linguagem. Já a fala é definida como a utilização de uma língua pelos sujeitos falantes. Cf. O. Ducrot e T. Todorov, *Dicionário enciclopédico das ciências da linguagem*, p. 315.
13. S. Freud, *La interpretación de los sueños*, p. 356.
14. C. A. Nicéas, "Respostas ao saber suposto", p. 26.
15. Cf. M. Tort, *La interpretación o la máquina hermenéutica*, p. 62.
16. Emmanuel Levinas apud D. Banon, *La Lecture infinie*, p. 255.
17. M.-A. Ouaknin, *Le livre brûlé*, p. 111. Em *Fragmentos de una poética del fuego*, Gaston Bachelard observa que o fogo se agita e sugere intensidade. Em várias culturas ele aparece como um elemento fundador da civilização. Na mitologia grega, Prometeu roubou o fogo dos deuses para dá-lo aos homens, e isso lhe valeu suplício eterno. Também no

Notas

mito hebreu da escrita ígnea da Lei, o fogo participa com seus atributos de modificar, transformar e propagar-se.

18. Ver M.-A. Ouaknin, *Le Livre brûlé*, p. 98. O autor se refere ao tratado Haguigá 14b.

19. Apud D. Banon, *La Lecture infinie*, p. 204.

20. Cf. M.-A. Ouaknin, *Le Livre brûlé*, p. 54.

21. Cf. J. P. Winter, "Transmisión y Talmud".

22. S. Freud, *La interpretación de los sueños*, pp. 118-9.

23. M. Blanchot, "La Parole analytique". In: *L'Entretien infini*, p. 343.

24. P.-L. Assoun, *Metapsicologia freudiana*, p. 144.

25. S. Freud, *La interpretación de los sueños*, p. 519.

26. Ibid.

27. Ibid., p. 600.

28. J. Lacan, "Função e campo da palavra e da linguagem". In: *Escritos*, p. 167.

29. Em *Nacimiento e renacimiento de la escritura*, Gérard Pommier chama a atenção para o seguinte fato: "Se todas as letras do tetragrama passaram a ter o valor de vogal no grego, e se toda consoante reclama uma vogal para que possa ser lida, então o nome de um deus vocálico estará presente cada vez que se houver que articular uma consoante, em si mesma impronunciável, caso não receba um sopro vocálico variável" (p. 129).

30. Exemplo transcrito do livro de David Banon, *La Lecture infinie*, p. 194.

31. Ibid., p. 194, 1n. Essa tradução do versículo 3,14 foi feita por Henri Meschonnic, esclarecendo que o motivo de sua decisão de traduzir a fórmula do Nome no futuro expõe a marca de incerteza e expectativa do sentido que também tarda a chegar. Cf. H. Meschonnic et al., "Traduire le sacré".

32. D. Banon, *La Lecture infinie*, p. 194.

33. S. Freud, "Sobre el sentido antitético de las palabras primitivas", p. 147.

34. J. Bottéro, *Nascimento de Deus: A Bíblia e o historiador*, p. 162.

35. D. Banon, *La Lecture infinie*, p. 17.

36. Sobre o tema, além do capítulo VII de *A interpretação dos sonhos*, já citado anteriormente, recomenda-se também, em especial, o capítulo VI, "O trabalho do sonho".

37. Carta a Wilhelm Fliess, 2 nov. 1896. S. Freud e W. Fliess, *A correspondência completa de Sigmund Freud para Wilhelm Fliess (1887-1904)*, p. 203.

38. S. Freud, *La interpretación de los sueños*, p. 20.

39. Ibid., p. 285.

256 *A vocação do exílio*

40. Carta a Wilhelm Fliess, 2 jan. 1896. S. Freud e W. Fliess, *A correspondência completa de Sigmund Freud para Wilhelm Fliess (1887-1904)*, p. 203.
41. S. Freud, *La interpretación de los sueños*, p. 323.
42. Ibid., p. 323. O funeral judaico deve ser rigorosamente simples e discreto.
43. Cf. J.-C. Milner, *A obra clara*, p. 105.
44. J. Derrida, "Edmond Jabès e a questão do livro". In: *A escritura e a diferença*, p. 60.
45. Edmond Jabès, citado por M.-A. Ouaknin, *Le Livre brûlé*, p. 213.
46. M. Blanchot, "Être juif". In: *L'Entretien infini*, p. 183.
47. Ibid., "La Parole analytique". In: *L'Entretien infini*, pp. 342-54.
48. Trata-se de um conceito tomado de empréstimo a Mallarmé por Derrida para designar a intervenção regulada do branco, marcando a suspensão e o retorno da cadência textual. É também um indicador de um fora e de uma alteridade irredutíveis, impossibilitando uma identidade de fechar-se sobre si própria, sobre sua coincidência consigo mesma. Cf. Silviano Santiago, *Glossário de Derrida*, p. 33.
49. D. Banon, *La Lecture infinie*, p. 210.
50. R. Barthes, *Le Plaisir du texte*, p. 37.
51. Exemplo transcrito de M.-A. Ouaknin, *Le Livre brûlé*, p. 28.
52. Talmude *Bavli*, apud D. Banon, *La Lecture infinie*, p. 68.
53. S. Freud, *La interpretación de los sueños*, p. 517.
54. S. Freud, *Estudios sobre la histeria*, p. 255.
55. S. Freud, "A propósito de un caso de neurosis obsesiva", p. 220.
56. S. Freud, "Nuevos caminos de la terapia psicoanalítica", p. 155.
57. O termo "intertextualidade" exprime que aquilo que está em jogo é a absorção e a transformação de uma multiplicidade de outros textos. Cf. O. Ducrot e T. Todorov, *Dicionário enciclopédico das ciências da linguagem*, p. 333.
58. Cf. M.-A. Ouaknin, *Le Livre brûlé*, p. 49.
59. Y. H. Yerushalmi, *Zakhor*, p. 44.
60. Sobre o tema, ver a introdução do livro de Robert Graves e Raphael Patai, *Los mitos hebreos*.
61. A. Neher, "Visão do tempo e da história na cultura judaica", p. 176.
62. J. Derrida, *Mal de arquivo*, p. 118.
63. E. Levinas, *Totalidade e infinito*, p. 44.
64. A noção de virtualidade aparece com frequência na filosofia contemporânea, em diversos autores. Serve para designar um estatuto de realidade distinto da realidade corpórea ou material. Nas palavras

Notas 257

de Deleuze: "Talvez o termo virtualidade designasse exatamente o modo da estrutura ou o objeto da teoria, mas com a condição de retirarmos dele todo o caráter vago; porque o virtual tem uma realidade que lhe é própria, mas que não se confunde com nenhuma realidade atual, com nenhuma atualidade presente ou passada; ele tem uma idealidade que lhe é própria, mas que não se confunde com nenhuma imagem possível, com nenhuma ideia abstrata". G. Deleuze, "Em que se pode reconhecer o estruturalismo?", p. 283.

65. M. de Certeau, *Historia y psicoanálisis*, p. 79.

66. M. de Certeau, *A escrita da história*, p. 305. A palavra "quiproquó" (do latim *quid pro quo*) pode ser traduzida como "mal-entendido", mas também denota um significado mais preciso, como "tomar uma coisa ou uma pessoa no lugar de outra".

67. D. Banon, *La Lecture infinie*, p. 66. "Um jogo que se pode fazer com a leitura da raiz da palavra para 'herança' em hebraico (*morachá*) torna possível ler a palavra para 'noiva' (*meoras-sa*). [...] É para nós que Ele dita a Torá a Moisés, herança (*morachá*) do povo de Jacó (Deuteronômio 33,4). O Talmude faz ler *noiva* (*meorassa*) no lugar de *herança*."

68. Y. H. Yerushalmi, *Zakhor*, p. 30.

69. D. Banon, *La Lecture infinie*, p. 176.

70. Apud M.-A. Ouaknin, *Le Livre brûlé*, p. 54.

71. Cf. Y. H. Yerushalmi, *Zakhor*, p. 39.

72. H. Rey-Flaud, *"Et Moïse créa les Juifs..."*, p. 154.

73. O. Acha, *Freud y el problema de la historia*, pp. 150-2.

74. M. de Certeau, *Historia y psicoanálisis*, p. 23.

75. Carta a Wilhelm Fliess, 6 dez. 1896. S. Freud e W. Fliess, *A correspondência completa de Sigmund Freud para Wilhelm Fliess (1887-1904)*, pp. 208-9.

76. Cf. S. Freud, "Sobre el mecanismo psíquico de fenómenos histéricos: comunicação preliminar". In: *Estudios sobre la histeria*, p. 32.

77. S. Freud, "Recordar, repetir y reelaborar", p. 150.

78. Cf. J. Birman, *Ensaios de teoria psicanalítica*, p. 30.

79. J. Lacan, *O Seminário*, livro 1: *Os escritos técnicos de Freud*, p. 21.

80. G. Deleuze, "Em que se pode reconhecer o estruturalismo?", p. 285.

81. M. de Certeau, *Historia y psicoanálisis*, p. 105.

82. Sobre a teoria dos atos de fala na clínica psicanalítica a partir dos trabalhos de J. L. Austin, ver o livro de Ana Maria Rudge *Pulsão e linguagem*.

83. J. Lacan, *O Seminário*, livro 17: *O avesso da psicanálise*, p. 127.

258 *A vocação do exílio*

Por concluir [pp. 221-9]

1. A. Maciel Jr., "Multidão de minorias", pp. 27-46.
2. "Jerusalém está destruída e Martinha e eu estamos vivos e felizes. E os historiadores dizem que, se Jerusalém não houvesse sido destruída, nós judeus teríamos perecido como tantas raças antes e depois de nós. Segundo eles, o edifício invisível do judaísmo só se tornou possível depois do desmoronamento do Templo visível." Carta a Martha Bernays, 23 jul. 1882. S. Freud, *Correspondência de amor e outras cartas*, pp. 38-9.
3. C. Caruth, *Unclaimed Experience*, p. 105.
4. Ver A. M. Rudge, *Trauma*.
5. Ver M. Seligmann-Silva, "Narrar o trauma".
6. S. Freud, *O homem Moisés e a religião monoteísta*, p. 85.
7. S. Freud, "¿Por qué la guerra?", p. 196.
8. Ibid., p. 198.
9. Sigmund Freud apud E. Jones, *Vida e obra de Sigmund Freud*, v. III, p. 226. No terceiro ensaio de *O homem Moisés*, Freud também se refere a essa passagem da história do povo judeu: "Imediatamente após a destruição do Templo de Jerusalém por Tito, o rabino Yochanan ben Sakkai solicitou permissão para abrir a primeira escola da Torá em Jabne. Desde então, foram a Sagrada Escritura e o empenho espiritual por ela que mantiveram coeso o povo disperso" (p. 158).
10. H. Arendt, "O judeu como pária". In: *Escritos judaicos*, p. 495.
11. Carta de Freud a Laforgue, 5 fev. 1928. Apud A. Bourguignon, *O conceito de renegação em Freud*, p. 27.
12. Sobre as modalidades do poder e a organização das instituições psicanalíticas, ver o livro de Elisabeth Roudinesco *História da psicanálise na França* (2 vols.).
13. S. Freud, "Contribución a la historia del movimiento psicoanalítico", p. 43.
14. J. Lacan, *O Seminário*, livro 10: *A angústia*, p. 336.
15. Edmond Jabès, citado por M.-A. Ouaknin, *Le Livre brûlé*, p. 279.

Referências bibliográficas

Escritos de Freud

FREUD, Sigmund. *Obras completas*. Buenos Aires: Amorrortu Editores [AE], 1976/ *Edição standard brasileira das obras completas de Sigmund Freud*. Rio de Janeiro: Imago [ESB], 1969.

_____. "Sobre el mecanismo psíquico de fenómenos histéricos: Comunicación preliminar" (1893), AE, v. 2/ "Comunicação preliminar", ESB, v. 2.

_____. "Sobre la psicoterapia de la histeria" (1895), AE, v. 2/ "A psicoterapia da histeria", ESB, v. 2.

_____. *Estudios sobre la histeria* (1893-95). Em coautoria com Josef Breuer. AE, v. 2/ *Estudos sobre a histeria*, ESB, v. 2.

_____. "Sobre los recuerdos encubridores" (1899), AE, v. 3/ "Lembranças encobridoras", ESB, v. 3.

_____. *La interpretación de los sueños* (1900), AE, v. 4/ *A interpretação dos sonhos*, ESB, v. 4.

_____. "En memoria del professor S. Hammerschlag" (s/d), AE, v. 7/ "Em memória do professor S. Hammerschlag", ESB, v. 7.

_____. "Sobre psicoterapia" (1905), AE, v. 7/ "Sobre psicoterapia", ESB, v. 7.

_____. *El chiste y su relación con lo inconciente* (1905), AE, v. 8/ *Os chistes e a sua relação com o inconsciente*, ESB, v. 8.

_____. "El delirio y los sueños en la 'Gradiva' de W. Jensen" (1907), AE, v. 9/ "Delírios e sonhos na 'Gradiva' de Jansen", ESB, v. 9.

_____. "Análisis de la fobia de un niño de cinco años" (1909), AE, v. 10/ "Análise de uma fobia em um menino de cinco anos", ESB, v. 10.

_____. "A propósito de un caso de neurosis obsesiva" (1909), AE, v. 10/ "A propósito de um caso de neurose obsessiva", ESB, v. 10.

_____. "Cinco conferencias sobre psicoanálisis" (1909), AE, v. 11/ "Cinco conferências sobre psicanálise", ESB, v. 11.

_____. "Sobre el sentido antitético de las palabras primitivas" (1911), AE, v. 11/ "A significação antitética das palavras primitivas", ESB, v. 11.

FREUD, Sigmund. "El valor de la secuencia de vocales" (1911), *AE*, v. 7/ "A significação das sequências de vogais", *ESB*, v. 7.
_____. "Sobre la dinámica de la trasferencia" (1912), *AE*, v. 12/ "A dinâmica da transferência", *ESB*, v. 12.
_____. *Tótem y tabú* (1912), *AE*, v. 13/ *Totem e tabu*, *ESB*, v. 13.
_____. "Recordar, repetir y reelaborar" (1914), *AE*, v. 12 / "Recordar, repetir e elaborar", *ESB*, v. 12.
_____. "Contribución a la historia del movimiento psicoanalítico" (1914), *AE*, v. 14/ "A história do movimento psicanalítico", *ESB*, v. 14.
_____. "Puntualizaciones sobre el amor de trasferencia" (1915), *AE*, v. 12/ "Observações sobre o amor de transferência", *ESB*, v. 12.
_____. "De guerra y muerte. Temas de actualidad" (1915), *AE*, v. 14/ "Da guerra e da morte: Temas da atualidade", *ESB*, v. 14.
_____. "La transitoriedad" (1916), *AE*, v. 14/ "Sobre a transitoriedade", *ESB*, v. 14.
_____. *Conferencias de introducción al psicoanálisis* (1916), *AE*, v. 15/ *Conferências introdutórias sobre psicanálise*, *ESB*, v. 15.
_____. "Una dificultad del psicoanálisis" (1917), *AE*, v. 17/ "Uma dificuldade da psicanálise", *ESB*, v. 17.
_____. "Nuevos caminos de la terapia psicoanalítica" (1919), *AE*, v. 17/ "Linhas de progresso na terapia psicanalítica", *ESB*, v. 17.
_____. "Lo ominoso" (1919), *AE*, v. 17/ "O estranho", *ESB*, v. 17.
_____. "Mas allá del princípio del placer" (1920), *AE*, v. 18/ "Além do princípio do prazer", *ESB*, v. 18.
_____. "Psicología de las masas y análisis del yo" (1921), *AE*, v. 18/ "Psicologia das massas e análise do eu", *ESB*, v. 18.
_____. "Dos artículos de enciclopedia: 'Psicoanálisis' y 'Teoría de la libido'" (1923), *AE*, v. 18/ "Dois verbetes de enciclopédia: 'Psicanálise' e 'A teoria da libido'", *ESB*, v. 18.
_____. "El yo y el ello" (1923), *AE*, v. 19/ "O ego e o id", *ESB*, v. 19.
_____. "Las resistencias contra el psicoanálisis" (1925), *AE*, v. 19/ "As resistências à psicanálise", *ESB*, v. 19.
_____. "Presentación autobiográfica" (1925), *AE*, v. 20/ "Um estudo autobiográfico", *ESB*, v. 20.
_____. "Pueden los legos ejercer el análisis?" (1926), *AE*, v. 20/ "A questão da análise leiga", *ESB*, v. 20.
_____. *El porvenir de una ilusión* (1927), *AE*, v. 21/ *O futuro de uma ilusão*, *ESB*, v. 21.

Referências bibliográficas

FREUD, Sigmund. *El malestar en la cultura* (1930), AE, v. 21/ *O mal-estar na civilização*, ESB, v. 21.

_____. *Nuevas conferencias de introducción al psicoanálisis* (1932), AE, v. 22/ *Novas conferências introdutórias sobre psicanálise*, ESB, v. 22.

_____. "35ª conferencia. En torno de una cosmovisión" (1933), AE, v. 22/ "Conferência XXXV: A questão de uma *Weltanschauung*", ESB, v. 22.

_____. "33ª conferencia. La feminidad" (1933), AE, v. 22/ "Conferência XXXIII: Feminilidade", ESB, v. 22.

_____. "¿Por qué la guerra? (Einstein y Freud)" (1933), AE, v. 22/ "Por que a guerra (Einstein e Freud)", ESB, v. 22.

_____. "Carta a Romain Rolland (Una perturbación del recuerdo en la Acrópolis)" (1936), AE, v. 22/ "Um distúrbio de memória na Acrópole", ESB, v. 22.

_____. "Construcciones en el análisis" (1937), AE, v. 23/ "Construções em análise", ESB, v. 23.

_____. *O homem Moisés e a religião monoteísta* (1939). Porto Alegre: L&PM, 2014.

_____. "Alocución ante los miembros de la Sociedad B'nai B'rith" (1941 [1926]), AE, v. 20/ "Discurso perante a Sociedade dos B'nai B'rith", ESB, v. 20.

_____. "O valor da vida", entrevista a George S. Viereck. In: SOUZA, Paulo César de (Org.). *Sigmund Freud & o gabinete do dr. Lacan*. São Paulo: Brasiliense, 1990.

_____. "Death and Us". In: MEGHNAGI, David (Org.). *Freud and Judaism*. Londres: Routledge, 1993.

_____. *Diário de Sigmund Freud (1929-1939): Crônicas breves*. Porto Alegre: Artmed, 2000.

_____. *O infamiliar*. Belo Horizonte: Autêntica, 2019.

Correspondência de Freud

FREUD, Sigmund. *Correspondência de amor e outras cartas*. Rio de Janeiro: Nova Fronteira, 1982.

_____. *A correspondência completa de Sigmund Freud para Wilhelm Fliess (1887-1904)*. Rio de Janeiro: Imago, 1986.

_____. *Cartas de Sigmund Freud para Eduard Silberstein (1871-1881)*. BOELICH, Walter (Org.). Rio de Janeiro: Imago, 1995.

FREUD, Sigmund; ABRAHAM, Karl. *Correspondencia (1907-1926)*. Barcelona: Gedisa, 1979.

FREUD, Sigmund; ANDREAS-SALOMÉ, Lou. *Freud/Lou Andreas-Salomé: Correspondência completa*. Rio de Janeiro: Imago, 1975.

FREUD, Sigmund; FERENCZI, Sándor. *Correspondência*, v. 1, tomo 2 (1912-4). Rio de Janeiro: Imago, 1995.

FREUD, Sigmund; JUNG, Carl Gustav. *Freud/Jung: Correspondência completa*. Org. William McGuire. Rio de Janeiro: Imago, 1979.

FREUD, Sigmund; PFISTER, Oskar. *Correspondance avec le pasteur Pfister (1909-1936)*. Paris: Gallimard, 1966.

FREUD, Sigmund; ZWEIG, Arnold. *Correspondencia Freud-Zweig*. Buenos Aires: Grancia, 1974.

Referências gerais

ACHA, Omar. *Freud y el problema de la historia*. Buenos Aires: Prometeo, 2007.

ALLARD, Michel. "Note sur la formule 'Ehyeh ašer ehyeh'". *Recherches de Science Religieuse*, Paris, t. 45/1, pp. 79-86, jan.-mar. 1957.

ANZIEU, Didier. *A autoanálise de Freud e a descoberta da psicanálise*. Porto Alegre: Artes Médicas, 1989.

APPIAH, Kwame Anthony. *Na casa de meu pai: A África na filosofia da cultura*. Rio de Janeiro: Contraponto, 1997.

ARENDT, Hannah. *Origens do totalitarismo: Antissemitismo, imperialismo, totalitarismo*. São Paulo: Companhia das Letras, 2013.

_____. *Rahel Varnhagen: A vida de uma judia alemã na época do romantismo*. Rio de Janeiro: Relume-Dumará, 1994.

_____. *Escritos judaicos*. Org. Jerome Kohn e Ron H. Feldman. Barueri: Amarilys, 2016.

ARMSTRONG, Karen. *Uma história de Deus: Quatro milênios de busca do judaísmo, cristianismo e islamismo*. São Paulo: Companhia das Letras, 1994.

ASSOUN, Paul-Laurent. "El sujeto del Ideal". In: *Aspectos del malestar en la cultura*. Buenos Aires: Manantial, 1987.

_____. *O freudismo*. Rio de Janeiro: Zahar, 1991.

_____. "Sujet et l'Autre chez Levinas et Lacan. Éthique et inconscient". *Rue Descartes*, Paris, n. 7, pp. 123-46, jun. 1993. [Ed. bras.: "O sujeito e

Referências bibliográficas 263

o outro em Levinas e Lacan". *Cadernos de Subjetividade*, São Paulo, v. 5, n. 1, pp. 91-116, 1997.]

———. *Metapsicologia freudiana: Uma introdução*. Rio de Janeiro: Zahar, 1995.

ATLAN, Henri. "Niveaux de signification et atheísme de l'écriture". In: *La Bible au présent: Actes du XXIIe Colloque des intellectuels juifs de langue française*. Paris: Gallimard, 1982.

BACHELARD, Gaston. *Fragmentos de una poética del fuego*. Buenos Aires: Paidós, 1992.

BADIOU, Alain. *Ética: Um ensaio sobre a consciência do mal*. Rio de Janeiro: Relume-Dumará, 1995.

BAKAN, David. *Freud et la tradition mistique juive*. Paris: Payot, 2000.

BANON, David. *La Lecture infinie: Les Voies de l'interprétation midrachique*. Paris: Seuil, 1987.

———. "L'Appel de l'autre". *L'Arche*, n. 459: *Levinas, philosophe et juif*, pp. 60-71, 1996.

BARTHES, Roland. *Le Plaisir du texte*. Paris: Seuil, 1973.

———. *Mitologias*. São Paulo: Difel, 1980.

BASHEVIS SINGER, Isaac. *O solar*. Rio de Janeiro: Francisco Alves, 1984.

BELLER, Steven. *Vienne et les juifs, 1867-1938*. Paris: Nathan, 1989.

BERGSTEIN, Lena. "Um texto fora do lugar". *Trieb — Revista da Sociedade Brasileira de Psicanálise do Rio de Janeiro*, n. 1, 1995.

BERGMANN, Martin S. "Moses and the Evolution of Freud's Jewish Identity". In: OSTOW, Mortimer (Org.). *Judaism and Psychoanalysis*. Nova York: Ktav, 1993.

BIRMAN, Joel. *Psicanálise, ciência e cultura*. Rio de Janeiro: Zahar, 1994.

———. *Freud e a interpretação psicanalítica*. Rio de Janeiro: Relume-Dumará, 1991.

———. *Ensaios de teoria psicanalítica*. Rio de Janeiro: Zahar, 1993.

BLANCHOT, Maurice. *L'Entretien infini*. Paris: Galimard, 1986.

BLOOM, Harold. *Abaixo as verdades sagradas: Poesia e crença desde a Bíblia até nossos dias*. São Paulo: Companhia das Letras, 1993.

BOTTÉRO, Jean. *Nascimento de Deus: A Bíblia e o historiador*. São Paulo: Paz e Terra, 1993.

BORGES, Jorge Luis. *História da eternidade*. São Paulo: Globo, s.d.

BORGES, Sherrine Niajne. *Metamorfoses do corpo: Uma pedagogia freudiana*. Rio de Janeiro: Fiocruz, 1996.

BOURGUIGNON, André. *O conceito de renegação em Freud*. Rio de Janeiro: Zahar, 1991.

BOYARIN, Daniel. "'This We Know to Be the Carnal Israel': Circumcision and the Erotic Life of God and Israel". *Critical Inquiry*, Chicago, v. 18, n. 3, pp. 474-505, 1992.

_____. *Israel carnal: Lendo o sexo na cultura talmúdica*. Rio de Janeiro: Imago, 1994.

BRUNEL, Pierre (Org.). *Dicionário de mitos literários*. Rio de Janeiro: José Olympio, 1997.

BUCI-GLUCKSMANN, Christine. "Figures viennoises de l'altérité: Feminité et judaité". *L'Écrit du Temps*, n. 5, pp. 51-6, 1984.

CARUTH, Cathy. *Unclaimed Experience: Trauma, Narrative and History*. Baltimore: John Hopkins University Press, 1966.

CASSIRER, Ernst. *Linguagem e mito: Uma contribuição ao problema dos nomes dos deuses*. São Paulo: Perspectiva, 1972.

_____. *La Philosophie des formes symboliques 2: La Pensée mythique*. Paris: Minuit, 1972.

CERTEAU, Michel de. *A escrita da história*. Rio de Janeiro: Forense Universitária, 1982.

_____. *Historia y psicoanálisis: Entre ciencia y ficción*. Cidade do México: Universidad Iberoamericana, 1995.

CHEMAMA, Roland (Org.). *Dicionário de psicanálise*. Porto Alegre: Artes Médicas, 1995.

CHEMOUNI, Jacquy. *Freud e o sionismo*. Rio de Janeiro: Imago, 1992.

CHNAIDERMAN, Miriam. "Derrida em Freud: A tradução impossível, o desvario necessário". *Tempo Brasileiro*, n. 70, pp. 97-108, jul.-set. 1982.

CHOURAQUI, André. "Traduire la Bible". *L'Écrit du Temps*, n. 5, pp. 19-27, 1984.

_____. *Moisés: Profeta do mundo moderno?* Lisboa: Instituto Piaget, 2001.

COHEN, Joseph D.; ZAGURY-ORLY, Raphael (Orgs.). *Judéités. Questions pour Jacques Derrida*. Paris: Galilée, 2003.

COUTINHO JORGE, Marco Antonio. *Sexo e discurso em Freud e Lacan*. Rio de Janeiro: Zahar, 1988.

_____. *Fundamentos da psicanálise de Freud a Lacan*, v. 1 e 2. Rio de Janeiro: Zahar, 2022.

DEFONTAINE, Jeanne. "Expérience culturelle et perte du sens: Dé-significations et malaise d'in-différence". *Revue Française de Psychanalyse*, n. 57, pp. 1189-98, 1993.

Referências bibliográficas

DELEUZE, Gilles. "Em que se pode reconhecer o estruturalismo?". In: CHÂTELET, François (Org.). *História da filosofia*, v. 8: *Ideias, doutrinas*. Rio de Janeiro: Zahar, 1982.

_____. *Conversações*. São Paulo: Editora 34, 1990.

DELEUZE, Gilles; GUATTARI, Félix. *O que é a filosofia?*. São Paulo: Editora 34, 1991.

_____. *Mil platôs: Capitalismo e esquizofrenia*. São Paulo: Editora 34, 1997.

DERRIDA, Jacques. *A escritura e a diferença*. São Paulo: Perspectiva, 1971.

_____. *Mal de arquivo: Uma impressão freudiana*. Rio de Janeiro: Relume-Dumará, 2001.

_____. "Adieu". *L' Arche*, n. 459: *Levinas, philosophe et juif*, pp. 84-90, fev. 1996.

_____. "Abraham, l'autre". In: COHEN, Joseph D.; ZAGURY-ORLY, Raphael (Orgs.). *Judéités: Questions pour Jacques Derrida*. Paris: Galilée, 2003.

DETIENNE, Marcel. *A invenção da mitologia*. Rio de Janeiro: José Olympio, 1992.

DEUTSCHER, Isaac. *Essais sur le problème juif*. Paris: Payot, 1969.

_____. *O judeu não judeu e outros ensaios*. Rio de Janeiro: Civilização Brasileira, 1970.

DUCROT, Oswald; TODOROV, Tzvetan. *Dicionário enciclopédico das ciências da linguagem*. São Paulo: Perspectiva, 1977.

ECO, Umberto. *A obra aberta*. São Paulo: Perspectiva, 1971.

ENRIQUEZ, Eugène. "Un peuple immortel?". *L'Écrit du temps*, n. 5, pp. 125-35, 1984.

FANON, Frantz. *Pele negra, máscaras brancas*. São Paulo: Ubu, 2020.

FELDMAN, Ron H. "O judeu como pária: O caso de Hannah Arendt (1906-1975)". In: ARENDT, Hannah. *Escritos judaicos*. Org. Jerome Kohn e Ron H. Feldman. Barueri: Amarilys, 2016.

FLEM, Lydia. *A vida cotidiana de Freud e seus pacientes*. Porto Alegre: L&PM, 1988.

_____. *O homem Freud: O romance do inconsciente*. Rio de Janeiro: Campus, 1993.

FLORENCE, Jean. "As identificações". In: MANNONI, Maud et al. *As identificações: Na teoria e na clínica psicanalítica*. Rio de Janeiro: Relume-Dumará, 1994.

FOUCAULT, Michel. *As palavras e as coisas: Uma arqueologia das ciências humanas*. Lisboa: Portugália, 1966.

_____. *O que é um autor?*. Lisboa: Passagens, 1992.

FOUCAULT, Michel. "La Pensée du dehors", *Critique*, n. 229: *Sur Maurice Blanchot*, pp. 523-46, 1996.

_____. *O nascimento da clínica*. Rio de Janeiro: Forense, 2001.

FUKS, Betty Bernardo. "As Escrituras e o Talmude: A singularidade de uma hermenêutica". *Ágalma*, ano 2, n. 7, mar. 1976.

_____. "Uma ferida narcísica: As instituições psicanalíticas e suas formações sintomáticas". In: COMARU, Marcos; MAYA, Maria Carmem (Orgs.). *Neurose obsessiva*. Rio de Janeiro: Letter, 1992.

_____. "Das armas e dos deuses", *Tempo Psicanalítico*, n. 27: *Angústia*, pp. 118-132, 1994.

_____. *O homem Moisés e a religião monoteísta — Três ensaios: O desvelar de um assassinato*. Coleção Para Ler Freud. Rio de Janeiro: Civilização Brasileira, 2014.

GARCIA-ROZA, Luiz Alfredo. *O mal radical em Freud*. Rio de Janeiro: Zahar, 1990.

GAY, Peter. *Freud, Jews and Other Germans: Masters and Victims in Modernist Culture*. Londres: Oxford University Press, 1978.

_____. *Freud: Uma vida para o nosso tempo*. São Paulo: Companhia das Letras, 1988.

_____. *Um judeu sem Deus: Freud, ateísmo e a construção da psicanálise*. Rio de Janeiro: Imago, 1992.

GILMAN, Sander L. *Freud, raça e sexos*. Rio de Janeiro: Imago, 1994.

GLASMAN, Jane Bichmacher de. "Escritura e judaísmo". *Revista Morashá*, n. 33, jun. 2011.

GOUX, Jean-Joseph. *El inconsciente freudiano y la revolución iconoclasta*. Buenos Aires: Letra Viva, 1993.

GRAVES, Robert; PATAI, Raphael. *Los mitos hebreos*. Madri: Alianza Editorial, 1964.

GREENBERG, Blu. *On Women and Judaism: A View from Tradition*. Nova York: Jewish Publication Society, 1988.

GRUNFELD, Frederick. *Profetas malditos*. Barcelona: Planeta, 1980.

GUINSBURG, Jacó. "Qohélet, O-que-sabe que não sabe". In: CAMPOS, Haroldo de. *Qohélet/O-que-sabe: Eclesiastes. Poema sapiencial*. São Paulo: Perspectiva, 1990.

_____. *Aventuras de uma língua errante*. São Paulo: Perspectiva, 1996.

HADDAD, Gérard. *El hijo ilegítimo: Las fuentes talmúdicas del psicoanálisis*. Jerusalém: La Semana Publicaciones, 1985.

Referências bibliográficas

HERCENBERG, Bernard Dov. *O exílio e o poder de Israel e do mundo: Ensaio sobre a crise dos limites da representação e do poder.* São Paulo: Paz e Terra, 1996.

HOFFMANN, E. T. A. "O homem da areia". In: FREUD, Sigmund. *O infamiliar.* Belo Horizonte: Autêntica, 2019.

JABÈS, Edmond. *Le Livre des ressemblances I.* Paris: Gallimard, 1976.

_____. *Le Livre de ressemblances II: Le Soupçon, le désert.* Paris: Gallimard, 1978.

_____. *Le Livre de ressemblances III: L'Ineffaçable. L'Inaperçu.* Paris: Gallimard, 1980.

_____. "Judaïsme et écriture". *L'Écrit du Temps,* n. 5, pp. 5-16, 1984.

JONES, Ernest. *Vida e obra de Sigmund Freud,* 3 v. Rio de Janeiro: Imago, 1989.

JOHNSON, Paul. *História dos judeus.* Rio de Janeiro: Imago, 1992.

JULIEN, Phillippe. *O estranho gozo do próximo: Ética de psicanálise.* Rio de Janeiro: Zahar, 1996.

KANT, Immanuel. *Crítica da faculdade do juízo.* 2. ed. Rio de Janeiro: Forense Universitária, 1995.

KARL, Frederick R. *O moderno e o modernismo.* Rio de Janeiro: Imago, 1993.

KARSENTI, Bruno. *Moïse et l'idée de peuple.* Paris: Les Éditions du Cerf, 2012.

KATZ, Chaim Samuel. *Psicanálise e nazismo.* Rio de Janeiro: Taurus, 1985.

_____. *O coração distante: Ensaio sobre a solidão positiva.* Rio de Janeiro: Revan, 1966.

_____. "Teoria e política na obra de Freud: Indicações iniciais". *Tempo Brasileiro,* n. 70, pp. 17-39, 1982.

KAUFMANN, Pierre. *Dicionário enciclopédico de psicanálise: O legado de Freud e Lacan.* Rio de Janeiro: Zahar, 1996.

KLEMPERER, Victor. *LTI: A linguagem do III Reich.* Rio de Janeiro: Contraponto, 2009.

KNOEPFMACHER, Hugo. "Sigmund Freud in High School". *American Imago,* v. 36, n. 3, pp. 287-300, 1979.

KOHN, Max. *Freud e o ídiche: O pré-analítico.* Rio de Janeiro: Imago, 1994.

KOYRÉ, Alexandre. *Estudos de história do pensamento científico.* Rio de Janeiro: Forense Universitária, 1982.

KRESCH, Daniela. "Amós Oz: Um deserto de dor e perda". *O Globo.* Rio de Janeiro, 6 mar. 1994.

KRISTEVA, Julia. *Histórias de amor*. Rio de Janeiro: Paz e Terra, 1988.

_____. *Estrangeiros para nós mesmos*. Rio de Janeiro: Rocco, 1994.

KRÜLL, Marianne. *Sigmund, fils de Jacob*. Paris: Gallimard, 1979.

KUHN, Thomas S. *A estrutura das revoluções científicas*. São Paulo: Perspectiva, 1991.

LACAN, Jacques. *O Seminário*, livro 1: *Os escritos técnicos de Freud*. Rio de Janeiro: Zahar, 1973.

_____. *O Seminário*, livro 11: *Os quatro conceitos fundamentais da psicanálise*. Rio de Janeiro: Zahar, 1973.

_____. *O Seminário*, livro 2: *O eu na teoria de Freud e na técnica da psicanálise*. Rio de Janeiro: Zahar, 1985.

_____. *O Seminário*, livro 7: *A ética da psicanálise*. Rio de Janeiro: Zahar, 1988.

_____. *O Seminário*, livro 17: *O avesso da psicanálise*. Rio de Janeiro: Zahar, 1992.

_____. *O Seminário*, livro 20: *Mais, ainda*. Rio de Janeiro: Zahar, 1995.

_____. *Escritos*. Rio de Janeiro: Zahar, 1998.

_____. "Proposição de 9 de outubro de 1967 sobre o psicanalista da Escola". In: *Outros escritos*. Rio de Janeiro: Zahar, 2003.

_____. "Televisão". In: *Outros escritos*. Rio de Janeiro: Zahar, 2003.

_____. *Nomes-do-Pai*. Rio de Janeiro: Zahar, 2005.

_____. *O Seminário*, livro 10: *A angústia*. Rio de Janeiro: Zahar, 2005.

_____. *O Seminário*, livro 16: *De um Outro ao Outro*. Rio de Janeiro: Zahar, 2008.

_____. *A terceira*. In: LACAN, J.; MILLER, Jacques-Alain. *A terceira/Teoria de lalíngua*. Rio de Janeiro: Zahar, 2022.

LACOUE-LABARTHE, Philippe; NANCY, Jean-Luc. "Le Peuple juif ne rêve pas". In: *La Psychanalyse: Est-elle une histoire juive? Colloque de Montpellier, 1980*. Paris: Seuil, 1981.

LALANDE, André. *Vocabulário técnico e crítico de filosofia*. São Paulo: Martins Fontes, 1999.

LECLAIRE, Serge. *O País do Outro: O inconsciente*. Rio de Janeiro: Zahar, 1992.

LEGENDRE, Pierre. "Les Juifes se livrent à des interprétations insensées — expertise d'un texte". In: *La Psychanalyse: Est-elle une histoire juive? Colloque de Montpellier, 1980*. Paris: Seuil, 1981.

LE RIDER, Jacques. *A modernidade vienense e as crises de identidade*. Rio de Janeiro: Civilização Brasileira, 1992.

Referências bibliográficas

LEVINAS, Emmanuel. *Quatre lectures talmudeiques*. Paris: Minuit, 1968.

_____. *Totalidade e infinito*. Lisboa: Edições 70, 1980.

_____. *Transcendência e inteligibilidade*. Lisboa: Edições 70, 1984.

_____. *Ética e infinito: Diálogos com Philippe Nemo*. Lisboa: Edições 70, 1988.

_____. *Humanismo do outro homem*. Petrópolis: Vozes, 1993.

_____. *Diós, la muerte y el tiempo*. Madri: Cátedra, 1994.

_____. *Difficile liberté*. Paris: Albin Michel, 1995.

LEWIS, Bernard. *O Oriente Médio: Do advento do cristianismo aos dias de hoje*. Rio de Janeiro: Zahar, 1996.

LÖWY, Michael. *Redenção e utopia: O judaísmo libertário na Europa Central*. São Paulo: Companhia das Letras, 1989.

LYOTARD, Jean-François. "Figure forclose". *L'Écrit du temps*, n. 5, pp. 63--105, 1984.

MACIEL Jr., Auterives. "Multidão de minorias: Sobre a diferença entre massa, povo, multidão e devir minoritário". *Trivium: Estudos Interdisciplinares*, v. 14, n. esp., pp. 27-46, 2022.

MALKA, Salomon. *Lire Levinas*. Paris: Cerf, 1984.

MANNONI, Octave. *Freud e a descoberta do inconsciente*. Rio de Janeiro: Zahar, 2023.

MEMMI, Albert. *O homem dominado*. Lisboa: Seara Nova, 1975.

MESCHONNIC, Henri. "Traduire le sacré". *Corps Écrit*, n. 3: *Le Sacré et les formes*, pp. 5-8, 1982.

MEZAN, Renato. *Psicanálise, judaísmo: Ressonâncias*. São Paulo: Escuta, 1987.

MILNER, Jean-Claude. *A obra clara: Lacan, a ciência e a filosofia*. Rio de Janeiro: Zahar, 1996.

MONZANI, Luiz Roberto. *Freud: O movimento de um pensamento*. Campinas: Unicamp, 1989.

NASIO, J.-D. *Cinco lições sobre a teoria de Jacques Lacan*. Rio de Janeiro: Zahar, 1993.

NEHER, André. "Visão do tempo e da história na cultura judaica". In: RICOEUR, Paul (Org.). *As culturas e o tempo*. Petrópolis: Vozes; São Paulo: Unesco, 1975.

NICÉAS, Carlos Augusto. "Uma questão de sobrevivência: notas sobre Freud e a IPA". In: FORBES, Jorge (Org.). *A escola de Lacan: A formação do psicanalista e a transmissão da psicanálise*. Campinas: Papirus, 1984.

_____. "Respostas ao saber suposto". In: FORBES, Jorge (Org.). *Psicanálise ou psicoterapia*. São Paulo: Papirus, 1997.

OSTOW, Mortimer (Org.). *Judaism and Psychoanalysis*. Nova York: Ktav Publishing House, 1982.

OUAKNIN, Marc-Alain. *Le Livre brûlé: Lire le Talmude*. Paris: Lieu Commun, 1983.

OUAKNIN, Marc-Alain; ROTNEMER, Dori. *A bíblia do humor judaico*. Lisboa: Contexto, 1996.

PELBART, Peter Pál. *O tempo não reconciliado*. São Paulo: Perspectiva, 1998.

PFRIMMER, Théo. *Freud, leitor da Bíblia*. Rio de Janeiro: Imago, 1994.

POMMIER, Gérard. "À Propos de l'antisémitisme". *Ornicar?*, n. 24, 1981.

_____. *Nacimiento y renacimiento de la escritura*. Buenos Aires: Nueva Visión, 1993.

RABINOVITCH, Solal. "Écriture et défiguration: Une lecture du *Moïse* de Freud". *Rue Descartes*, n. 8/9, pp. 153-77, 1993.

REGNAULT, François. *Diós és inconciente*. Buenos Aires: Manantial, 1986.

REY-FLAUD, Henri. *"Et Moïse créa les Juifs...": Le testament de Freud*. Paris: Aubier, 2006.

RICOEUR, Paul. *Tempo e narrativa*. Campinas: Papirus, 1994.

_____. "A estranheza do estrangeiro". In: LE NOUVEL OBSERVATEUR (Org.), *Café Philo: As grandes indagações da filosofia*. Rio de Janeiro: Zahar, 1999.

ROAZEN, Paul. *Freud: Political and Social Thought*. Nova York: Knopf, 1968.

ROBERT, Marthe. *De Édipo a Moisés: Freud e a consciência judaica*. Rio de Janeiro: Imago, 1989.

ROITH, Estelle. *O enigma de Freud: Influências judaicas em sua teoria sobre a sexualidade feminina*. Rio de Janeiro: Imago, 1989.

ROTKER, Suzana. *Isaac Chocrón y Elisa Lerner: Los transgresores de la literatura venezolana — reflexiones sobre la identidad judia*. Caracas: Anauco, 1991.

ROUDINESCO, Elisabeth. *História da psicanálise na França*, 2 v. Rio de Janeiro: Zahar, 1989.

RUDGE, Ana Maria. *Pulsão e linguagem: Esboço de uma concepção psicanalítica do ato*. Rio de Janeiro: Zahar, 1998.

_____. *Trauma*. Rio de Janeiro: Zahar, 2009.

SANTIAGO, Silviano (Org.). *Glossário de Derrida*. Rio de Janeiro: Francisco Alves, 1976.

SANTNER, Eric L. *A Alemanha de Schreber*. Rio de Janeiro: Zahar, 1997.

Referências bibliográficas

SCHORSKE, Carl E. *Viena fin-de-siècle: Política e cultura*. São Paulo: Companhia das Letras, 1988.

SELIGMANN-SILVA, Márcio. "Narrar o trauma: A questão dos testemunhos de catástrofes históricas". *Psicologia Clínica*, v. 20, n. 1, pp. 65-82, 2008.

STEINER, George. *No castelo do Barba Azul: Algumas notas para a redefinição de cultura*. Lisboa: Relógio d'Água, 1982.

TORT, Michel. *La interpretación o la máquina hermenéutica*. Buenos Aires: Nueva Visión, 1976.

TRAVERSO, Enzo. "Les Juifs et la culture allemande. Le Problème des générations intellectuelles". *Revue Germanique Internationale*, n. 5: *Germanité, judaïté, alterité*, pp. 15-30, 1996.

TRIGANO, Shmuel (Org.). *La société juive à travers l'histoire*. Paris: Fayard, 1992.

VERNANT, Jean-Pierre. *Mito e pensamento entre os gregos*. Rio de Janeiro: Paz e Terra, 1990.

VIEIRA, Nelson H. (Org.). *Construindo a imagem do judeu: Algumas abordagens teóricas*. Rio de Janeiro: Imago, 1994.

WIESEL, Elie. *Night*. Nova York: Avon Books, 1969.

_____. *Paroles d'étranger*. Paris: Seuil, 1982.

_____. *Todos los torrentes van a la mar: Memorias*. Madri: Anaya & Mario Muchnik, 1996.

_____. "Por que escrevo?". In: VIEIRA, Nelson H. (Org.). *Construindo a imagem do judeu*. Rio de Janeiro: Imago, 1994.

WIGODOR, Geoffrey; GOLDBERG, Sylvie Anne (Orgs.). *Dictionnaire Encyclopédique du judaïsme*. Paris: Cerf/Robert Laffont, 1993.

WINTER, Jean-Pierre. "Transmisión y Talmud", *Bulletin Interne de l'EFP*, v. 11, jun. 1979.

YERUSHALMI, Yosef Hayim. *O Moisés de Freud: Judaísmo terminável e interminável*. Rio de Janeiro: Imago, 1991.

_____. *Zakhor: História judaica e memória judaica*. Rio de Janeiro: Imago, 1992.

ZALOSZYC, Armand. "Remarques sur la ségrégation constitutive du juif dans le nazisme". *La Lettre Mensuelle*, n. 18, pp. 11-2, 1991.

ŽIŽEK, Slavoj. *Eles não sabem o que fazem: O sublime objeto da ideologia*. Rio de Janeiro: Zahar, 1992.

272 *A vocação do exílio*

Referências dos textos bíblicos

A Bíblia de Jerusalém. São Paulo: Edições Paulinas, 1972, pp. 213-73 (Números), 879-939 (Jó) e 1115-64 (Provérbios).

Cântico dos Cânticos, bilíngue hebraico/inglês. Acessado em: <https://mechon-mamre.org/p/pt/pt3001.htm>. Citado em tradução da autora.

CHOURAQUI, André. *A Bíblia. No princípio (Gênesis)*. Rio de Janeiro: Imago, 1995.

_____. *A Bíblia. Nomes (Êxodo)*. Rio de Janeiro: Imago, 1995.

_____. *A Bíblia. Ele clama... (Levítico)*. Rio de Janeiro: Imago, 1996.

_____. *A Bíblia. Palavras (Deuteronômio)*. Rio de Janeiro: Imago, 1997.

_____. *A Bíblia. Louvores (Salmos)*, v. 1. Rio de Janeiro: Imago, 1998.

Qohélet/ O-que-sabe: Eclesiastes. Poema sapiencial. Transcriado por Haroldo de Campos. São Paulo: Perspectiva, 1990.

Glossário

Aggadá: Parte narrativa do Talmude, composta de anedotas, de conversações e de aforismos de todos os gêneros.

Brit: Designa a Aliança, o pacto entre Deus e o povo eleito; no hebraico bíblico significa "cortar".

Brit-Mila: Palavra hebraica para "circuncisão", sendo que *Brit* significa "corte".

Davar: Palavra, mandamento.

Drash: De *darosh* (exigir), é o sentido do texto que demanda interpretação, aquele se deve procurar obter na leitura, porque jamais dado.

Guemará: Literalmente, "complemento", "acabamento"; nome de um conjunto de livros escritos em aramaico que são comentários da Mishná e existem em duas versões: a de Jerusalém (a mais antiga e menos extensa) e a da Babilônia (a mais usada).

Haskalá: Movimento cultural racionalista do judaísmo, desenvolveu-se a partir do século xix com Moses Mendelssohn, em consonância com o processo de emancipação dos judeus e a tendência à sua assimilação.

Hassídico: Diz-se do judeu que pertence ao movimento fundado pelo rabi Israel, dito Baal Schem Tov (Mestre do Bom Nome). O hassidismo é definido como uma corrente mística criada na Europa oriental nos séculos xviii e xix. Movimento de oposição à corrente erudita do judaísmo, visava a valorização da subjetividade do sentimento religioso, da exaltação, da alegria de viver e da prática cotidiana da fé e renovou as forças vitais e as bases populares da vida sociorreligiosa judaica na Europa oriental. O pietismo hassídico promoveu uma reelaboração do entusiasmo religioso e democratizou-o, uma vez que autorizava a todos o conhecimento da Torá por meio não apenas do saber e do intelecto, mas da devoção e do sentimento. O hassidismo se desenvolveu principalmente em ídiche, provavelmente porque se voltava às massas, que em geral não conheciam o hebraico.

274   *A vocação do exílio*

Kadosh: Palavra hebraica que designa ao mesmo tempo santo e separado (pl. *kedushim*); usa-se em referência a YHVH — Santo dos Santos, irremediavelmente separado dos humanos.

Melitzá: Texto que os antigos talmudistas elaboravam a partir da associação de fragmentos e expressões bíblicas, ou de outros livros sagrados, para formar um novo texto.

Midrash: Literalmente "explicação" e/ou "pesquisa"; significa a um só tempo uma démarche interpretativa e o conjunto de comentários hebraicos do texto bíblico.

Mikrá: De *k'aró* (ler), designa, na tradição, o conjunto dos textos bíblicos que o Ocidente chama de Escrituras.

Mishná: Literalmente, "repetir"; nome da codificação temática da Torá Oral estabelecida, em língua hebraica, no século II, é a base do judaísmo pós-bíblico sobre a qual o Talmude foi codificado.

Pardes: Paraíso, pomar ou jardim do conhecimento; habitualmente denomina o percurso da leitura judaica das Escrituras em quatro níveis — *pshat* (sentido literal); *remez* (sentido alusivo); *drash* (sentido que demanda interpretação); e *sod* (o não dito) —, sendo um acróstico das iniciais desses níveis: *p, r, d, s*.

Pshat: Literalmente, "que pertence à superfície do texto"; sentido óbvio e explícito no texto.

Remez: Sentido alusivo do texto.

Schlemiel: Palavra ídiche que significa "malsucedido", um "tolo", um "azarado". Personagem típico da literatura e do folclore judaico-alemão, corresponde àquele que, em português, chamaríamos de "joão-ninguém".

Schul: Palavra ídiche que significa "escola" e, por extensão, "sinagoga".

Shoá: Catástrofe, desastre. Termo bíblico que é um equivalente hebraico para Holocausto.

Shtetlech: Palavra ídiche que designa agrupamentos de judeus, aldeias ou povoados que abrigavam uma comunidade segregada, mas não eram cercados de muros como os guetos do Ocidente europeu. Localidade rural que abrigava uma comunidade que se constituía numa minoria social e vinculava-se interiormente não apenas pelas tradições religiosas, como também por uma língua e uma cultura próprias.

Sod: Sentido secreto de um texto; resto da operação significante da interpretação.

Glossário   275

Talmid chacham: Significando "estudante erudito", designa alguém que se mostra extremamente versado no Tanakh e no Talmude; talmudista.

Talmude: Conjunto da produção literária do Texto bíblico formado pela Mishná e pela Guemará.

Tanakh: Designa o que comumente no Ocidente chama-se de Antigo Testamento: Torá ou Pentateuco; Neviim ou Livro dos Profetas; Ketuvim, Os escritos ou Hagiógrafos. O nome *TaNaKh* compõe-se das letras iniciais de cada um desses livros. A palavra "Bíblia" é oriunda da expressão grega "ta bíblia", que significa "os livros". Não há equivalente dessa palavra em hebraico.

Torá: Literalmente, "ensinamento"; no sentido estrito, designa o Pentateuco, e lato sensu, a Lei e a doutrina judaicas.

YHVH: Tetragrama impronunciável que designa o nome do Deus invisível e irrepresentável do povo judeu (ver *kadosh*).

Coleção Transmissão da Psicanálise

Não Há Relação Sexual
Alain Badiou e Barbara Cassin

Fundamentos da Psicanálise
de Freud a Lacan (4 volumes)
Marco Antonio Coutinho Jorge

Histeria e Sexualidade

Transexualidade
Marco Antonio Coutinho Jorge;
Natália Pereira Travassos

Por Amor a Freud
Hilda Doolittle

A Criança do Espelho
Françoise Dolto e J.-D. Nasio

O Pai e Sua Função em Psicanálise
Joël Dor

Introdução Clínica a Freud

Introdução Clínica à Psicanálise
Lacaniana

O Sujeito Lacaniano
Bruce Fink

A Psicanálise de Crianças
e o Lugar dos Pais
Alba Flesler

A Vocação do Exílio
Betty Fuks

A Psicanálise e o Religioso
Philippe Julien

Alguma Vez é Só Sexo?

Gozo

O Que é Loucura?

Simplesmente Bipolar
Darian Leader

Freud e a Descoberta
do Inconsciente
Octave Mannoni

5 Lições sobre a
Teoria de Jacques Lacan

9 Lições sobre Arte e Psicanálise

Como Agir com um
Adolescente Difícil?

Como Trabalha um Psicanalista?

A Depressão é a Perda de uma Ilusão

Dez Lições de Vida, Sofrimento
e Amor

A Dor de Amar

A Dor Física

A Fantasia

Os Grandes Casos de Psicose

A Histeria

Introdução à Topologia de Lacan

Introdução às Obras de Freud,
Ferenczi, Groddeck, Klein,
Winnicott, Dolto, Lacan

Lições sobre os 7 Conceitos
Cruciais da Psicanálise

O Livro da Dor e do Amor

O Olhar em Psicanálise

Os Olhos de Laura

Por Que Repetimos os Mesmos Erros?

O Prazer de Ler Freud

Psicossomática

O Silêncio na Psicanálise

Sim, a Psicanálise Cura!
J.-D. Nasio

Guimarães Rosa e a Psicanálise
Tania Rivera

A Análise e o Arquivo

Dicionário Amoroso da Psicanálise

Em Defesa da Psicanálise

O Eu Soberano

Freud — Mas Por Que Tanto Ódio?

Lacan, a Despeito de Tudo e de Todos

O Paciente, o Terapeuta e o Estado

A Parte Obscura de Nós Mesmos

Retorno à Questão Judaica

Sigmund Freud na sua Época
e em Nosso Tempo
Elisabeth Roudinesco

O Inconsciente a Céu Aberto
da Psicose
Colette Soler

ESTA OBRA FOI COMPOSTA POR MARI TABOADA EM DANTE PRO E IMPRESSA EM OFSETE PELA LIS GRÁFICA SOBRE PAPEL PÓLEN NATURAL DA SUZANO S.A. PARA A EDITORA SCHWARCZ EM JANEIRO DE 2025.

A marca FSC® é a garantia de que a madeira utilizada na fabricação do papel deste livro provém de florestas que foram gerenciadas de maneira ambientalmente correta, socialmente justa e economicamente viável, além de outras fontes de origem controlada.